SECRET

S.D. 226

Copy No. 4

OPERATIONAL NUMBERS OF BOMB TARGETS IN GERMANY

1. Operational numbers of targets will be referred to in all Operational Orders, Intelligence Reports, etc.

2. The numbers shown in the fifth column are Air Ministry reference numbers and will not be used between Headquarters, Groups and lower formations.

3. Operational numbers must not under any circumstances be written or otherwise indicated on Bomb Target Maps.

October, 1940

Air Ministry, A.I.9.

Published by
The Naval & Military Press Ltd
5 Riverside, Brambleside, Bellbrook
Industrial Estate, Uckfield, East Sussex,
TN22 1QQ England

Tel: +44 (0) 1825 749494
Fax: +44 (0) 1825 765701

www.naval-military-press.com
www.nmarchive.com

*In reprinting in facsimile from the original, any imperfections are inevitably reproduced
and the quality may fall short of modern type and cartographic standards.*

CATEGORY		Page
1 (a)(ii)	"GQ"	119
1 (a)(iii)	"	111
1 (a)(iv)	"	123
1 (a)(v)	"	143
1 (a)(vi)	"	127
1 (b)	"	129
1 (d)(i)	"	145
1 (g)(i)	"GO"	85
1 (g)(ii)	"	105
1 (g)(iii)	"	83
1 (h)	"	81
1 (j)	"	77
1 (k)	"	73
1 (l)	"	75

CATEGORY		Page
2 (b)	"GS"	15
2 (c)	"GS"	11
2 (d)	"GS"	23
2 (e)	"GS"	9
2 (f)	"GS"	21
2 (g)(i)	"GS"	313
2 (g)(ii)	"GS"	315
2 (g)(iii)	"GS"	316
2 (g)(iv)	"GS"	318
2 (h)	GS	312e

CATEGORY		Page
3 (a)	"GR"	221
3 (c)	"GN"	225
3 (d)	"GY"	233
3 (e)	"	299
3 (f)	"	293
3 (g)	"GL"	181
3 (h)	"GZ"	189
3 (j)	"GL"	177
3 (k)	"GN"	231
3 (l)	"GY"	297
3 (m)	"GL"	179
3/N.H.Q.	"GR"	207
3/NAVAL	"	209
3/AIR	"GU" "GW"	241 & 309
3(n)	"GL"	184a

CATEGORY		Page
4 (a)	"GZ"	185
4 (b)	"GB"	205
4 (c)	"GZ"	187
4 (d)	"GA"	175
4 (e)	"GB"	173
4 (f)	"GB"	201
4 (g)	"	203
4 (h)	"GZ"	199
4 (j)	"	197
4 (k)	"	325

CATEGORY		Page
5 (a)	"GF"	155
5 (b)	"	163
5 (c)	"	171
5 (d)	"	165
5 (e)	"	153
5 (g)	"	167
5 (h)	"	169

CATEGORY		Page
6 (a)	"GH"	67
6 (b)	"	59
6 (c)(i)	"	69
6 (c)(ii)	"	33
6 (d)(i)	"	37
6 (d)(ii)	"	41
6 (d)(iii)	"	47
6 (d)(iv)	"	49
6 (d)(v)	"	45
6 (d)(vi)	"	51
6 (e)	"	63

CATEGORY		Page
7 (a)	"GK"	287
7 (a)(i)	"	279
7 (b)	"	281
7 (c)	"	291
7 (d)	"	277
8 (a)	"GD"	319

THE AMENDMENTS PROMULGATED IN THE UNDERMENTIONED AMENDMENT LISTS HAVE BEEN MADE IN THIS PUBLICATION

Amendment List Number	Amendment List Date	Amendments made by	Date	Amendment List Number	Amendment List Date	Amendments made by	Date
1	Feb 1941	[signature]	20.3.41				
2	---	WEMorton	7-4-41				
3	---	WEMorton	7-4-41				
4		WEMorton	28-4-41				
5	April 1941	WEMorton	27-5-41				
6	May 1941	WEMorton	9-7-41				
7	Aug 1941	WEMorton	11-9-41				
8	Sept. 1941	Smashwell	17.9.41				
9	Feby. 1942	Smashwell	25.2.42				
10	May 1942	Smashwell	21.5.42				

CATEGORIES OF TARGETS WITH INDEX LETTERS

		Operational Number.
"GS" CHEMICAL AND EXPLOSIVE GROUP	Hydrogen Plants	1 to 30.
	Nitrogen and Cyanamide Plants	31 to 75.
	Explosive and Filling Factories	76 to 150.
	Rubber and Plastics Factories	151 to 175 and 5601 to 5650.
	Chemical Factories	176 to 300.
	Textiles—Staple Fibre Factories	5101 to 5150.
	Rayon Factories	5151 to 5200.
	Textile Machinery	5201 to 5250.
	Combing-Out Factories	5251 to 5300.
	Factories making Gas Masks	5451 to 5470.
"GH" TRANSPORTATION	Miscellaneous Targets	301 to 350.
	Railway Workshops	351 to 425.

CATEGORIES OF TARGETS WITH INDEX LETTERS— *continued*

—	—	Operational Number.
"GH" TRANSPORTATION—*continued*.	Railway Storage Sidings	426 to 470.
	Railway Junctions	471 to 500.
	Railway Viaducts	501 to 520.
	Railway Steam Locomotive Workshops	521 to 550.
	Railways—Marshalling Yards	551 to 650 and 5501 to 5600.
	Canals—Vulnerable Points	651 to 725.
	Bridges	726 to 820.
	Sea Canals	821 to 850.
	Ports, Industrial—Inland Ports	851 to 900.
	Port Areas	5471 to 5500.
"GO" POWER GROUP	Pumping Stations	901 to 930.
	Dams	931 to 1020.

CATEGORIES OF TARGETS WITH INDEX LETTERS—*continued*

			Operational Number.
"GO"	POWER GROUP—*continued*	Reservoirs	1021 to 1030.
		Subsidiary Electricity Power Stations	1031 to 1075.
		Electricity Power Stations	1076 to 1425.
		Grid and Transformer Stations	1426 to 1500.
"GQ"	FUEL GROUP	Synthetic Oil	1501 to 1600.
		Oil Refineries	1601 to 1675.
		Oil Stocks and Reserves	1676 to 1750.
		Oil Machinery	1751 to 1775.
		Coke Oven Batteries	1776 to 2000.
		Underground Storage	2001 to 2050.
		Coal Gas Works	2051 to 2175.

CATEGORIES OF TARGETS WITH INDEX LETTERS—*continued*

—	—	Operational Number.
"GF" MINING AND METALLURGY	Lead Smelting and Refining Works	2176 to 2200.
	Blast Furnaces and Steel Works	2201 to 2350.
	Aluminium Works	2351 to 2400.
	Principal Zinc Smelting Works	2401 to 2435.
	Pyrites	2436 to 2450.
	Firms producing Nickel and Nickel Alloys	2451 to 2475.
	Principal Firms producing Copper	2476 to 2525.
"GA" TELE-COMMUNICATION FACTORIES	Optical Glass Factories	2526 to 2545.
	Tele-Communication Factories	2546 to 2560.
"GL" AIRCRAFT COMPONENTS	Factories making Undercarriages	2561 to 2600.
	Factories making Aircraft Instruments	2601 to 2625.
	Factories making Aero-Engine ~~Crankshafts~~ *Components*	2626 to 2670.

CATEGORIES OF TARGETS WITH INDEX LETTERS—continued

			Operational Number.
"GL"	AIRCRAFT COMPONENTS—continued	Plywood Factories	2671 to 2700.
"GZ"	GENERAL ENGINEERING	Factories making Ball Bearings	2701 to 2725.
		Factories making Gears and Gear Boxes	2726 to 2775.
		Factories making Castings and Pressed Parts	2776 to 2925.
		Factories making Machine Tools	2926 to 2975.
		General Engineering—Miscellaneous Targets	2976 to 3200.
		Factories making Grinding Wheels	5401 to 5450.
"GB"	ELECTRICAL ENGINEERING	Electrical Equipment—Transformers, etc.	3201 to 3230.
		Electrical Equipment—Accumulator Factories	3231 to 3275.
		Factories making Ignition Generators and Plugs	3276 to 3300.
"GR"	NAVAL ARMAMENTS	Naval Headquarters	3301 to 3325.
		Naval Dockyards, Bases and Establishments	3326 to 3575.

CATEGORIES OF TARGETS WITH INDEX LETTERS—*continued*

	—	—	Operational Number.
"GR"	NAVAL ARMAMENTS—*continued*	Shipbuilding Yards—Building Warships	3576 to 3650.
		Special Naval Stores Components	3651 to 3750.
"GN"	LAND ARMAMENTS	Military Establishments	3751 to 3775.
		Land Armaments, including War Office and Military Headquarters	3776 to 3875 and 5001 to 5100.
"GU"	AERODROMES	Aerodromes, including Air Ministry and Air Headquarters	3876 to 4450.
"GK"	FOODSTUFFS	Soap Factories	4451 to 4475.
		Hydrogenation of Vegetable and Marine Oils	4476 to 4500.
		Stocks	4501 to 4575.
		Edible Oils and Fats	4576 to 4620.
		Fish	4621 to 4650.

CATEGORIES OF TARGETS WITH INDEX LETTERS—*continued*

			Operational Number.
"GY"	AIR ARMAMENTS	Principal Aero-Engine Works	4651 to 4700.
		Parachute Factories	4701 to 4750.
		Principal Airframe Factories	4751 to 4900.
"GW"	AIRCRAFT STORES AND EQUIPMENT	Air Depots	4901 to 4950.
		Air Parks	4951 to 5000.
"GD"	INLAND WATERWAYS		5301 to 5400.
"GC"	CLOTHING	LEATHER	

"GS"
CHEMICAL AND EXPLOSIVE GROUP
HYDROGEN PLANTS

Operational No.	Town.	Target—Name.	Area.	Air Ministry No.
GS—1	HOLLRIEGELKSREUTH (nr. Munich)	Gesellschaft für Linde's Eismaschinen A.G.	S.W.A.	2 (e) 11.
GS—2	KOHOLYT-LULSDORF/RH.	Feldmuhle, Papier u. Zellstoffwerke A.G.	R. & W.C.A.	2 (e) 12.
GS—3	RHEINFELDEN	I.G. Farben Industrie (Ver. Sauerstoffwerke)	S.W.A.	2 (e) 14.
GS—4	RHEINBERG	Deutsche Solvay Werke	R. & W.C.A.	2 (e) 15.
GS—5	NESTOMITZ (Nestemice)	Nestomitzer Solvay Werke	Cz.	2 (e) 16.
GS—6	LEICHLINGEN (Balken)	Bergisches Sauerstoff und Wasserstoffwerke	R. & W.C.A.	2 (e) 1.
GS—7	UNTERMAÜBACH (Rhineland)	Gesellschaft fur Linde's Eismaschinen A.G.	R. & W.C.A.	2 (e) 2.
GS—8	BERLIN (Staaken)	Zeppelin Company	C.A.	2 (e) 3.
GS—9	BERLIN	Julius Pintsch A.G.	C.A.	2 (e) 4.
GS—10	BERNBERG (Osternienburg)	Deutsche Solvay Werke A.G.	C.A.	2 (e) 5.

" GS "

CHEMICAL AND EXPLOSIVE GROUP

HYDROGEN PLANTS

Operational No.	Town.	Target—Name	Area.	Air Ministry No.
GS—11	BITTERFELD	I.G. Farben Industrie (ver. Sauerstoffwerke)	C.A.	2 (e) 6.
GS—12	CHEMNITZ-SCHONAU	Chemnitzer Sauerstoffwerke Weber & Co.	C.A.	2 (e) 7.
GS—13	DRESDEN (Radebeul)	Chemische Fabrik von Heyden A.G.	C.A.	2 (e) 8.
GS—14	SCHWARZENBERG (Sachsen)	Wasserstoff-Sauerstoff-Werke G.m.b.H.	C.A.	2 (e) 9.
~~GS—15~~	~~FRANKFURT A/M.~~	~~Messer & Co.~~	~~S.W.A.~~	~~2 (e) 10.~~

"GS"
CHEMICAL AND EXPLOSIVE GROUP
NITROGEN AND CYANAMIDE PLANTS

Operational No.	Town.	Target—Name.	Area.	Air Ministry No.
GS—31	MERSEBURG (Leunawerke)	I.G. Farben Industrie A.G. (Ammoniawerke Merseburg) (see GQ 1515)	C.A.	2 (c) 10.
GS—32	MUCKENBURG	Dr. Alex. Wacker Ges. für Elektrochemische Industrie m.b.H. (Sub. of the I.G.)	C.A.	2 (c) 11.
GS—33	PIESTERITZ	Bayerische Stickstoffwerke, Mitteldeutsche Stickstoffwerke A.G.	C.A.	2 (c) 12.
GS—34	SPREMBERG	Lonza-Werke Elektrochemische Fabriken G.m.b.H. (see GQ.1229)	~~C.A.~~	2 (c) 13.
GS—35	BURGHAUSEN	Dr. Alex. Wacker Ges. für Elektrochemische Industrie m.b.H. (Sub. of the I.G.)	S.W.A.	2 (c) 14.
GS—36	FREYUNG	Wiedes Carbidwerk Freyung G.m.b.H.	S.W.A.	2 (c) 15.
GS—37	LECHBRUCK	Dr. Alex. Wacker Ges. für Elektrochemische Industrie m.b.H. (Sub. of the I.G.)	S.W.A.	2 (c) 16.
GS—38	LUDWIGSHAFEN OPPAU	I.G. Farbenindustrie A.G.	~~S.W.A.~~	2 (c) 17.
GS—39	TROSTBERG (Bavaria)	Suddeutsche Kalkstickstoffwerke A.G.	S.W.A.	2 (c) 18.
GS—40	WALDSHUT (Bavaria)	Lonza Werke Elektrochemische Fabriken	S.W.A.	2 (c) 19.

" GS "

CHEMICAL AND EXPLOSIVE GROUP

NITROGEN AND CYANAMIDE PLANTS

Operational No.	Town.	Target—Name.	Area.	Air Ministry No.
GS—41	CASTROP RAUXEL	Gewerkschaft Viktor Stickstoffwerke, Klockner Werke A.G. *(see GS 1534)*	R. & W.C.A.	2 (c) 1.
GS—42	ESSEN-STEELE	Carbidwerke Wilhelm Vogelsang m.b.H.	R. & W.C.A.	2 (c) 2.
GS—43	GELSENKIRCHEN (Wanne Eickel)	Bergwerksges Hibernia A.G.	R. & W.C.A.	2 (c) 3.
GS—44	HERNE (Sodigen)	Deutsche Ammoniakverkkaufsvereingung Bochum Gasverarbeitungs G.m.b.H.	R. & W.C.A.	2 (c) 4.
GS—45	KOLN (Knapsack)	A.G. für Stickstoffduenger *(see GO. 1237)*	R. & W.C.A.	2 (c) 5.
GS—46	SCHALCHEN	Suddeutsche Kalkstickstoffwerke A.G.	S.W.A.	2 (c) 24.
GS—47	NAUROTH	Kohlass & Co. G.m.b.H.	R. & W.C.A.	2 (c) 7.
GS—48	RECKLINGHAUSEN (Erkenschwick)	Gewerkschaft Ewald	R. & W.C.A.	2 (c) 8.
GS—49	STERKRADE (Holten)	Ruhrchemie A.G. *(see GR. 1517)*	R. & W.C.A.	2 (c) 9.
GS—50	WEISWEILER	ELEKTROWERK WEISWEILER, ~~Electrometallurgische Ges.~~ *(see GO. 1180)*	R. & W.C.A.	2 (c) 9b.

"GS"
CHEMICAL AND EXPLOSIVE GROUP
NITROGEN AND CYANAMIDE PLANTS

Operational No	Town	Target—Name	Area	Air Ministry No.
GS—51	WHYLEN	Carbidewerk Scheideanstalt (Sub. of the D.G.S.)	S.W.A.	2 (c) 20.
GS—52	BORBRECK (Schomberg)	Gräflich Schaffgotsch'sche Werke G.m.b.H.	N.E. & E.A.	2 (c) 21.
GS—53	HIRSCHFELDE (Sachsen)	Elektrochemische G.m.b.H.	N.E. & E.A.	2 (c) 22.
GS—54	TSCHECHNITZ	Dr. Alex. Wacker Ges. für Elektrochemische Industrie G.m.b.H. (Sub. of the I.G.)	N.E. & E.A.	2 (c) 23.
GS—55	FALKENAU	Aussiger Verein (Verein für Chemische und Metallurgische Produktion, Prague)	~~C.A.~~ C3.	2 (c) 9a.
GS—56	MARIENBURG (nr. Mahrisch-Ostrau)	Claude Plant (Tschechoslowakische Stickstoffwerke A.G.)	~~N.E. & E.A.~~ C3.	2 (c) 22a.
GS—57	NURNBURG-OTTENSOOS	Electrochemische Fabriken G.m.b.H.	S.W.A.	2 (c) 17a.
GS—58	~~HERNE~~	~~Bergwerksges. Hibernia A.G. Herne (Primar Stickstoffanlage)~~	~~Rr. & W.G.A.~~	~~2 (c) 25.~~
GS—59	HART	Suddeutsche Kalkstickstoffwerke A.G.	S.W.A.	2 (c) 27.
GS—60	LINZ	Stickstoffwerke Ostmark A.G.	ÖSTERREICH	2 (c) 28.

"GS"

CHEMICAL AND EXPLOSIVE GROUP

NITROGEN AND CYANAMIDE PLANTS

Operational No.	Town.	Target—Name.	Area.	Air Ministry No.
GS—61	LÄSEN (Ober Lazisk)	Calcium Carbide and Ferro-Alloy Factory (Furst von Pless Mine)	N.E. & E.A.	2 (e) 20.
GS-62.				2 (e) 30.

"GS"
CHEMICAL AND EXPLOSIVE GROUP
EXPLOSIVE AND FILLING FACTORIES

Operational No.	Town.	Target—Name.	Area.	Air Ministry No.
GS—76	KOLN (Troisdorf) (Rheinpr.)	Deutsche Sprengkapselfabrik G.m.b.H.	R. & W.C.A.	2 (b) 11.
GS—77	KIESELBACH (Thür)	~~Sprengstoffabriken G.m.b.H.~~ *Sprengstoff-fabriken. GmbH*	R. & W.C.A.	2 (b) 12.
GS—78	SCHLEBUSCH (Rheinpr.)	Dynamit A.G.	R. & W.C.A.	2 (b) 13.
GS—79	SINSEN (by Marl)	Westfalisch Anhaltische Sprengstoff A.G.	R. & W.C.A.	2 (b) 14.
GS—80	SYTHEN (by Haltern)	Westfalisch Anhaltische Sprengstoff A.G.	R. & W.C.A.	2 (b) 15.
GS—81	WURGENDORF (Westf.)	Dynamit A.G.	R. & W.C.A.	2 (b) 16.
GS—82	BERLIN-ADLERSHOF	Schering Kahlbaum A.G.	C.A.	2 (b) 17.
GS—83	~~BERLIN~~ (Spandau)	~~Vereinigte Industrie A.G.~~	C.A.	2 (b) 18.
GS—84	BERLIN	Rutgerswerke A.G.	C.A.	2 (b) 19.
GS—85	DEUBEN (N.W. of Zeitz) (half-way between Voss and Vollert mines)	Combine of I.G. Farben Industrie; Weischen-Felser Braunkohlen A.G. & Riebeck Montan A.G.	C.A.	2 (b) 20.

" GS "

CHEMICAL AND EXPLOSIVE GROUP

EXPLOSIVE AND FILLING FACTORIES

Operational No.	Town.	Target—Name.	Area.	Air Ministry No.
GS—86	BERLIN (Oranienburg)	Westfalisch-Anhaltische Sprengstoff A.G.	C.A.	2 (b) 19a.
GS—87	DOMITZ	Sprengstoffwerke Dr. R. Nahnsen & Co.	N.W.A.	2 (b) 2.
GS—88	HAMBURG (Duneberg) (N.W. of Geesthacht)	Dynamit A.G. (Pulverfabrik Duneberg A.G.)	N.W.A.	2 (b) 3.
GS—89	HAMBURG (Krummel) (S.E. of Geesthacht)	Dynamit A.G.	N.W.A.	2 (b) 4.
	HAMBURG (about 1 mile E.N.E.)	Dynamit A.G.	N.W.A.	2 (b) 5.
GS—90	ENZESFELD	Enzesfeld Explosives Factory	ÖSTERREICH	2 (b) 37.
GS—91	HAMBURG in the FORST HAHNHEIDE (East of Trittau)	Waaren Kommissions A.G. (operated by Kiefer Helmcke & Co.)	N.W.A.	2 (b) 6.
GS—92	HAMM (a.d. Sieg) (Rheinpr.)	Dynamit A.G.	R. & W.C.A.	2 (b) 7.
GS—93	KOLN (Troisdorf) (Rheinpr.)	Sprengstoffwerke Dr. R. Nahnsen & Co., Berghische Sprengstoff u. Zunderwerke A.G., Lindener Zundhütten u. Patronenfabrik	R. & W.C.A.	2 (b) 8.
GS—94	HANAU	Vereinigte Industrie A.G.	S.W.A.	2 (b) 28c.

"GS"
CHEMICAL AND EXPLOSIVE GROUP
EXPLOSIVE AND FILLING FACTORIES

Operational No.	Town.	Target—Name.	Area.	Air Ministry No.
GS—95	DARMSTADT-EBERSTADT		S.W.A.	2 (b) 28d.
GS—96	GNASCHWITZ (via Neukirch, Lausitz)	Sprengstoff-Und Zundschnur-Werke Gnaschwerke A.G. (formerly Deutsche Cahucit Werke)	C.A.	2 (b) 21a.
GS—97	BREMEN	Franche Werke	N.W.A.	2 (b) 38.
GS—98	DOUBRAWITZ (DOUBRAWICE)	Subsidiary of CZECHOSLOVAK Explosives, Ltd.	CZECHOSLOVAKIA	2 (b) 39.
GS—99	KONIGSBORN (UNNA)	Munition Store at HELLWEG MINE	R. & W.C.A.	2 (b) 40.
GS—100	DRESDEN (Dohna)	Ruterswerke A.G.	C.A.	2 (b) 21.
GS—101	KLIETZ (S.E.) (nr. Stendal)	Westfalisch Anhaltische Sprengstoff A.G.	C.A.	2 (b) 22.
GS—102	KOSWIG (Anhalt)	Westfalisch Anhaltische Sprengstoff A.G.	C.A.	2 (b) 23.
GS—103	REINSDORF	Westfalisch Anhaltische Sprengstoff A.G.	C.A.	2 (b) 24.
GS—104	SCHONEBECK/Elbe	A.G. Lignose (i) and (ii).	C.A.	2 (b) 25.

" GS "

CHEMICAL AND EXPLOSIVE GROUP
EXPLOSIVE AND FILLING FACTORIES

Operational No.	Town.	Target—Name.	Area.	Air Ministry No.
GS—105	BLUMAU (nr Sollenau)	~~Powder Factory~~ Sprengstoff-Werke Blumau A.G.	ÖSTERREICH	2 (b) 36.
GS—106	SCHMIEDEBERG-DOMMITZSCH	Westfalisch Anhalt Spreng A.G.	C.A.	2 (b) 27.
GS—107	ADOLZFURT (Würtgb)	Dynamit A.G.	S.W.A.	2 (b) 28.
GS—108	MANNHEIM (Rheinau)	Chemische Fabrik Bueckau A.G.	S.W.A.	2 (b) 29.
GS—109	NEUMARKT (Upper Palatinate)	Suddeutscher Sprengstoffwerke A.G.	S.W.A.	2 (b) 30.
~~GS—110~~	~~NURNBERG (Bavaria)~~	~~Dynamit A.G.~~	~~S.W.A.~~	~~2 (b) 31.~~
GS—111	SAARWILLINGEN (nr. Saarbrucken)	Dynamit A.G.	S.W.A.	2 (b) 32.
GS—112	STADELN (Bavaria)	Dynamit A.G.	S.W.A.	2 (b) 33.
GS—113	THANSAU (nr. Rohrdorf, Upper Bavaria)	Bayerische Sprengstoffwerke	S.W.A.	2 (b) 34.
GS—114	REICHENSTEIN (Silesia. " Kruppamuhle ")	Lignose A.G.	N.E. & E.A.	2 (b) 35.

"GS"
CHEMICAL AND EXPLOSIVE GROUP
EXPLOSIVE AND FILLING FACTORIES

Operational No.	Town.	Target—Name.	Area.	Air Ministry No.
GS—115	DORMAGEN (S. of Dusseldorf)	Bayer & Co.	R. & W.C.A.	2 (b) 7a.
GS—116	KÖLN (Leverkusen)	Bayer & Co.	R. & W.C.A.	2 (b) 11a.
GS—117	GRIESHEIM	Griesheim Elektron	S.W.A.	2 (b) 28a.
GS—118	HOECHST	Farbwerke	S.W.A.	2 (b) 28b.
GS—119	BERLIN (Britz)	Heylandt Ges. fur Apporatelau M.b.H.	C.A.	2 (b) 41.
GS—120	SCHNEIDMUHL (Nr. Karlsbad)	Corona Chemical Factory	Cz.	2 (b) 42.
GS—121	SCHUTTENHOFEN	Skoda Works	Cz.	2 (b) 43.
GS—122	POLICKA	Skoda Works	Cz.	2 (b) 44.
GS—123	NEUBRANDENBURG	Mechanische Werkstätten Neubrandenburg G.m.b.H.	N.E. & E.A.	2 (b) 45.
GS.124	FEUCHT (W. Nürnberg)	Explosives Factory or Dump	S.W.A.	2 (b) 44.
GS.125	WOLFARTSWEIER (N. Karlsruhe)	Gustav Genshow AG	S.W.A.	2 (b) 45.

" GS "

CHEMICAL AND EXPLOSIVE GROUP

EXPLOSIVE AND FILLING FACTORIES

Operational No.	Town.	Target—Name.	Area.	Air Ministry No.

"GS"
CHEMICAL AND EXPLOSIVE GROUP
RUBBER AND PLASTICS FACTORIES

Operational No.	Town.	Target—Name.	Area.	Air Ministry No.
GS—151	HAMBURG (Harburg)	Harburger Gummiwarenfabrik Phoenix A.G.	N.W.A.	2 (f) 1.
GS—152	HANOVER	Continental Gummiwerke A.G.	N.W.A.	2 (f) 2.
GS—153	SCHKOPAU, Nr. HALLE	Buna G.m.b.H.	C.A.	2 (f) 3.
GS—154	SEELZE (Nr. Hannover)	Regenarier Werk	N.W.	2 (f) 18.
GS—155	SAARAU	Thiokol G.m.b.H. (Rutgerswerke A.G.)	N.E. & E.A.	2 (f) 5.
GS—156	TRAISKIRCHEN	Semperit Osterreich Gummi-Werke A.G.	ÖSTERREICH	2 (f) 6.
GS—157	WIMPASSING	Semperit Osterreich Gummi-Werke A.G.	ÖSTERREICH	2 (f) 7.
GS—158	HANAU	Deutsche Dunlop Gummi Co. A.G. (Subsidiary of Continental Rubber Co.)	N.W.A.	2 (f) 8.
GS—159	HANNOVER (Nordhafen)	Continental Gummiwerke A.G.	N.W.A.	2 (f) 9.
GS—160	DEMBICA	Stomil Co.	German Poland	2 (f) 10.

" GS "

CHEMICAL AND EXPLOSIVE GROUP
RUBBER AND PLASTICS FACTORIES

Operational No.	Town.	Target—Name.	Area.	Air Ministry No.
GS—161	POZNAN	Stomil Co.	German Poland	2 (f) 11.
GS—162	HÜLS (nr. Marl)	Chemische Werke Hüls G.m.b.H.	R. & W.C.A.	2 (f) 12.
GS—163	BAD BLANKENBURG	C. Vollrath & Sohn	S.W.A.	2 (f) 13.
GS—164	BERLIN	Deka-Pneumatik G.m.b.H.	C.A.	2 (f) 14.
GS—165	FULDA	Gummiwerke Fulda A.G.	S.W.A.	2 (f) 15.
GS—166	MÜNCHEN	Metzeler-Gummiwerke A.G.	S.W.A.	2 (f) 16
GS—167	BIETIGHEIM	Germania Works	S.W.A.	2 (f) 17.
GS—168	BERLIN (Lichterfelde-Ost.)	Veritas Gummiwerke A.G.	C.A.	2 (f) 25.
GS—169	PIESTERITZ (Nr. Wittenberg)	Gummiwerke Elbe A.G.	C.A.	2 (f) 19.
GS—170	GROTTAU	Veritas Gummiwerke A.G.	Cz.	2 (f) 20.

"GS"
Chemical & Explosive Group

22a.

Op No.	Town	Target - Name	Area	AM-No.
GS—171	SPREMBURG	H. Roemmler A.G.	N.E. & E.A.	2 (f) 21. 31.
GS—172	BAUTZEN	Gebr. Nowach A.G.	N.E. & E.A.	2 (f) 22. 22.
GS—173	ERKNER (Nr. Berlin)	Bakelite G.m.b.H.	C.A.	2 (f) 23. 23. 24.
GS—174	BRATISLAVA (Preszburg)	Kabelfabrik A.G.	Cz.	2 (f) 24. 26
GS—175	GELNHAUSEN	Veritas Gummiwerke A.G.	S.W.A.	2 (f) 26.

Continued on page 280

"GS"
CHEMICAL AND EXPLOSIVE GROUP
CHEMICAL FACTORIES

Operational No.	Town.	Target—Name.	Area.	Air Ministry No.
GS—176	DRESDEN	Chemische Fabrik Gehe & Co. A.G.	C.A.	2 (d) 50.
GS—177	GELSENKIRCHEN	A.G. für Chemische Industrie	R. & W.C.A.	2 (d) 56.
GS—178	REISA	Chemische Fabrik Gehe A.G.	C.A.	2 (d) 52.
GS—179	GOSLAR	Gebr. Brochers A.G.	R. & W.C.A.	2 (d) 53.
GS—180	BITTERFELD	I.G. Farben (Chem. Fabrik Griesheim Elektron Werk II)	C.A.	2 (d) 54.
GS—181	WIESBADEN BIEBRICH	Kalle & Co. A.G. and Dr. Kurt Albert G.m.b.H.	S.W.A.	2 (d) 55.
GS—182	EHINGEN/Danube	Schwabische Zellstoff A.G.	S.W.A.	2 (d) 57.
GS—183	ASCHAFFENBURG	Aschaffenburger Zellstoffwerke A.G.	S.W.A.	2 (d) 58.
GS—184	GOSSE (Königsberg)	Feldmühle Papier und Zellstoffwerke A.G.	N.E. & E.A.	2 (d) 59.
GS—185	LETMATHE (Westphalia)	Walter Voos, Kommandit Gesellschaft	R. & W.C.A.	2 (d) 60.

"GS"

CHEMICAL AND EXPLOSIVE GROUP

CHEMICAL FACTORIES

Operational No.	Town.	Target—Name.	Area.	Air Ministry No.
GS—186	DUISBURG-EICHELSKAMP	Chemische Fabrik Curtius A.G.	R. & W.C.A.	2 (d) 4d.
GS—187	HATTORF	Chemische Werke Westeregeln G.m.b.H.	N.W.A.	2 (d) 2d.
GS—188	BRÜCKL	Carbidwerke Deutsch-Matrei	ÖSTERREICH	2 (d) 27.
GS—189	VIENNA DEUTSCH-WAGRAM	Kunstdungerfabrik	ÖSTERREICH	2 (d) 29.
GS—190	VIENNA LEOPOLDAU	Pulverfabrik Skoda-Wetzlar	ÖSTERREICH	2 (d) 30.
GS—191	VIENNA LEISING	Donau-Chemie A.G. (Wagenmann, Seybel & Co.)	ÖSTERREICH	2 (d) 31.
GS—192	MOOSBIERBAUM	Pulverfabrik Skoda-Wetzlar	ÖSTERREICH	2 (d) 28.
GS—193	FRIEDRICHSFELD (Nr. MANNHEIM)	Deutsche Steinzeugwarenfabrik für Kanalisation und Chemische Industrie.	S.W.A.	2 (d) 71
GS—194	MANNHEIM (Wohlgelegen)	Kali-Chemie A.G.	S.W.A.	2 (d) 20a.
GS—195	SCHEPSDORF	A. Hagedorn A.G.	N.W.A.	2 (d) 3b.

"GS"
CHEMICAL AND EXPLOSIVE GROUP
CHEMICAL FACTORIES

Operational No.	Town.	Target—Name.	Area.	Air Ministry No.
GS—196	LEIPZIG (Plagwitz)	Dynamit A/G.	C.A.	2 (d) 61.
GS—197	BERGEDORF (nr. Hamburg)	Norddeutsche Glycerine u. Fett Säurewerke	N.W.A.	2 (d) 62.
GS—198	DARMSTADT	Chemische Fabrik, E. Merck (Chemitra G.m.b.H.)	S.W.A.	2 (d) 63.
GS—199	MAINZ	Chemische Fabrik Budenheim	S.W.A.	2 (d) 64.
GS—200	SACKHEIM (Königsberg)	Feldmühle Papier und Zellstoffwerke A.G.	N.E. & E.A.	2 (d) 41.
GS—201	WESTEREGELN	Westeregeln Alkali Works (Branch of Deutsche Solvay Werke A.G.)	C.A.	2 (d) 42.
GS—202	FRANKFURT/MAIN	Deutsche Gold u. Silber Scheideanstalt (Vorm Raeseler)	S.W.A.	2 (d) 43.
GS—203	KNAPSACK (nr. Köln)	Deutsche Gold u. Silber Scheideanstalt (Vorm Raeseler)	R. & W.C.A.	2 (d) 44.
GS—204	STETTIN	Feldmuhle Papier u. Zellstoff Werke	N.E. & E.A.	2 (d) 45.
GS—205	TANGERMUNDE	Zuckeraffinerie Tangermünde	C.A.	2 (d) 46.

"GS"

CHEMICAL AND EXPLOSIVE GROUP

CHEMICAL FACTORIES

Operational No.	Town.	Target—Name.	Area.	Air Ministry No.
GS—206	GENTHIN	Henkel G.m.b.H.	C.A.	2 (d) 47.
GS—207	WEISSIG (nr. Grossenhain)	Chemische Fabrik von Heydon	C.A.	2 (d) 48.
GS—208	FINOW (nr. Eberswalde)	Schering Kahlbaum A.G.	N.E. & E.A.	2 (d) 49.
GS—209	KOLN-WESSELING	Chemische Fabrik Wesseling A.G.	R. & W.C.A.	2 (d) 4f.
GS—210	GLEIWITZ GRUBE	Borsigwerke	N.E. & E.A.	2 (d) 17a.
GS—211	MELBECK	Chemical Factory	N.W.A.	2 (d) 33.
GS—212	WALDHOF (Mannheim)	Zellstoff Fabrik	S.W.A.	2 (d) 34.
GS—213	TILSIT (E. Prussia)	Zellstoff Fabrik	N.E. & E.A.	2 (d) 35.
GS—214	RAGNIT (E. Prussia)	Zellstoff Fabrik	N.E. & E.A.	2 (d) 36.
GS—215	KELHEIM (nr. Regensburg)	Zellstoff Fabrik	S.W.A.	2 (d) 37.

"GS"
CHEMICAL AND EXPLOSIVE GROUP
CHEMICAL FACTORIES

Operational No.	Town.	Target—Name.	Area.	Air Ministry No.
GS—216	TORNESCH	Brennerei und Chemische Werke	N.W.A.	2 (d) 38.
GS—217	AFFECKING (Upper Bavaria)	Bayerische A.G. fur Chemische und Landwirtschaftliche Fabrikate	S.W.A.	2 (d) 39.
GS—218	JAMA IDA ~~WITKOWICE~~ (nr Mahrisch Ostrau)		CZECHOSLOVAKIA	2 (d) 40.
GS—219	STETTIN	Chemische Produkten Fabrik Pommernsdorf A.G.	N.E. & E.A.	2 (d) 11.
GS—220	STETTIN (Kratzwieck)	Union Fabrik Chemischer Produkte A.G.	N.E. & E.A.	2 (d) 12.
GS—221	ALTONA (Eidelstadt)	Chemische Fabrik Hugo Stolzenberg	N.W.A.	2 (d) 2a.
GS—222	HANNOVER	H. A. Meyer & Riemann Chem. Werke A.G.	N.W.A.	2 (d) 2b.
GS—223	KÖLN	Chemische Fabrik Kalk. G.m.b.H.	R. & W.C.A.	2 (d) 4a.
GS—224	RADEBEUL bei Dresden	Chemische Fabrik von Heyden	C.A.	2 (d) 6a.
GS—225	GERSTHOFEN (N. Augsburg)	Farbwerke	S.W.A.	2 (d) 6b.

" GS "

CHEMICAL AND EXPLOSIVE GROUP

CHEMICAL FACTORIES

Operational No.	Town.	Target—Name.	Area.	Air Ministry No.
GS—226	AMMENDORF	Chemische Fabrik Buckau	C.A.	2 (d) 5a.
GS—227	BARBY (Elbe)	Gebr : Guilini. G.m.b.H.	C.A.	2 (d) 5b.
GS—228	BOMLITZ (nr. Walsrode, Hannover)	Woolf und Co.	N.W.A.	2 (d) 1.
GS—229	BREMEN	Handling Plant in Basin D (Potash Harbour).	N.W.A.	2 (d) 2.
GS—230	NORDENHAM	Superphosphatfabrik Nordenham A.G.	N.W.A.	2 (d) 3.
GS—231	KOLN (Troisdorf)	Dynamit A.G.	R. & W.C.A.	2 (d) 4.
GS—232	BOHLITZ (Ehrenberg, Saxony)	Dynamit A.G.	C.A.	2 (d) 5.
GS—233	MAGDEBURG	Sachrin Fabrik A.G. (vorm. Fahlberg, List & Co.)	C.A.	2 (d) 6.
GS—234	HASLOCH a. M. (Bavaria)	Pulverfabrik Hasloch a. M. G.m.b.H.	S.W.A.	2 (d) 7.
GS—235	ROTTWEIL	Dynamit A.G.	S.W.A.	2 (d) 8.

"GS"
CHEMICAL AND EXPLOSIVE GROUP
CHEMICAL FACTORIES

Operational No.	Town.	Target—Name.	Area.	Air Ministry No.
GS—236	BERLIN (Niederschoneweide)	Kali-Chemie A.G.	C.A.	2 (d) 13a.
GS—237	KRUPPAMUHLE	A.G. Lignose	N.E. & E.A.	2 (d) 10.
GS—238	HEUFELD (Upper Bavaria)	Bayerische A.G. für Chemische	S.W.A.	2 (d) 20.
GS—239	AUSSIG	Aussiger Verein (Verein für Chemische und Metallurgische Produktion, Prague)	C.A.	2 (d) 13.
GS—240	BITTERFELD	Gew. Salzbergwerk Neu-Strassfurt	C.A.	2 (d) 14.
GS—241	KREFELD-UERDINGEN	Chem : Fabrik (Vorm Weiler-ter-Meer)	R. & W.C.A.	2 (d) 4b.
GS—242	ZWICKEL	The Badische Analin u. Soda Fabrik	R. & W.C.A.	2 (d) 4c.
GS—243	BITTERFELD (Werke I.)	Chem. Fabrik Greisheim Elektron	C.A.	2 (d) 15.
GS—244	OBERHAUSEN	Kali-Chemie A.G.	R. & W.C.A.	2 (d) 4e.
GS—245	WOLFEN (nr. Bitterfeld)	Greppiner Werke A/G., Analin Fabrik (I.G. Farben)	C.A.	2 (d) 18.

" GS "

CHEMICAL AND EXPLOSIVE GROUP

CHEMICAL FACTORIES

Operational No.	Town.	Target—Name.	Area.	Air Ministry No.
GS—246	FRANKFURT/MAIN (Mainkur)	I.G. Farben	S.W.A.	2 (d) 19.
GS—247	LUDWIGSHAFEN	The Badische Analin u. Soda Fabrik (see G.S. 38)	S.W.A.	2 (d) 21.
GS—248	OFFENBACH/MAIN	I.G. Farben	S.W.A.	2 (d) 22.
GS—249	KUSTRIN		N.E. & E.A.	2 (d) 17.
GS—250	STETTIN		N.E. & E.A.	2 (d) 26.
GS—251	HARBURG-WILHELMSBURG	Norddeutsche Chemische Fabrik	N.W.A.	2 (d) 2c.
GS—252	DUISBURG	E. Mattes & Weber A.G.	R. & W.C.A.	2 (d) 3a.
GS—253	BERLIN (Oranienberg)	A.G. der Chemischen Produkton Fabriken Pommerensdorf-Milch	C.A.	2 (d) 5c.
GS—254	NURNBERG-DOOS	G. Schuy Nachf A.G.	S.W.A.	2 (d) 24.
GS—255	EILENBURG	Deutsche Celluloid Fabrik (I.G. Farben)	C.A.	2 (d) 23.

"GS"
CHEMICAL AND EXPLOSIVE GROUP
CHEMICAL FACTORIES

Operational No.	Town.	Target—Name.	Area.	Air Ministry No.
GS—256	STUTTGART (Feuerbach)	Hauff A.G.	S.W.A.	2 (d) 25.
GS—257	DRESDEN (Neustadt)	A.G. für Cartonnagenindustrie	C.A.	2 (d) 65.
GS—258	PORT OF DANZIG	Chemical Works	N.E., & E.A.	2 (d) 66.
GS—259	FRANKFURT	I.G. Farbenindustrie—Main Offices	S.W.A.	2 (d) 67.
GS—260	SEELZE (Nr. Hannover)	J. D. Riedel-Ede Haën A.G.	N.W.A.	2 (d) 68.
GS—261	SEELZE (Nr. Hannover)	Poison Gas Factory	N.W.A.	2 (d) 69.
GS—262	WUPPERTAL (Barmen)	Dr. Kurt Herberts	R. & W.C.A.	2 (d) 70.
GS—263	KÖLN COLOGNE}-EHRENFELD	Farbwerke W.A. Hospelt G.m.b.H.	R. & W.C.A.	2 (d) 72.
GS.264	WALSUM (Nr DUISBURG)	Aschaffenburger Zellstoff Werke A.G.	R. & W.C.A.	2 (d) 73.
GS.265	DUISBURG-HOCHFELD	Henkel & Cie	R. & W.C.A.	2 (d) 74.

"GS"
CHEMICAL AND EXPLOSIVE GROUP
CHEMICAL FACTORIES

Operational No.	Town	Target—Name	Area	Air Ministry No.
GS 266	HOMBERG (W. Augsburg)	Sachtleben AG für Bergbau u. Chemische Industrie	R. Ruhr	2(d) 75
GS 267	OBERHAUSEN	Kali-Chemie AG.	"	2(d) 76
GS 268	HAMBURG-HARBURG	Guano-Werke AG.	NWA	2(d) 77
GS 269	HAMBURG-BILLBROOK	Chemische Fabrik v. Billwärder AG.	"	2(d) 78
GS 270	DÄNISCHBURG (W. Lübeck)	Guano-Werke A.G.	"	2(d) 79
GS 271	LUDWIGSHAFEN	Knoll AG.	SWA	2(d) 80
GS 272	MANNHEIM-WALDHOF	Boehringer GmbH.	"	2(d) 81
GS 273	BOCHUM-HILTROP	Bergbau AG Lothringen, Chemische Produkten	R. Ruhr	2(d) 82

—N.B.—GS category continued on page 313.

"GH"
TRANSPORTATION
MISCELLANEOUS TARGETS

Operational No.	Town.	Target—Name.	Area.	Air Ministry No.
GH—301	WESERMUNDE	Double Locks	N.W.A.	6 (c) (ii) 21.
GH—302	WESERMUNDE	Warehouses. Packing and Auction Shed	N.W.A.	6 (c) (ii) 22.
GH—303	STETTIN	Warehouse, Schuppenspeicher	N.E. & E.A.	6 (c) (ii) 23.
GH—304	EMDEN	Ore and Iron Quay	N.W.A.	6 (c) (ii) 2a.
GH—305	REES	Road Junction	R. & W.C.A.	6 (c) (ii) 27.
GH—306	NIEDER-KRUCHTEN	Cross Roads	R. & W.C.A.	6 (c) (ii) 28.
GH—307	BREMEN	Six Warehouses at Harbour II	N.W.A.	6 (c) (ii) 1.
GH—308	EMDEN	Patent Fuel Works	N.W.A.	6 (c) (ii) 2.
GH—309	BREMEN	One Lock at entrance to Harbour	N.W.A.	6 (c) (ii) 24.
GH—310	~~HAMBURG~~	~~Kaiser Speicher (Quay Warehouse "A") nr. Schiffbauerhafen~~	N.W.A.	~~6 (c) (ii) 4.~~

"GH"

TRANSPORTATION

MISCELLANEOUS TARGETS

Operational No.	Town.	Target—Name.	Area.	Air Ministry No.
GH—311	HAMBURG	Quay warehouse "B" near western extremity of Brookthorhafen	N.W.A.	6 (c) (ii) 5. *AL"*
GH—312	EMDEN	Sea Port	N.W.A.	6 (c) (ii) 29. *AL"*
GH—313	HAMBURG	Eight buildings situated in Saalchafen and Moldauhafen	N.W.A.	6 (c) (ii) 7 *AL"*
GH—314	EMDEN	Twin Locks	N.W.A.	6 (c) (ii) 25.
GH—315	HAMBURG	Sheds 69 and 73 on Mittelafer in Kuh Warderhafen	N.W.A.	6 (c) (ii) 9. *AL"*
GH—316	HAMBURG	Warehouses of the Sudfruchtschupp on the Baaken and Magdeburger Hafens	N.W.A.	6 (c) (ii) 10. *AL"*
GH—317	EMDEN	Single Lock	N.W.A.	6 (c) (ii) 26.
GH—318	HAMBURG	Export u. Lagerhaus Gesellschaft	N.W.A.	6 (c) (ii) 12. *AL"*
GH—319	HAMBURG	Industrial area. Steinwerder and Kleiner Grasbrook	N.W.A.	6 (c) (ii) 13. *AL"*
GH—320	HAMBURG	Industrial area. Veddel and Peute	N.W.A.	6 (c) (ii) 14.

"GH"
TRANSPORTATION
MISCELLANEOUS TARGETS

Operational No.	Town.	Target—Name.	Area.	Air Ministry No.
~~GH—321~~	~~HAMBURG~~	~~Industrial area. Billwarder and Moorfleth~~	~~N.W.A.~~	~~6 (c) (ii) 15.~~
GH—322	HAMBURG	Railway goods yard. Grasbrook, N. of the Baaken Hafen	N.W.A.	6 (c) (ii) 16.
GH—323	HAMBURG	Railway goods yard, between Spreehafen and Reiterstieg	N.W.A.	6 (c) (ii) 17.
GH—324	HAMBURG	Railway goods yard, Billwarder	N.W.A.	6 (c) (ii) 18.
~~GH—325~~	~~HAMBURG~~	~~Railway goods yard, Wilhelmsburg~~	~~N.W.A.~~	~~6 (c) (ii) 19.~~
GH—326	KIEL	Warehouses of Kieler Lagerhaus G.m.b.H. (at west end of harbour)	N.W.A.	6 (c) (ii) 20.
GH—327	LÜBECK	Harbour and Railway Station	N.W.A.	6 (c) (ii) 30
GH—328	WARNEMUNDE	Train Ferry Landing	N.E. & E.A.	6 (c) (ii) 31
GH—329	SASSNITZ	Train Ferry Landing	N.E. & E.A.	6 (c) (ii) 32
GH.330	WITTEN	Railway goods yard, passenger stn & workshops	R + RCH	
GH.331	KARLSRUHE	Post Office Transport Repair Deptt	Stut	6 (c) (ii) 34

"GH"

TRANSPORTATION

MISCELLANEOUS TARGETS

Operational No.	Town.	Target—Name.	Area.	Air Ministry No.

"GH"
TRANSPORTATION
RAILWAY WORKSHOPS

Operational No.	Town.	Target—Name.	Area.	Air Ministry No.
GH—351	INGOLSTADT	Railway Workshops	S.W.A.	6 (d) (i) 24.
GH—352	KAISERLAUTERN	,,	S.W.A.	6 (d) (i) 25.
GH—353	MUNCHEN (Freimann)	,,	S.W.A.	6 (d) (i) 26.
GH—354	BODENBACH (Podmokly)	,,	C.Z.	6 (d) (i) 36.
GH—355	NIED	,,	S.W.A.	6 (d) (i) 28.
GH—356	NUREMBERG	,,	S.W.A.	6 (d) (i) 29.
GH—357	SAARBRUCKEN-BURBACH	,,	S.W.A.	6 (d) (i) 30.
GH—358	STUTTGART (Bad Cannstadt)	,,	S.W.A.	6 (d) (i) 31.
GH—359	TRIER	,,	S.W.A.	6 (d) (i) 32.
GH—360	LINZ	South Railway Station	OSTMARK	6 (d) (i) 33.

"GH"
TRANSPORTATION
RAILWAY WORKSHOPS

Operational No.	Town.	Target—Name.	Area.	Air Ministry No.
GH—361	LINZ	Lokomotiofabrik Krauss	OSTMARK	6 (d) (i) 34.
GH—362	PADERBORN, Main Station	Railway Workshops	R. & W.C.A.	6 (d) (i) 13.
GH—363	RECKLINGHAUSEN	,,	R. & W.C.A.	6 (d) (i) 14.
GH—364	SCHWERTE	,,	R. & W.C.A.	6 (d) (i) 15.
GH—365	SIEGEN	,,	R. & W.C.A.	6 (d) (i) 16.
GH—366	WEDAU	,,	R. & W.C.A.	6 (d) (i) 17.
GH—367	BRANDENBURG (West)	,,	C.A.	6 (d) (i) 18.
GH—368	GOTTINGEN	,,	C.A.	6 (d) (i) 19.
GH—369	MEININGEN	,,	C.A.	6 (d) (i) 20.
GH—370	DARMSTADT	Wagon Works *(see GH.488)*	S.W.A.	6 (d) (i) 21.

"GH"
TRANSPORTATION
RAILWAY WORKSHOPS

Operational No.	Town.	Target—Name.	Area.	Air Ministry No.
GH—371	DARMSTADT	Loco. Works *(see GH. 488)*	S.W.A.	6 (d) (i) 22.
GH—372	FRANKFURT/M.	Railway Workshops *(see GH. 577)*	S.W.A.	6 (d) (i) 23.
~~GH—373~~	~~LINZ~~	~~Shunting and Goods Stations, marshalling and parking depot.~~	~~OSTMARK~~	~~6 (d) (i) 33.~~
GH—374	BREMEN (Sebalndsbrück)	State Railway Workshops	N.W.A.	6 (d) (i) 1.
GH—375	LEINHAUSEN	Railway Workshops	N.W.A.	6 (d) (i) 2.
GH—376	LINGEN	,,	N.W.A.	6 (d) (i) 3.
GH—377	JÜLICH	,,	R. & W.C.A.	6 (d) (i) 4.
GH—378	KARLSRUHE	,, *(see GH. 602)*	S.W.A.	6 (d) (i) 5.
GH—379	KASSEL	,, *(see GH. 637)*	R. & W.C.A.	6 (d) (i) 6.
GH—380	KÖLN-NIPPES	,,	R. & W.C.A.	6 (d) (i) 7.

"GH"
TRANSPORTATION
RAILWAY WORKSHOPS

Operational No.	Town.	Target—Name.	Area.	Air Ministry No.
GH—381	KREFELD-OPPUM	Railway Workshops	R. & W.C.A.	6 (d) (i) 8.
GH—382	MÜLHEIM-SPELDORF	„ (see GH. 567)	R. & W.C.A.	6 (d) (i) 9.
GH—383	OFFENBURG	„	R. & W.C.A.	6 (d) (i) 10.
GH—384	OPLADEN	„	R. & W.C.A.	6 (d) (i) 11.
GH—385	PADERBORN, North	„	R. & W.C.A.	6 (d) (i) 12.
GH—386	KÖLN / COLOGNE }-DEUTZ	Vereinigte Westdeutsche Waggonfabriken A.G.	R. & W.C.A.	6 (d) (i) 37.
GH—387	DÜSSELDORF	Düsseldorfer Waggonfabrik A.G.	R. & W.C.A.	6 (d) (i) 38.
GH. 388	BOCHUM	Maschinen u Bahnbedarf AG (vorm. Orenstein v Koppel)	R u W CA	6 (d) (i) 39
GH. 389	SCHWETZINGEN (W. Mannheim)	Railway Workshops	S W A	6 (d) (i) 40
GH. 390				
GH. 391				
GH. 392				
GH. 393				
GH. 394				
GH. 395				
GH. 396	COTTBUS	Locomotive Repair Shops		6 (d) (i) 41
GH. 397	KÖNIGSBERG	do		6 (d) (i) 42
GH. 398	STARGARD nr Stettin	do		6 (d) (i) 43

"GH"
TRANSPORTATION
RAILWAY STORAGE SIDINGS

Operational No.	Town.	Target—Name.	Area.	Air Ministry No.
GH—426	~~KREFELD~~	~~Large marshalling yards~~ (see GH 611)	~~R. & W.C.A.~~	~~6 (d) (ii) 1.~~ AL.9
GH—427	~~RHEYDT~~	~~10 tracks. 600 m.~~ (see GH 609)	R. & W.C.A.	6 (d) (ii) 2. AL.11
GH—428	STOLBERG	6 tracks. 600 m.	R. & W.C.A.	6 (d) (ii) 4.
GH—429	JONKE	8 tracks. 750 m.	R. & W.C.A.	6 (d) (ii) 5.
GH—430	KREUZBERG	6 tracks. 700 m.	S.W.A.	6 (d) (ii) 6.
GH—431	~~KOBLENZ~~	~~Large marshalling yards~~	S.W.A.	6 (d) (ii) 7. AL.10
GH—432	LAUTERECKEN	6 tracks. 500 m.	S.W.A.	6 (d) (ii) 8.
GH—433	~~KAISERSLAUTERN~~	~~Large marshalling yards~~	~~S.W.A.~~	~~6 (d) (ii) 9.~~
GH—434	LANDAU	Large marshalling yards	S.W.A.	6 (d) (ii) 10.
GH—435	DORTMUND	Hauptbahnhof	R. & W.C.A.	6 (d) (ii) 24.

"GH"

TRANSPORTATION

RAILWAY STORAGE SIDINGS

Operational No.	Town.	Target—Name.	Area.	Air Ministry No.
GH—436	HAGEN	Goods Sidings and Factories	R. & W.C.A.	6 (*d*) (ii) 25.
GH—437	EMMERICH	*Storage Siding (see GH.859)*	R. & W.C.A.	6 (*d*) (ii) 5a.
GH—438	MÜNSTER-WESEL	Storage siding, WESEL	R. & W.C.A.	6 (*d*) (ii) 23.
GH—439	~~OSNABRÜCK~~	~~18 tracks. 1,200 m.~~	~~N.W.A.~~	~~6 (*d*) (ii) 11.~~
GH—440	LOHNE	24 tracks. 1,000 m.	N.W.A.	6 (*d*) (ii) 12.
GH—441	OSNABRÜCK	10 tracks. 800 m.	N.W.A.	6 (*d*) (ii) 13.
GH—442	OLDE	8 tracks. 1,000 m.	R. & W.C.A.	6 (*d*) (ii) 14.
GH—443	GUTERSLOH	16 tracks. 2,000 m.	R. & W.C.A.	6 (*d*) (ii) 15.
GH—444	SOEST	15 tracks. 600 m.	R. & W.C.A.	6 (*d*) (ii) 16.
GH—445	MARBURG	8 tracks. 1,000 m.	N.E. & E.A.	6 (*d*) (ii) 17.

"GH"
TRANSPORTATION
RAILWAY STORAGE SIDINGS

Operational No.	Town.	Target—Name.	Area.	Air Ministry No.
GH—446	NEUSTADT	10 tracks. 500 m.	N.E. & E.A.	6 (d) (ii) 18.
~~GH—447~~	~~KASSEL~~	~~Large marshalling yard~~	~~N.E. & E.A.~~	~~6 (d) (ii) 19.~~
GH—448	FULDA	10 tracks. 600 m.	R. & W.C.A.	6 (d) (ii) 20.
GH 449	HAMBURG - BARMBECK	Goods Yard and Hochbahn Depot	N.W.A	6(d)(ii)26
GH 450	HAMBURG - ALTONA	Goods Yard	"	6(d)(ii)27
GH 451	HAMBURG - STELLINGEN - LANGENFELDE	Goods Yard	"	6(d)(ii)28
GH 452	HAMBURG - ALTSTADT	Station Sidings	"	6(d)(ii)29
GH 453				
GH 454	FREIBURG	Railway Storage Sidings		6(d)(ii)31

"GH"
TRANSPORTATION
RAILWAY STORAGE SIDINGS

Operational No.	Town.	Target—Name.	Area.	Air Ministry No.

"GH"
TRANSPORTATION
RAILWAY JUNCTIONS

Operational No.	Town.	Target—Name.	Area.	Air Ministry No.
GH—471	EHRANG	Railway Junction	R.W.A.	6 (d) (v) 12.
GH—472	MÜNSTER	,,	R. & W.C.A.	6 (d) (v) 13.
GH—473	~~~~~~~~~~	,,	~~R. & W.C.A.~~ A.L. No 8	~~6 (d) (v) 1.~~
GH—474	JULICH	,,	R. & W.C.A.	6 (d) (v) 2.
GH—475	NEUSS	,, (see GH.612)	R. & W.C.A.	6 (d) (v) 3.
GH—476	NEUSS	,, (see GH.612)	R. & W.C.A.	6 (d) (v) 4.
GH—477	DUREN	,,	R. & W.C.A.	6 (d) (v) 5.
GH—478	KREFELD UERDINGEN	,,	R. & W.C.A.	6 (d) (v) 6.
GH—479	GREVENBROICH	,,	R. & W.C.A.	6 (d) (v) 7.
GH—480	EUSKIRCHEN	,,	R. & W.C.A.	6 (d) (v) 8.

"GH"

TRANSPORTATION

RAILWAY JUNCTIONS

Operational No.	Town.	Target—Name.	Area.	Air Ministry No.
GH—481	DUISBURG	Railway Junction	R. & W.C.A.	6 (d) (v) 9.
GH—482	GEROLSTEIN to PELM	Railway Junctions	S.W.A.	6 (d) (v) 10.
GH—483	GEROLSTEIN	Railway Station and Junction	S.W.A.	6 (d) (v) 11.
GH—484	BREMEN	Railway Junction	N.W.A.	6 (d) (v) 14.
GH—485	CESKA TREBOVA (Bohmisch Trubau)	Railway Junction	Cz.	6 (d) (v) 15.
GH—486	BOHUMIN (Oderberg)	Railway Junction	Cz.	6 (d) (v) 16. 6
GH—487	BERLIN	Friedrichstrasse Stations	C.A.	6 (d) (v) 17.
GH—488	DARMSTADT	Railway Goods Yard and Junction	S.W.A.	6 (d) (v) 18.
GH. 489				
GH. 490	SOLLENAU (N. WIENER NEUSTADT)	Railway Junctions		6 (d)(v) 20

"GH"
TRANSPORTATION
RAILWAY VIADUCTS

Operational No.	Town.	Target—Name.	Area.	Air Ministry No.
GH—501	BIELEFELD (4 km. N.E. of)	Viaduct—250 m. long, 20 m. high	R. & W.C.A.	6 (*d*) (iii) 1.
GH—502	NEUNNBEKEN (3 km. E. of)	Viaduct—11 spans	R. & W.C.A.	6 (*d*) (iii) 2.
GH—503	ALTENBEKEN (1 km. W. of)	Viaduct—16 spans	R. & W.C.A.	6 (*d*) (iii) 3.
GH—504	ARNSBERG (1 km. W. of)	Viaduct—7 spans	R. & W.C.A.	6 (*d*) (iii) 4.

" GH "
TRANSPORTATION
RAILWAY VIADUCTS

Operational No.	Town.	Target—Name.	Area.	Air Ministry No.

"GH"
TRANSPORTATION
RAILWAY STEAM LOCOMOTIVE WORKSHOPS

Operational No.	Town	Target—Name	Area	Air Ministry No.
~~GH—521~~	~~EBING~~	~~Schichau~~	~~N.W.A.~~	~~6 (d) (iv) 1.~~
GH—522	HANNOVER	Hannomag	N.W.A.	6 (d) (iv) 2.
GH—523	ESSEN	Krupp (see G.F. 2224)	R. & W.C.A.	6 (d) (iv) 3.
GH—524	JUNGENTAL (Rheinland)	Jung	R. & W.C.A.	6 (d) (iv) 4.
GH—525	KASSEL	Henschel (see G.H. 637)	R. & W.C.A.	6 (d) (iv) 5.
GH—526	BERLIN	Borsig (Tegel)	C.A.	6 (d) (iv) 6.
GH—527	BERLIN	Berliner Maschinenbau (Schwartzkopff)	C.A.	6 (d) (iv) 7.
GH—528	BERLIN (Nowawes, Potsdam)	Orenstein u. Koppel	C.A.	6 (d) (iv) 8.
GH—529	ESSLINGEN	Esslingen Maschinenfabrik	S.W.A.	6 (d) (iv) 9.
GH—530	ALLACH (nr. München)	Krauss & Co. J. A. Maffei A.G.	S.W.A.	6 (d) (iv) 10.

"GH"

TRANSPORTATION

RAILWAY STEAM LOCOMOTIVE WORKSHOPS

Operational No.	Town.	Target—Name.	Area.	Air Ministry No.
GH—531	VIENNA (Floridsdorf)	Wiener Locomotivfabriks A.G. ~~Maschinen and Wagonbau Fabriks and Workshops~~	Austria	6 (d) (iv) 11.
GH—532	VIENNA (Simmering)	Maschinen and Wagonbau Fabriks A.G. (see GH 5518)	Austria	6 (d) (iv) 12.
GH—533	MÜNCHEN (Hirschau)	Steam Loco. Workshops, Maffei	S.W.A.	6 (d) (iv) 13.
GH—534	ELBING	Schichau Locomotive (Fabrik II)	N.W.A.	6 (d) (iv) 14.
GH—535	WIENER NEUSTADT	Henschel & Sohn (see GY—4808)	Austria	6 (d) (iv) 15.
GH.536	KARLSRUHE - DURLACH	Railway Workshops	SWA	6 d IV 16
GH.537	CHRZANOW (Krenaw)	Lokomotivewerke (now Henschel)		6 d (IV) 17

"GH"
TRANSPORTATION
RAILWAYS—MARSHALLING YARDS

Operational No.	Town.	Target—Name.	Area.	Air Ministry No.
GH—551	DORTMUND SÜD	Railway Marshalling Yard	R. & W.C.A.	6 (d) (vi) 21.
GH—552	GELSENKIRCHEN-SCHALKE	,, ,,	R. & W.C.A.	6 (d) (vi) 22.
GH—553	BOCHUM-RIEMKE	,, ,,	R. & W.C.A.	6 (d) (vi) 23.
GH—554	DORTMUND EVING	,, ,,	R. & W.C.A.	6 (d) (vi) 24.
GH—555	GELSENKIRCHEN Hbf.	,, ,,	R. & W.C.A.	6 (d) (vi) 25.
GH—556	SINSEN	,, ,,	R. & W.C.A.	6 (d) (vi) 26.
GH—557	VORHALLE	,, ,,	R. & W.C.A.	6 (d) (vi) 27.
GH—558	GEISECKE-RUHR	,, ,,	R. & W.C.A.	6 (d) (vi) 28.
GH—559	VOHWINKEL	,, ,,	R. & W.C.A.	6 (d) (vi) 29.
GH—560	HOLZWICKEDE	,, ,,	R. & W.C.A.	6 (d) (vi) 30.

"GH"

TRANSPORTATION

RAILWAYS—MARSHALLING YARDS

Operational No.	Town.	Target—Name.	Area.	Air Ministry No.
GH—561	RUHRORT-HAFEN Neu	Railway Marshalling Yard	R. & W.C.A.	6 (d) (vi) 11.
GH—562	DORTMUND ~~~~~~~	Harbour Marshalling Yard.	R. & W.C.A.	6 (d) (vi) 12.
GH—563	DAHLHAUSEN	Railway Marshalling Yard.	R. & W.C.A.	6 (d) (vi) 13.
GH—564	DUISBURG Hbf.	,, ,,	R. & W.C.A.	6 (d) (vi) 14.
GH—565	OBERHAUSEN (West)	,, ,,	R. & W.C.A.	6 (d) (vi) 15.
GH—566	DORTMUNDERFELD	,, ,,	R. & W.C.A.	6 (d) (vi) 16.
GH—567	MÜLHEIM-RUHR-SPELDORF	,, ,,	R. & W.C.A.	6 (d) (vi) 17.
GH—568	KUPFERDREH	,, ,,	R. & W.C.A.	6 (d) (vi) 18.
GH—569	ESSEN VERSCHBHF	,, ,,	R. & W.C.A.	6 (d) (vi) 19.
GH—570	HERNE	,, ,,	R. & W.C.A.	6 (d) (vi) 20.

"GH"
TRANSPORTATION
RAILWAYS—MARSHALLING YARDS

Operational No.	Town.	Target—Name.	Area.	Air Ministry No.
GH—571	BITTERFELD	Railway ~~Marshalling Yard~~ *Traffic Centre*	C.A.	6 (d) (vi) 61.
GH—572	HAMBURG (Harburg Wilhelmsburg)	*Railway Marshalling Yard.*	N.W.A.	6 (d) (vi) 62.
GH—573	BREMEN	,, ,,	N.W.A.	6 (d) (vi) 63.
GH—574	NÜRNBURG	,, ,,	S.W.A.	6 (d) (vi) 64.
GH—575	STUTTGART (Unterturkheim)	,, ,,	S.W.A.	6 (d) (vi) 65.
GH—576	OBERHAUSEN (West) (Guterbahnhof)	,, ,,	S.W.A.	6 (d) (vi) 66.
GH—577	FRANKFURT/Main (Hauptguterbahnhof)	,, ,,	S.W.A.	6 (d) (vi) 67.
GH—578	EGER (Cheb)	,, ,,	C.Z.	6 (d) (vi) 68.
GH—579	BERLIN	Marshalling Yards of Betriebsbahnhof Rummelsburg, with Klingenburg Power Station and Stadt Gas Works adjacent	C.A.	6 (d) (vi) 69.
GH—580	BERLIN	Marshalling Yards of Tempelhof	C.A.	6 (d) (vi) 70.

"GH"

TRANSPORTATION

RAILWAYS—MARSHALLING YARDS

Operational No.	Town.	Target—Name.	Area.	Air Ministry No.
GH—581	BERLIN	Marshalling Yards of Grunewald	C.A.	6 (d) (vi) 71.
GH—582	BERLIN	Marshalling Yards of Putlitzstrasse and Lehrter	C.A.	6 (d) (vi) 72.
GH—583	CHEMNITZ	Railway Marshalling Yard	C.A.	6 (d) (vi) 73.
GH—584	DRESDEN	,, ,,	C.A.	6 (d) (vi) 74.
GH—585	LEIPZIG	,, ,,	C.A.	6 (d) (vi) 75.
GH—586	LEIPZIG	,, ,,	C.A.	6 (d) (vi) 76.
GH—587	HALLE	Main Station & Railway Marshalling Yard.	C.A.	6 (d) (vi) 77.
GH—588	WUSTERMARK (nr. Berlin)	,, ,,	C.A.	6 (d) (vi) 78.
GH—589	KIRCHWEYHE	,, ,,	N.W.A.	6 (d) (vi) 1.
GH—590	OSNABRUCK	,, ,,	N.W.A.	6 (d) (vi) 2.

"GH"
TRANSPORTATION
RAILWAYS—MARSHALLING YARDS

Operational No.	Town.	Target—Name.	Area.	Air Ministry No.
GH—591	OLDENBURG	Railway Marshalling Yard	N.W.A.	6 (d) (vi) 3.
GH—592	RHEINE	,, ,,	N.W.A.	6 (d) (vi) 4.
GH—593	HAMM	,, ,,	R. & W.C.A.	6 (d) (vi) 5.
GH—594	WEDAU	,, ,,	R. & W.C.A.	6 (d) (vi) 6.
GH—595	OSTERFELD-SÜD	,, ,,	R. & W.C.A.	6 (d) (vi) 7.
GH—596	ESSEN-FRINTROP	,, ,,	R. & W.C.A.	6 (d) (vi) 8.
GH—597	WANNE-EICKEL	,, ,,	R. & W.C.A.	6 (d) (vi) 9.
GH—598	LANGENDREER	,, ,,	R. & W.C.A.	6 (d) (vi) 10.
GH—599	EHRANG	,, ,,	S.W.A.	6 (d) (vi) 51.
GH—600	EINSIEDLERHOF	,, ,, (see GH. 352)	S.W.A.	6 (d) (vi) 52.

"GH"

TRANSPORTATION

RAILWAYS—MARSHALLING YARDS

Operational No.	Town.	Target—Name.	Area.	Air Ministry No.
GH—601	MANNHEIM	Railway Marshalling Yard	S.W.A.	6 (d) (vi) 53.
GH—602	KARLSRUHE	,, ,,	S.W.A.	6 (d) (vi) 54.
GH—603	OFFENBURG	,, ,,	S.W.A.	6 (d) (vi) 55.
GH—604	BASEL Rbhf.	,, ,,	S.W.A.	6 (d) (vi) 56.
GH—605	STUTTGART	,, ,,	S.W.A.	6 (d) (vi) 57.
GH—606	MUNICH	,, ,,	S.W.A.	6 (d) (vi) 58.
GH—607	MAGDEBURG (Rothensee)	,, ,,	C.A.	6 (d) (vi) 59.
GH—608	MAGDEBURG–BUCKAU	,, ,,	C.A.	6 (d) (vi) 60.
GH—609	RHEYDT	,, ,,	R. & W.C.A.	6 (d) (vi) 41.
GH—610	KÖLN-GEREON	,, ,,	R. & W.C.A.	6 (d) (vi) 42.

"GH"
TRANSPORTATION
RAILWAYS—MARSHALLING YARDS

Operational No.	Town.	Target—Name.	Area.	Air Ministry No.
GH—611	KREFELD	Railway ~~Marshalling Yard~~ *Traffic Centre*	R. & W.C.A.	6 (*d*) (vi) 43.
GH—612	NEUSS	*Railway Marshalling Yard*	R. & W.C.A.	6 (*d*) (vi) 44.
GH—613	STOLBERG	,, ,,	R. & W.C.A.	6 (*d*) (vi) 45.
GH—614	FRANKFURT/MAIN B.G.	,, ,,	S.W.A.	6 (*d*) (vi) 46.
GH—615	BISCHOFSHEIM	,, ,,	S.W.A.	6 (*d*) (vi) 47.
GH—616	LUDWIGSHAFEN	,, ,,	S.W.A.	6 (*d*) (vi) 48.
GH—617	BINGERBRÜCK	,, ,,	S.W.A.	6 (*d*) (vi) 49.
GH—618	OBERLAHNSTEIN	,, ,,	S.W.A.	6 (*d*) (vi) 50.
GH—619	HENGSTEY (Hagen)	,, ,,	R. & W.C.A.	6 (*d*) (vi) 31.
GH—620	SCHWERTE	,, ,,	R. & W.C.A.	6 (*d*) (vi) 32.

"GH"

TRANSPORTATION

RAILWAYS—MARSHALLING YARDS

Operational No.	Town.	Target—Name.		Area.	Air Ministry No.
GH—621	DUSSELDORF-DERENDORF	Railway Marshalling Yard		R. & W.C.A.	6 (*d*) (vi) 33.
GH—622	HOHENBUDBERG	,,	,,	R. & W.C.A.	6 (*d*) (vi) 34.
GH—623	KÖLN-EIFELTOR	,,	,,	R. & W.C.A.	6 (*d*) (vi) 35.
GH—624	GREMBERG	,,	,,	R. & W.C.A.	6 (*d*) (vi) 36.
GH—625	KÖLN-KALK-NORD	,,	,,	R. & W.C.A.	6 (*d*) (vi) 37.
GH—626	KÖLN-NIPPES	,,	,,	R. & W.C.A.	6 (*d*) (vi) 38.
GH—627	AACHEN-WEST	,,	,,	R. & W.C.A.	6 (*d*) (vi) 39.
GH—628	KOBLENZ	,,	,,	R. & W.C.A.	6 (*d*) (vi) 40.
GH—629	LINZ	,,	,,	ÖSTERREICH	6 (*d*) (vi) 79.

"GH"

TRANSPORTATION

RAILWAYS—MARSHALLING YARDS

Operational No.	Town.	Target—Name.	Area.	Air Ministry No.
GH—630	POSEN (Poznan)	Railway Marshalling Yard	GERMAN POLAND	6 (d) (vi) 80.
GH—631	BROMBERG (Bydgoszcz)	Railway Marshalling Yard	GERMAN POLAND	6 (d) (vi) 81.
GH—632	NURNBERG	~~Haupt-Bahnhof~~ Main Railway Station & Goods Yard	S.W.A.	6 (d) (vi) 82.
GH—633	SAARBRÜCKEN	Railway ~~Marshalling Yard~~ Traffic Centre	S.W.A.	6 (d) (vi) 83.
GH—634	POTSDAM	Railway Marshalling Yard	C.A.	6 (d) (vi) 84.
GH—635	BEBRA	Railway Marshalling Yard	R. & W.C.A.	6 (d) (vi) 85.
GH—636	MAGDEBURG	Railway Marshalling Yard	C.A.	6 (d) (vi) 86.
GH—637	KASSEL	Railway Marshalling Yard	N.E. & E.A.	6 (d) (vi) 87.
GH—638	REGENSBURG	Railway Marshalling Yard	S.W.A.	6 (d) (vi) 88.

"GH"

TRANSPORTATION

RAILWAYS—MARSHALLING YARDS

Operational No.	Town.	Target—Name.	Area.	Air Ministry No.
GH—639	ASCHAFFENBURG	Railway Marshalling Yard	S.W.A.	6 (*d*) (vi) 89.
GH—640	HEILBRONN	Railway Traffic Centre	S.W.A.	6 (*d*) (vi) 90.
GH—641	LEHRTE	Railway Marshalling Yard	N.W.A.	6 (*d*) (vi) 91.
GH—642	LEIPZIG–WAHREN	Railway Marshalling Yard	C.A.	6 (*d*) (vi) 92.
GH—643	MÜNCHEN / MUNICH — EAST STATION	Railway Traffic Centre	S.W.A.	6 (*d*) (vi) 93.
GH—644	STENDAL	Railway Traffic Centre	N.E. and E.A.	6 (*d*) (vi) 94.
GH—645	STETTIN	Railway Marshalling Yard	N.E. and E.A.	6 (*d*) (vi) 95.
GH—646	WÜRZBURG	Railway Marshalling Yard	S.W.A.	6 (*d*) (vi) 96.
GH—647	WIEN / VIENNA — NORTH STATION	Railway Traffic Centre	Austria	6 (*d*) (vi) 97.
GH—648	STRASSHOF (Nr. Wien Vienna)	Railway Marshalling Yard	Austria	6 (*d*) (vi) 98.
GH—649	GIESSEN	Railway Marshalling Yard	S.W.A.	6 (*d*) (vi) 99.
GH—650	HANNOVER—CENTRAL GOODS STATION	Railway Marshalling Yard	N.W.A.	6 (*d*) (vi) 100.

Continued on page 329

"GH"
TRANSPORTATION
CANALS — VULNERABLE POINTS

Operational No.	Canal or Section of Canal.	Target.	Area.	Air Ministry No.
GH—651	(a) RHINE–HERNE (South-western arm of 1 above)	Lock II	R. & W.C.A.	6 (b) 7a.
GH—652	(b) RHINE–HERNE (South-western arm of 1 above)	Lock III	R. & W.C.A.	6 (b) 7b.
GH—653	(c) RHINE–HERNE (South-western arm of 1 above)	Lock IV	R. & W.C.A.	6 (b) 7c.
GH—654	(d) RHINE–HERNE (South-western arm of 1 above)	Lock V	R. & W.C.A.	6 (b) 7d.
GH—655	(e) RHINE–HERNE (South-western arm of 1 above)	Lock VI	R. & W.C.A.	6 (b) 7e.
GH—656	(f) RHINE–HERNE (South-western arm of 1 above)	Lock VII	R. & W.C.A.	6 (b) 7f.
GH—657	LIPPE LATERAL	Five locks, each 225 × 12 m. Lock I	R. & W.C.A.	6 (b) 8.
GH—658	LIPPE LATERAL	Lock II	R. & W.C.A.	6 (b) 8a.
GH—659	LIPPE LATERAL	Lock III	R. & W.C.A.	6 (b) 8b.
GH—660	LIPPE LATERAL	Lock IV	R. & W.C.A.	6 (b) 8c.

"GH"

TRANSPORTATION

CANALS ~~LOCKS~~ - VULNERABLE POINTS

Operational No.	Canal or Section of Canal.	Target.	Area.	Air Ministry No.
GH—661	LIPPE LATERAL	Lock V	R. & W.C.A.	6 (b) 8d.
GH—662	HANSA	Projected. To run from Bramsche on the Ems–Weser Canal to Elbe, opposite Hamburg.	N.W.A.	3 (b) 1.
GH—663	KUSTENKANAL	The Dorpen Lock, about 5 Km. east of the canal terminus. Connects KUSTENKANAL with DORTMUND–EMS and vice versa.	N.W.A.	6 (b) 2.
GH—664	KUSTENKANAL	The lock into the HUNTE	N.W.A.	6 (b) 3.
GH—665	DORTMUND–EMS	A lift and a lift lock to negotiate the 14 m. fall at the point of junction (Heinrichenburg) of the two arms in the Southern Section of the canal.	R. & W.C.A.	6 (b) 4.
GH—666	DORTMUND–EMS	Old aqueduct carrying Dortmund–Ems Canal over the Ems north of Munster. (see GH. 667)	N.W.A.	6 (b) 5.
GH—667	DORTMUND–EMS	New aqueduct carrying Dortmund–Ems Canal over the Ems north of Munster.	N.W.A.	6 (b) 5a.
GH—668	DORTMUND–EMS	The Munster Locks	R. & W.C.A.	6 (b) 6.
GH—669	(a) RHINE–HERNE (South-western arm of 1 above)	A total head of 35 m. is overcome by seven groups of twin locks. Lock I. (see GH. 852)	R. & W.C.A.	6 (b) 7.
GH—670	MITTELLAND	At MINDEN. Pit sluice with four separate lock chambers. Shaft lock at north descent. (see GH. 699)	R. & W.C.A.	6 (b) 9.

"GH"
TRANSPORTATION
CANALS ~~LOCKS~~ - VULNERABLE POINTS

Operational No.	Canal or Section of Canal.	Target.	Area.	Air Ministry No.
GH—671	MITTELLAND	The Hindenburg lock at ANDERTON	N.W.A.	6 (b) 9a.
GH—672	MITTELLAND	ALLERBUTTEL–SULFELD. Double locks	N.E. & E.A.	6 (b) 9b.
GH—673	MITTELLAND	Ship lift – MAGDEBURG – ~~lifting plant at~~ ROTHENSEE	C.A.	6 (b) 9c.
GH—674	MITTELLAND	Aqueduct carrying canal over R. ELBE	C.A.	6 (b) 9d.
GH—675	MITTELLAND	Double lifting plant at HOHENWARTHE	C.A.	6 (b) 9e.
GH—676	RHINE–MAIN–DANUBE	Lock at junction of RHINE–MAIN	S.W.A.	6 (b) 10.
GH—677	RHINE–MAIN–DANUBE	Katchlet dam at STEINBACH, also Power Station	S.W.A.	6 (b) 10a.
~~GH—678~~	~~RHINE–MAIN–DANUBE~~	~~Most easterly lock gates. GUSTAVSBURG~~	~~S.W.A.~~	~~6 (b) 10b.~~
GH—679	HOHENZOLLERN	Aqueduct at EBERSWALDE where canal crosses the railway	C.A.	6 (b) 14.
GH—680	MITTELLAND	Upper and lower locks of south descent *(see GH.699)*	R. & W.C.A.	6 (b) 9h.

" GH "

TRANSPORTATION

CANALS~~LOCKS~~ - VULNERABLE POINTS

Operational No.	Canal or Section of Canal.	Target.	Area.	Air Ministry No.
GH—681	NIEDERFINOW	Ship-lifting lock on Hohenzollern Canal	—	6 (b) 12.
GH—682	RHINE–NECKAR–DANUBE	Wieblingen storage stage	—	6 (b) 13.
GH—683	RHINE–NECKAR–DANUBE (from Mannheim via the Neckar to Ulm, skirting Stuttgart).	Heidelberg Weir, lock sluice and turbo-generating station	S.W.A.	6 (b) 11.
GH—684	RHINE–NECKAR–DANUBE (from Mannheim via the Neckar to Ulm, skirting Stuttgart).	Heilbronn Weir, lock sluice and turbo-generating station	S.W.A.	6 (b) 11a.
GH—685	RHINE–NECKAR–DANUBE (from Mannheim via the Neckar to Ulm, skirting Stuttgart).	Most westerly lock gates	S.W.A.	6 (b) 11b.
GH—686	RHINE–HERNE	Aqueduct south-west of Heinrichenburg carrying Dortmund–Ems–Canal over the Emscher Canal.	R. & W.C.A.	6 (b) 7g.
GH—687	LIPPE LATERAL	Lock at junction of Lippe and Rhine (south of Wesel)	R. & W.C.A.	6 (b) 8e.
GH—688	MITTELLAND	Aqueduct at MINDEN where canal crosses the Weser *(see GH.699)*	R. & W.C.A.	6 (b) 9f.
GH—689	DATTELN	Embankment on DORTMUND–EMS Canal	R. & W.C.A.	6 (b) 15.
GH—690	DORTMUND-EMS	Canal Embankment (Section 1) WALTROP (Leveringhausen)	R. & W.C.A.	6 (b) 16

"GH"
TRANSPORTATION
CANALS—VULNERABLE POINTS

Operational No.	Canal or Section of Canal	Target—Name	Area.	Air Ministry No.
GH—691	DORTMUND-EMS	Canal Embankment (Section 2)—DATTELN (South)	R. & W.C.A.	6 (b) 17
GH—692	DORTMUND-EMS	Canal Embankment (Section 3)—AMELSBÜREN	R. & W.C.A.	6 (b) 18
GH—693	DORTMUND-EMS	Canal Embankment (Section 4)—GREVEN (Schmedehausen)	R. & W.C.A.	6 (b) 19
GH—694	DORTMUND-EMS	Canal Embankment (Section 5)—LADBERGEN	R. & W.C.A.	6 (b) 20
GH—695	MITTELLAND	Canal Embankment (Section 6)—GRAVENHORST	R. & W.C.A.	6 (b) 21
GH—696	MITTELLAND	Canal Embankment (Section 7)—RECKE	N.W.A.	6 (b) 22
GH—697	MITTELLAND	Canal Embankment (Section 8)—BRAMSCHE	N.W.A.	6 (b) 23
GH—698	DORTMUND-EMS	Canal Embankment (Section 9)—BEVERGERN	N.W.A.	6 (b) 24.
GH—699	MITTELLAND	Canal Embankment (Section 10)—MINDEN	N.W.A.	6 (b) 25.

"GH"
TRANSPORTATION
BRIDGES

Operational No.	Town.	Target—Name.	Area.	Air Ministry No.
GH—726	KÖLN-MÜLHEIM	Köln-Mülheim suspension highway bridge, built in 1927-29	R. & W.C.A.	6 (e) 7.
GH—727	KÖLN	The Hohenzollern bridge at Köln. This bridge is really three independent bridges upon the same piers. There are two double-track railway bridges on the down-stream side and a single highway bridge on the up-stream side. It connects the city of Köln on the west bank with the village of Deutz on the east bank and is also an important link between northern Germany and the provinces.	R. & W.C.A.	6 (e) 8.
GH—728	KÖLN	A suspension bridge at Köln for highway traffic with two street car tracks. It was built in 1913-15 on the site of the old pontoon bridge of 1,500 ft. up stream from L.3-15.	R. & W.C.A.	6 (e) 9.
GH—729	KÖLN	A railway bridge at Köln. This bridge is in the southern part of the city and is a double-track railway bridge connecting the railway lines on the east and the west banks of the river. It is a link in the belt railway around the city and is an important connection with the Hohenzollern bridge L.3-15.	R. & W.C.A.	6 (e) 10.
GH—730	KREFELD-UERDINGEN	Adolf Hitler Road Suspension Bridge at Krefeld/Uerdingen. Steel on concrete piers.	R. & W.C.A.	6 (e) 11.
GH—731	FRANKFURT A/M.	Deutscheherrnbrucke—over the entrance harbour (Vorhafen). A double-track railway bridge. It has a footpath 2·25 m. wide.	S.W.A.	6 (e) 31.
GH—732	STUTTGART	Rohrbach valley bridge, near Stuttgart, motor road, Stuttgart–Pforzheim. Seven openings 25–41 m. wide; width of carriageway, 20·50 m.; height, 35 m.	S.W.A.	6 (e) 32.
GH—733	AACHEN	Railway bridge	R. & W.C.A.	6 (e) 33.
GH—734	BERGHEIM	Bridge over Erft Canal	R. & W.C.A.	6 (e) 34.
GH—735	GELDERN	Highway bridge over R. Niers	R. & W.C.A.	6 (e) 35.

"GH"

TRANSPORTATION

BRIDGES

Operational No.	Town.	Target—Name.	Area.	Air Ministry No.
GH—736	WALDSHUT	Rail and road bridge over R. Rhine to Switzerland	S.W.A.	6 (e) 36.
GH—737	SCHAFFHAUSEN	Two railway bridges over R. Rhine to Switzerland	S.W.A.	6 (e) 37.
GH—738	CONSTANZ	Rail and road bridge over the Rhine	S.W.A.	6 (e) 38.
GH—739	LINDAU	Railway bridge/road bridge	S.W.A.	6 (e) 39.
GH—740	KOBLENZ	The highway bridge at Koblenz. This bridge is known as the Pfaffendorfer Brucke and connects the city of Koblenz on the west bank of the Rhine with the east bank. This bridge was originally built in 1862–64 as a railway bridge, but its use for this purpose has been abandoned and it is entirely a highway and street railway structure now.	S.W.A.	6 (e) 19.
GH—741	KOBLENZ	This is a railway bridge about 1 mile south of Koblenz, known as Horchheimer Brucke. It connects the railway systems on the east and west banks and carries a double track. It is to be noted that from Koblenz to Rudesheim, a distance of 50 miles, there are no bridges across the Rhine.	S.W.A.	6 (e) 20.
GH—742	MAINZ	Mainz is situated on the south bank of the river near its junction with the Main. The railway bridge at the west end of the city connects the railway systems of the north and south banks. It was built in 1904. At this point there is an island in the river, and the bridge is divided into two parts.	S.W.A.	6 (e) 21.
GH—743	MAINZ	The highway bridge at Mainz, connecting the centre of the city with the village of Kastel, on the north bank. It was built in 1881–85 and carries a street railway track.	S.W.A.	6 (e) 22.
GH—744	BONN	A highway bridge at Bonn, between the city of Bonn on the west bank and the village of Beuel on the east bank. This bridge also carries a street railway.	R. & W.C.A.	6 (e) 1.
GH—745	DUISBURG	Admiral Graf Spee Road Bridge, between Duisburg and Rheinhausen. Driving track 12 m. wide, two bicycle tracks and two footpaths (total width about 22 m.).	R. & W.C.A.	6 (e) 2.

"GH"
TRANSPORTATION
BRIDGES

Operational No.	Town.	Target—Name.	Area.	Air Ministry No.
GH—746	DUSSELDORF	This is a highway bridge connecting the city of Dusseldorf, which lies upon the east bank of the river, with the open country to the west. It was built in 1896-98 and carries an electric tramway.	R. & W.C.A.	6 (e) 3.
GH—747	DUSSELDORF–NEUSS	A highway bridge connecting Dusseldorf and Neuss	R. & W.C.A.	6 (e) 4.
GH—748	DUSSELDORF	The railway bridge at Dusseldorf. It consists of two double-track railway bridges about 100 ft. apart, the two bridges being independent of each other. It connects the railway system of the manufacturing district of Rheinisch Prussia with the west.	R. & W.C.A.	6 (e) 5.
GH—749	HOMBERG–RUHRORT	This is a highway bridge connecting the town of Homberg with the city of Ruhrort, situated at the junction of the Rhine and the Ruhr. It is a steel cantilever bridge, built in 1907. (see GH.852)	R. & W.C.A.	6 (e) 6.
GH—750	REMAGEN	A railway bridge at Remagen	R. & W.C.A.	6 (e) 12.
GH—751	RHEINHAUSEN-ON-THE-RHINE	The railway bridge on the line from Munchen–Gladbach to Duisburg and Essen at Rheinhausen-on-the-Rhine. It was built in 1873. It connects the manufacturing district of Rheinisch Prussia with the West.	R. & W.C.A.	6 (e) 13.
GH—752	RUHRORT	A double-track railway bridge about 2½ miles down stream from Ruhrort.	R. & W.C.A.	6 (e) 14.
GH—753	WESEL	Bridge at Wesel, a town situated at the junction of the Rhine and the Lippe rivers. This bridge is on the main line from northern Germany to lines through Holland and Belgium. The immediate line is from Wesel to Venlo. Four spans of 104 m. (341 ft.) double-track railway bridge; parallel trussed girders.	R. & W.C.A.	6 (e) 15.
GH—754	WESEL	A highway bridge at Wesel	R. & W.C.A.	6 (e) 16.
GH—755	GERMERSHEIM	The highway bridge at Germersheim	S.W.A.	6 (e) 17.

" GH "

TRANSPORTATION

BRIDGES

Operational No.	Town.	Target—Name.	Area.	Air Ministry No.
GH—756	GERMERSHEIM	Railway bridge at Germersheim	S.W.A.	6 (e) 18.
GH—757	MAINZ	The railway bridge at Mainz, eastward of the city, near the junction with the Main. It was built in 1862.	S.W.A.	6 (e) 23.
GH—758	RUDESHEIM	Railway bridge at Rudesheim	S.W.A.	6 (e) 24.
GH—759	SPEYER	Railway and highway bridge at Spires (Speyer) connecting with main line on east bank of river. Rebuilt.	S.W.A.	6 (e) 25.
GH—760	WORMS	Railway bridge at Worms. Built in 1897–1900	S.W.A.	6 (e) 26.
GH—761	WORMS	Highway bridge at Worms, built in 1897–1900, known as Ernst–Ludwig Brucke.	S.W.A.	6 (e) 27.
GH—762	MANNHEIM–LUDWIGSHAFEN	Bridge between Mannheim and Ludwigshafen. Combined railway and highway bridge with tramway on it. Built in 1865–68. New rail bridge built about 1930 alongside old rail and road bridge. Rail traffic now confined to this new bridge and road traffic to old bridge.	S.W.A.	6 (e) 28.
GH—763	MAXAU	New rail and road bridge at Maxau	S.W.A.	6 (e) 29.
GH—764	NEUWIED	A highway bridge (Herman-Göring) at Neuwied. Steel construction on concrete foundations. Driving track, 8·50 m., with 2 m. footpaths on either side.	S.W.A.	6 (e) 30.
GH—765	HAMM	Railway bridge over Lippe Seiten Canal *(see GH. 593)*	R. & W.C.A.	6 (e) 40.

"GH"
TRANSPORTATION
SEA CANALS

Operational No.	Town.	Target—Name.	Area.	Air Ministry No.
GH—821	~~KIEL~~ BRUNSBUTTELKOOG.	Lock gates	N.W.A.	6 (a) 1.
GH—822	KIEL	Lock gates	N.W.A.	6 (a) 2.
GH—823	~~KIEL~~ BRUNSBUTTELKOOG.	Power stations	N.W.A.	6 (a) 3.
GH—824	~~KIEL~~ HOCHDONN	Bridges across canal	N.W.A.	6 (a) 4.
GH—825	~~KIEL~~ GRÜNENTHAL	Bridges across canal	N.W.A.	6 (a) 5.
GH—826	~~KIEL~~ RENDSBURG	Bridges across canal	N.W.A.	6 (a) 6.
GH—827	KIEL	Bridges across canal	N.W.A.	6 (a) 7.
GH—828	KIEL	Bridges across canal	N.W.A.	6 (a) 8.
GH—829	~~KIEL~~ BURG	Canal banks	N.W.A.	6 (a) 9.

" GH "
TRANSPORTATION
SEA CANALS

Operational No.	Town.	Target—Name.	Area.	Air Ministry No.

"GH"

TRANSPORTATION

PORTS, INDUSTRIAL—INLAND PORTS

Operational No.	Town.	Target—Name.	Area.	Air Ministry No.
GH—851	DORTMUND	*Dortmund Harbour* is primarily used by heavy industry	R. & W.C.A.	6 (*c*) (i) 1.
GH—852	DUISBURG–RUHRORT	In immediate proximity are numerous private wharves, the whole forming a conglomeration of immense extent.	R. & W.C.A.	6 (*c*) (i) 2.
GH—853	DUISBURG–RUHRORT	The whole of the inner harbour is lined by the silos and storehouses of the Lagerhausvereinigung G.m.b.H.	R. & W.C.A.	6 (*c*) (i) 3.
GH—854	LUDWIGSHAFEN	Ludwigshafen is fourth in importance among Rhine Harbours. It is the largest German harbour on the left bank of the Rhine.	S.W.A.	6 (*c*) (i) 13.
GH—855	WORMS	Thirteen warehouses (including silos). Two grain elevators	S.W.A.	6 (*c*) (i) 14.
GH—856	BRAUNSCHWEIG	Inland port	N.W.A.	6 (*c*) (i) 1a.
GH—857	BERLIN	West harbour	C.A.	6 (*c*) (i) 7a.
GH—858	BERLIN	East harbour	C.A.	6 (*c*) (i) 7b.
GH—859	EMMERICH	Inland port	N.W.A.	6 (*c*) (i) 15.
GH—860	REGENSBURG	Inland port and dockyards	S.W.A.	6 (*c*) (i) 16.

"GH"

TRANSPORTATION

PORTS, INDUSTRIAL—INLAND PORTS

Operational No.	Town.	Target—Name.	Area.	Air Ministry No.
GH—861	PASSAU	Inland port and harbours	S.W.A.	6 (c) (i) 17.
GH—862	LINZ	Inland port and dockyards	ÖSTERREICH	6 (c) (i) 18.
GH—863	MAINZ	Sixty-four warehouses (including silos). Heaviest grain traffic in Rhine-Main area.	S.W.A.	6 (c) (i) 10.
GH—864	MANNHEIM	Chief transhipment port on the Upper Rhine and the second largest inland port in Europe.	S.W.A.	6 (c) (i) 11.
GH—865	HEILBRONN	The Heilbronn harbour has been developed and modern loading equipment installed at Jagstfeld.	S.W.A.	6 (c) (i) 12.
GH—866	DÜSSELDORF	About 150 concerns are established in the port	R. & W.C.A.	6 (c) (i) 4.
GH—867	HAMM	In Hamm there are two granaries	R. & W.C.A.	6 (c) (i) 5.
GH—868	NEUSS	Neuss is the important traffic port for Grevenbroich, M. Gladbach, Rheydt, Julich, Stolberg, Aachen.	R. & W.C.A.	6 (c) (i) 6.
GH—869	KÖLN	Deutzer Industrie Hafen and Rheinau Hafen. ~~and Niehl on left bank of Rhine, Köln-Deutz and Köln-Mulheim on right bank~~.	R. & W.C.A.	6 (c) (i) 5a.
GH—870	MAGDEBURG	Has been extended and equipped with all modern appliances. There are several docks.	C.A.	6 (c) (i) 8.

"GH"
TRANSPORTATION
PORTS, INDUSTRIAL—INLAND PORTS

Operational No.	Town.	Target—Name.	Area.	Air Ministry No.
GH—871	FRANKFURT	East Harbour (Osthafen) Sheds, warehouses, grain store. Between North and South Basins are factories and storage places. There are 17 warehouses (including silos), 12 grain elevators and 58 oil tanks at Frankfurt.	S.W.A.	6 (c) (i) 9.
GH—872	WALLWITZHAFEN	Inland port and warehouses—Distribution Centre	C.A.	6 (c) (i) 19.
GH—873	FRANKFURT	Inland Port of Frankfurt (West Harbour)	S.W.A.	6 (c) (i) 20.
GH—874	KÖLN	Mülheim Hafen and Niehl Handelshafen	R. & W.C.A.	6 (c) (i) 21.
GH—875	KÖLN/COLOGNE-NIEHL	Commercial Harbour	R. & W.C.A.	6 (c) (i) 22.
GH 876	RHEINAU	Inland Port	S.W.A.	6 (c) (i) 23
GH 877	KARLSRUHE	"	"	6 (c) (i) 24

"GH"

TRANSPORTATION

PORTS, INDUSTRIAL—INLAND PORTS

Operational No.	Town.	Target—Name.	Area.	Air Ministry No.

"GO"
POWER GROUP
PUMPING STATIONS (DRAINAGE)

Operational No.	Town.	Target—Name.	Area.	Air Ministry No.
GO—901	BEECKERWERTH (Alsum)	By Emscher Canal, South of Hamborn	R. & W.C.A.	1 (k) 1.
GO—902	MINDEN	Pumping Station	R. & W.C.A.	1 (k) 2.
GO—903	SCHWELGERN	North of Duisburg	R. & W.C.A.	1 (k) 3.
GO—904	SCHMIDTHORST	Pumping Station	R. & W.C.A.	1 (k) 4.

"GO"
POWER GROUP
PUMPING STATIONS (DRAINAGE)

Operational No.	Town.	Target—Name.	Area.	Air Ministry No.

"GO"
POWER GROUP
PUMPING STATIONS (WATER WORKS)

Operational No.	Town.	Target—Name.	Area.	Air Ministry No.
GO—911	ESSEN	Wasserwerk, Essen	R. & W.C.A.	1 (*l*) 1.
GO—912	HORST	,, Horst	R. & W.C.A.	1 (*l*) 2.
GO—913	HALTERN	,, Haltern	R. & W.C.A.	1 (*l*) 3.
GO—914	WITTEN	,, Witten	R. & W.C.A.	1 (*l*) 4.
GO—915	LANGSCHEDE	,, Langschede	R. & W.C.A.	1 (*l*) 5.
GO—916	FRÖNDENBERG	,, Fröndenberg	R. & W.C.A.	1 (*l*) 6.
GO—917	STEELE	,, Steele	R. & W.C.A.	1 (*l*) 7.
GO—918	STOPPENBURG (nr. Essen)	,, Stoppenburg	R. & W.C.A.	1 (*l*) 8.
GO—919	ESSEN (Werden)	Krupp's Waterworks	R. & W.C.A.	1 (*l*) 9.
GO—920	LEUNA	I.G. Farbenindustrie Leuna-Werke Waterworks	C.A.	1 (*l*) 10.

"GO"
POWER GROUP
PUMPING STATIONS (WATER WORKS)

Operational No.	Town.	Target—Name.	Area.	Air Ministry No.

"GO"
POWER GROUP
DAMS

Operational No.	Name of River or Catchment.	Target—Name.	Area.	Air Ministry No.
GO—931	SOESTE	Thülsfelde i/Oldbg.	N.W.A.	1 (*j*) 1.
GO—932	AGGER	Dümmlinghausen (Gummersbach area)	R. & W.C.A.	1 (*j*) 2.
GO—933	DIEMEL	Helminghausen (Brilon area)	R. & W.C.A.	1 (*j*) 3.
GO—934	EDER	Hemfurt (Eder area)	R. & W.C.A.	1 (*j*) 4.
GO—935	ENNEPE	Schwelm (Arnsberg area)	R. & W.C.A.	1 (*j*) 5.
GO—936	HENNE	Meschede (Arnsberg)	R. & W.C.A.	1 (*j*) 6.
GO—937	KERSPE	Rönsahl (Altona area)	R. & W.C.A.	1 (*j*) 7.
GO—938	LISTER	Attendorn (Olpe area)	R. & W.C.A.	1 (*j*) 8.
GO—939	MÖHNE	Günne (Soest area)	R. & W.C.A.	1 (*j*) 9.
GO—940	ODER	Bad Lauterberg (Harz)	R. & W.C.A.	1 (*j*) 10.

"GO"
POWER GROUP
DAMS

Operational No.	Name of River or Catchment.	Target—Name.	Area.	Air Ministry No.
GO—941	FRAIN	Dam on River Thaya	ÖSTERREICH	1 (*j*) 29.
GO—942	MULDENBERG	Dam on the River Mulde	C.A.	1 (*j*) 30.
GO—943	HERSCHEID	Dam on River Verse	R. & W.C.A.	1 (*j*) 31.
GO—944	STRALSUND	Dam connecting Rugen Island and the mainland	N.E. & E.A.	1 (*j*) 32.
GO—945	HARZ MOUNTAINS	Dam on River Oker	C.A.	1 (*j*) 33.
GO—946	HARZ MOUNTAINS	Dam on River Ecker	C.A.	1 (*j*) 34.
GO—947	PIRK (nr. Plauen)	Dam on River Weisse Elster	C.A.	1 (*j*) 35.
GO—948	ELBINGERODE	Dam on River Zillier	C.A.	1 (*j*) 36.
GO—949	SCHLUCHSEE	Schluchsee (Freiburg area)	S.W.A.	1 (*j*) 21.
GO—950	SCHWARZENBACH	Schwarzenbach (Rastatt)	S.W.A.	1 (*j*) 22.

"GO"
POWER GROUP
DAMS

Operational No.	Name of River or Catchment.	Target—Name.	Area.	Air Ministry No.
GO—951	ALLE	Friedland (Friedland area)	N.E. & E.A.	1 (j) 23.
GO—952	BOBER	Mauer (Löwenburg area)	N.E. & E.A.	1 (j) 24.
GO—953	GLATZER NEISSE	Ottmachau (Grottkau area)	N.E. & E.A.	1 (j) 25.
GO—954	QUEIS	Marklissa (Lauban area)	N.E. & E.A.	1 (j) 26.
GO—955	QUEIS	Goldentraum (Lauban)	N.E. & E.A.	1 (j) 27.
GO—956	SYSDROY-FLUSS	Ortelsburg area	N.E. & E.A.	1 (j) 28.
GO—957	BEVER	Huckeswagen (Remscheid area)	R. & W.C.A.	1 (j) 2a.
GO—958	STEVERTAL-SPERRE HALTERN	Haltern (near Gelsenkirchen)	R. & W.C.A.	1 (j) 12a.
GO—959	RUR	Schwammenauel	R. & W.C.A.	1 (j) 11.
GO—960	SORPE	Arnsberg area	R. & W.C.A.	1 (j) 12.

" GO "
POWER GROUP
DAMS

Operational No.	Name of River or Catchment.	Target—Name.	Area.	Air Ministry No.
GO—961	SÖSE	Osterode (Harz)	R. & W.C.A.	1 (j) 13.
GO—962	URFT	Heimbach (Schleiden area)	R. & W.C.A.	1 (j) 14.
GO—963	SAALE	Bleiloch (Saalburg area)	C.A.	1 (j) 15.
GO—964	SAALE DAMM	Near Hohenwarte	C.A.	1 (j) 16.
GO—965	SAIDENBACH	Reifland	C.A.	1 (j) 17.
GO—966	WILDE WEISSERITZ	Lehnmühle (Dippoldiswalde)	C.A.	1 (j) 18.
GO—967	WILDE WEISSERITZ	Klingenberg (Dresden)	C.A.	1 (j) 19.
GO—968	ZSCHOPAU	Kriebstein (Döbeln)	C.A.	1 (j) 20.

"GO"
POWER GROUP
RESERVOIRS

Operational No.	Town.	Target—Name.	Area.	Air Ministry No.
GO—1021	BALDENEY		R. & W.C.A.	1 (*h*) 1.

" GO "

POWER GROUP

RESERVOIRS

Operational No.	Town.	Target—Name.	Area.	Air Ministry No.

"GO"
POWER GROUP
SUBSIDIARY ELECTRICITY POWER STATIONS

Operational No.	Town.	Target—Name. MINE.	Area.	Air Ministry No.
GO—1031	BOCHUM	Hannover (see 1 (b) 10)	R. & W.C.A.	1 (g) (iii) 1.
GO—1032	BOCHUM	Constantin der Grosse (see 1 (b) 16)	R. & W.C.A.	1 (g) (iii) 2.
GO—1033	CASTROP RAUXEL	Lothringen IV (see 1 (b) 21)	R. & W.C.A.	1 (g) (iii) 3.
GO—1034	CASTROP RAUXEL	Victor (see 1 (b) 24) (see GO. 1534)	R. & W.C.A.	1 (g) (iii) 4.
GO—1035	DORTMUND	Arnold–Jakob (see 1 (b) 14)	R. & W.C.A.	1 (g) (iii) 5.
GO—1036	DORTMUND	Dorstfeld (see 1 (b) 33a)	R. & W.C.A.	1 (g) (iii) 6.
GO—1037	DORTMUND	Gneisenau (see 1 (b) 32)	R. & W.C.A.	1 (g) (iii) 7.
GO—1038	DORTMUND	Minister Stein (see 1 (b) 27)	R. & W.C.A.	1 (g) (iii) 8.
GO—1039	DORTMUND	Kaiserstuhl 11 (see 1 (b) 33)	R. & W.C.A.	1 (g) (iii) 9.
GO—1040	GELSENKIRCHEN	Consolidation 1/V1 (see 1 (b) 48)	R. & W.C.A.	1 (g) (iii) 10.

" GO "

POWER GROUP

SUBSIDIARY ELECTRICITY POWER STATIONS

Operational No.	Town.	Target—Name. MINE.	Area.	Air Ministry No.
GO—1041	GELSENKIRCHEN (Buer)	Scholven (see 1 (b) 49)	R. & W.C.A.	1 (g) (iii) 11.
GO—1042	HERNE	Mont Cenis (see 1 (b) 56)	R. & W.C.A.	1 (g) (iii) 12.
GO—1043	HAMM (Herringen)	De Wendel (see 1 (b) 53)	R. & W.C.A.	1 (g) (iii) 13.
GO—1044	HAMM	Radbod (see 1 (b) 55)	R. & W.C.A.	1 (g) (iii) 14.
GO—1045	HAMM	Sachsen (see 1 (b) 54)	R. & W.C.A.	1 (g) (iii) 15.
GO—1046	OBERHAUSEN	" Sterkrade. (See 1 (a) (iii) 20.d)"	R. & W.C.A.	1 (g) (iii) 16.
GO—1047	RECKLINGHAUSEN	Konig Ludwig IV/V (see 1 (b) 75)	R. & W.C.A.	1 (g) (iii) 17.
GO—1048	RECKLINGHAUSEN (Erkenschwick)	Ewald Forsetzung (see 1 (b) 79)	R. & W.C.A.	1 (g) (iii) 18.

"GO"
POWER GROUP
ELECTRICITY POWER STATIONS

Operational No.	Town.	Target—Name.	Area.	Air Ministry No.
GO—1076	~~GERSTHOFEN~~	~~Lech. El-Werke A.G.~~ (see GW.4961)	~~S.W.A.~~	~~1 (g) (i) 89.~~
GO—1077	~~HAUSERN~~	~~Schluchseewerk~~	~~S.W.A.~~	~~1 (g) (i) 90.~~
GO—1078	~~HOHN~~	~~El Werk Westerwald A.G. Marienburg~~	~~S.W.A.~~	~~1 (g) (i) 91.~~
GO—1079	~~HOCHST/M.~~ (~~Frankfurt~~)	~~Main Kraftwerk~~	~~S.W.A.~~	~~1 (g) (i) 92.~~
GO—1080	~~HOMBURG~~	~~Kraftwerk Homburg~~	~~S.W.A.~~	~~1 (g) (i) 93.~~
GO—1081	~~HOLZFELD~~	~~Electricity power station~~	~~S.W.A.~~	~~1 (g) (i) 94.~~
GO—1082	~~KARLSRUHE~~	~~Badenwerk~~	~~S.W.A.~~	~~1 (g) (i) 95.~~
GO—1083	~~LUISENTHAL~~	~~Electricity power station~~	~~S.W.A.~~	~~1 (g) (i) 96.~~
GO—1084	~~MUNCHEN~~	,, ,,	~~S.W.A.~~	~~1 (g) (i) 97.~~
GO—1085	~~MAINZ~~	~~Kraftwerke Mainz Wiesbaden A.G.~~	~~S.W.A.~~	~~1 (g) (i) 98.~~

" GO "

POWER GROUP

ELECTRICITY POWER STATIONS

Operational No.	Town.	Target—Name.	Area.	Air Ministry No.
GO—1086	ESSEN	R.W.E.	R. & W.C.A.	1 (g) (i) 29.
GO—1087	EISENNACH (Breitungen)	Electricity power station	R. & W.C.A.	1 (g) (i) 30.
GO—1088	ELBERFELD	Barmen I	R. & W.C.A.	1 (g) (i) 31.
GO—1089	ELBERFELD	Barmen II	R. & W.C.A.	1 (g) (i) 32.
GO—1090	FRIMMERSDORF	Electricity power station	R. & W.C.A.	1 (g) (i) 33.
GO—1091	GEVELSBURG	,, ,,	R. & W.C.A.	1 (g) (i) 34.
GO—1092	GELSENKIRCHEN	Bergmannsgluck	R. & W.C.A.	1 (g) (i) 35.
GO—1093	GELSENKIRCHEN	Rheinelbe/Alma	R. & W.C.A.	1 (g) (i) 36.
GO—1094	GELSENKIRCHEN	Wilhelmine Victoria Mine	R. & W.C.A.	1 (g) (i) 37.
GO—1095	HATTINGEN	Gemeinshaft werke V.E.W.	R. & W.C.A.	1 (g) (i) 38.

"GO"
POWER GROUP
ELECTRICITY POWER STATIONS

Operational No.	Town.	Target—Name.	Area.	Air Ministry No.
GO—1096	~~HALLENDORF~~	~~Kraftwerke Hermann Goering~~ (see GF.2250)	~~R. & W.C.A.~~	~~1 (g) (i) 39a.~~
GO—1097	~~OLDENBURG~~	~~Municipal works~~	~~N.W.A.~~	~~1 (g) (i) 14b.~~
GO—1098	JAMA JINDRICH	Electricity power station	CZECHO-SLOVAKIA	1 (g) (i) 162.
GO—1099	~~CELLE~~	,, ,,	~~N.W.A.~~	~~1 (g) (i) 163.~~
GO—1100	JAMA IGNAT	,, ,,	CZECHO-SLOVAKIA	1 (g) (i) 164.
GO—1101	~~———~~	~~———~~ Cancelled	~~———~~	~~———~~ AL.10
GO—1102	~~RIESA-ELBE~~	~~Power station~~	~~C.A.~~	~~1 (g) (i) 166.~~
GO—1103	KARNAP	Rheinisch–Westphälisches El. W.	R. & W.C.A.	1 (g) (i) 167.
GO—1104	~~BOCHUM~~	~~Power station of Bochumer Verein Works~~ (see GF.2266)	~~R. & W.C.A.~~	~~1 (g) (i) 168.~~
GO—1105	~~LAUFENBURG~~	~~Electricity power station~~	~~S.W.A.~~	~~1 (g) (i) 169.~~

"GO"

POWER GROUP

ELECTRICITY POWER STATIONS

Operational No.	Town.	Target—Name.	Area.	Air Ministry No.
GO—1106	HAMBURG (Harburg)	Uberlandzentrale	N.W.A.	1 (g) (i) 10.
GO—1107	HANNOVER	Town *(see GH.375)*	N.W.A.	1 (g) (i) 11.
GO—1108	IBBENBUREN	R.W.E.	N.W.A.	1 (g) (i) 12.
GO—1109	KIEL	Town	N.W.A.	1 (g) (i) 13.
GO—1110	LUBECK (Herrenwyk)	Uberlandzentrale	N.W.A.	1 (g) (i) 14.
GO—1111	NEUMUNSTER	Schleswig-Holsteinische Ver. A.G.	N.W.A.	1 (g) (i) 14a.
GO—1112	WIESMOOR	Electricity power station	N.W.A.	1 (g) (i) 15.
GO—1113	ALSDORF	,, ,,	R. & W.C.A.	1 (g) (i) 16.
GO—1114	BORKEN	Preussenelektra	R. & W.C.A.	1 (g) (i) 17.
GO—1115	BIELEFELD	Electricity power station	R. & W.C.A.	1 (g) (i) 18.

"GO"
POWER GROUP
ELECTRICITY POWER STATIONS

Operational No.	Town.	Target—Name.	Area.	Air Ministry No.
GO—1116	~~BLEICHERODE~~	~~Essag~~	~~C.A.~~	~~1 (g) (i) 19.~~
GO—1117	~~BOCHUM~~ (~~South~~ of)	~~Prinz Regent Mine~~	~~R. & W.C.A.~~	~~1 (g) (i) 20.~~
GO—1118	~~BOTTROP~~	~~Prosper II Mine~~	~~R. & W.C.A.~~	~~1 (g) (i) 21.~~
GO—1119	~~BOTTROP~~	~~Welheim Mine~~	~~R. & W.C.A.~~	~~1 (g) (i) 22.~~
GO—1120	DUSSELDORF	Stadtwerke	R. & W.C.A.	1 (g) (i) 23.
GO—1121	~~DUISBURG~~	~~Electricity power station~~	~~R. & W.C.A.~~	~~1 (g) (i) 24.~~
GO—1122	~~DORTMUND~~	~~V.E.W.~~	~~R. & W.C.A.~~	~~1 (g) (i) 25.~~
GO—1123	~~DORTMUND~~ HERDECKE (~~nr. Herdecke~~)	R.W.E. Koepchenwerk	R. & W.C.A.	1 (g) (i) 26.
GO—1124	~~DORTMUND~~ (Kruckel)	~~V.E.W.~~	~~R. & W.C.A.~~	~~1 (g) (i) 27.~~
GO—1125	~~ELVERLINGSEN~~	~~Electricity power station~~	~~R. & W.C.A.~~	~~1 (g) (i) 28.~~

"GO"

POWER GROUP

ELECTRICITY POWER STATIONS

Operational No.	Town.	Target—Name.	Area.	Air Ministry No.
GO—1126	REISHOLZ (nr. Dusseldorf)	R.W.E.	R. & W.C.A.	1 (g) (i) 47.
GO—1127	~~RHEINHAUSEN~~	~~Diergardt-Meviasen I Mine~~	R. & W.C.A.	~~1 (g) (i) 48.~~
GO—1128	STOCKUM/LIPPE	Gersteinwerke V.E.W.	R. & W.C.A.	1 (g) (i) 49.
GO—1129	WALDECK	Electricity power station	R. & W.C.A.	1 (g) (i) 50.
GO—1130	WEISWEILER (Weisweiler).	Zukunft Electricity Power Station	R. & W.C.A.	1 (g) (i) 51.
GO—1131	BERLIN	West Power Station (Bewag)	C.A.	1 (g) (i) 52.
GO—1132	BERLIN	Klingenberg (Bewag)	C.A.	1 (g) (i) 53.
GO—1133	BERLIN	Charlottenburg (Bewag)	C.A.	1 (g) (i) 54.
GO—1134	BERLIN	Moabit (Bewag)	C.A.	1 (g) (i) 55.
GO—1135	BERLIN	Wilmersdorf	C.A.	1 (g) (i) 56.

"GO"
POWER GROUP
ELECTRICITY POWER STATIONS

Operational No.	Town.	Target—Name.	Area.	Air Ministry No.
GO—1136	BERLIN	Rummelsburg (Bewag)	C.A.	1 (g) (i) 57.
GO—1137	BERLIN	Spandau (Bewag)	C.A.	1 (g) (i) 58.
GO—1138	BOHLEN *(nr. Leipzig)*	Gross Kraftwerk *(see GQ. 1514)*	C.A.	1 (g) (i) 59.
GO—1139	CHEMNITZ	Stadtwerke	C.A.	1 (g) (i) 60.
GO—1140	DRESDEN	Dresdner Gas. Wasser u. Elek-werke	C.A.	1 (g) (i) 61.
GO—1141	~~ERFURT~~	~~Gross Kraftwerk~~	~~C.A.~~	~~1 (g) (i) 62.~~
GO—1142	GR. KAYNA	Esag	C.A.	1 (g) (i) 63.
GO—1143	~~GRUBE ILSE~~	~~Electricity power station~~	~~C.A.~~	~~1 (g) (i) 64.~~
GO—1144	HARBKE	Preussenelektra Electrowerke	C.A.	1 (g) (i) 65.
GO—1145	~~HALLE~~	~~Electricity power station~~	~~C.A.~~	~~1 (g) (i) 66.~~

" GO "

POWER GROUP

ELECTRICITY POWER STATIONS

Operational No.	Town.	Target—Name.	Area.	Air Ministry No.
GO—1146	FALKENAU	Electricity power station	CZECHO-SLOVAKIA	1 (g) (i) 170.
GO—1147	UNTER-REICHENAU	Electricity power station (i)	CZECHO-SLOVAKIA	1 (g) (i) 171.
GO—1148	UNTER-REICHENAU	Electricity power station (ii)	CZECHO-SLOVAKIA	1 (g) (i) 172.
GO—1149	ZBUCH (Zwug)	Electricity power station	CZECHO-SLOVAKIA	1 (g) (i) 173.
GO—1150	TURMITZ (Trmice)	Electricity power station	CZECHO-SLOVAKIA	1 (g) (i) 174.
GO—1151	HOLZWEISSIG (Grube Ludwig-Paupitzsch)	Grube Leopold	C.A.	1 (g) (i) 67.
GO—1152	LAUCHHAMMER	Mitteldeutsche Eisen Stahl A.G.	C.A.	1 (g) (i) 68.
GO—1153	LEIPZIG	Stadtische Elec-Werke (North power station) *(see G.H. 586)*	C.A.	1 (g) (i) 69.
GO—1154	LEIPZIG (Kulkwitz)	Landkraftwerke Leipzig A.G.	C.A.	1 (g) (i) 70.
GO—1155	MADGEBURG (Rothensee)	Mikramag	C.A.	1 (g) (i) 71.

"GO"
POWER GROUP
ELECTRICITY POWER STATIONS

Operational No.	Town.	Target—Name.	Area.	Air Ministry No.
GO—1156	~~MUCKENBURG~~	~~Electricity power station~~	~~C.A.~~	~~1 (g) (i) 72.~~
GO—1157	~~OBERESAALE~~	~~Bleiloch~~	~~C.A.~~	~~1 (g) (i) 74.~~
GO—1158	NDR. WARTHA	Energie Gross Dresden A.G.	C.A.	1 (g) (i) 75.
GO—1159	~~PLESSA~~ (~~Liebenwerda~~)	~~Electricity power station~~	~~C.A.~~	~~1 (g) (i) 76.~~
GO—1160	~~THEISSEN~~	~~A. Riebecksche Motanwerke~~	~~C.A.~~	~~1 (g) (i) 77.~~
GO—1161	~~WIESTAL~~	~~Electricity power station~~	~~OSTMARK~~	~~1 (g) (i) 158.~~
GO—1162	RYBURG–SCHWORSTADT	,, ,,	S.W.A.	1 (g) (i) 104.
GO—1163	~~WYHLEN~~	,, ,,	~~S.W.A.~~	~~1 (g) (i) 115a.~~
GO—1164	~~ALBBRUCK-DOGERN~~	,, ,,	~~S.W.A.~~	~~1 (g) (i) 82.~~
GO—1165	ALTONA	Bahnkraftwerk	N.W.A.	1 (g) (i) 2a.

"G0"
POWER GROUP
ELECTRICITY POWER STATIONS

Operational No.	Town	Target—Name	Area	Air Ministry No.
G0-1166	RHEINFELDEN	Electricity power station	S.W.A.	1 (g) (i) 104a.
G0-1167	BITTERFELD	" " (see G.S. 243)	C.A.	1 (g) (i) 59a.
G0-1168	ERVĚNICE	" "	CZECHO-SLOVAKIA	1 (g) (i) 160.
G0-1169	STECHOVICE	" "	CZECHO-SLOVAKIA	1 (g) (i) 160.
G0-1170	FRAIN	" "	ÖSTERREICH	1 (g) (i) 136a.
G0-1171	GAMPADEL I and II (Vorarlberg)	" "	OSTMARK	1 (g) (i) 138.
G0-1172	BUND (Vorarlberg)	" "	OSTMARK	1 (g) (i) 139.
G0-1173	LÜNERSEEWERK (Vorarlberg)	" "	OSTMARK	1 (g) (i) 140.
G0-1174	MALLNITZWERK (Carinthia)	" "	OSTMARK	1 (g) (i) 141.
G0-1175	MÜHLDORF-II (Carinthia)	" "	OSTMARK	1 (g) (i) 142.

"GO"
POWER GROUP
ELECTRICITY POWER STATIONS

Operational No.	Town.	Target—Name.	Area.	Air Ministry No.
GO—1176	~~OPPONITZ (YBBS)~~ ~~(L. Austria)~~	~~Electricity power station~~	~~OSTMARK~~	~~1 (g) (i) 143.~~
GO—1177	~~PARTENSTEIN (MUHL)~~ ~~(Upper Austria)~~	,, ,,	~~OSTMARK~~	~~1 (g) (i) 144.~~
GO—1178	~~PEGGAU-DEUTSCH-FEISTRITZ~~ ~~(Styria)~~	,, ,,	~~OSTMARK~~	~~1 (g) (i) 145.~~
GO—1179	~~RANNA~~ ~~(Salzburg)~~	,, ,,	~~OSTMARK~~	~~1 (g) (i) 146.~~
GO—1180	~~RUETZ~~	,, ,,	~~OSTMARK~~	~~1 (g) (i) 147.~~
GO—1181	AHLEM	,, ,,	N.W.A.	1 (g) (i) 1.
GO—1182	ALTONA (Hamburg)	,, ,,	N.W.A.	1 (g) (i) 2.
GO—1183	BREMEN	Hastedt electricity power station	N.W.A.	1 (g) (i) 3.
	BREMEN	Weser Works electricity power station	N.W.A.	
GO—1184	BRAUNSCHWEIG	Electricity power station	N.W.A.	1 (g) (i) 4.

"GO"
POWER GROUP
ELECTRICITY POWER STATIONS

Operational No.	Town.	Target—Name.	Area.	Air Ministry No.
GO—1185	FARGE	Kraftwerk Unterweser	N.W.A.	1 (g) (i) 5.
GO—1186	~~FLENSBURG~~	~~Electricity power station~~ (see GR. 3593)	~~N.W.A.~~	~~1 (g) (i) 5a.~~ JET
GO—1187	~~GR. ILSEDE~~	,, ,,	~~N.W.A.~~	~~1 (g) (i) 6.~~ JET
GO—1188	HAMBURG	Neuhof electricity power station	N.W.A.	1 (g) (i) 7.
GO—1189	HAMBURG.	Tiefstack ,, ,,	N.W.A.	1 (g) (i) 8.
GO—1190	HAMBURG	Schulau ,, ,,	N.W.A.	1 (g) (i) 9.
GO—1191	ZSCHORNEWITZ (Golpa)	Berlin Elektrowerke	C.A.	1 (g) (i) 78.
GO—1192	~~ZWICKAU~~	~~Energie und Verkehrs~~	~~C.A.~~	~~1 (g) (i) 79.~~ JET
GO—1193	~~AUFKIRCHEN~~	~~Electricity power station~~	~~S.W.A.~~	~~1 (g) (i) 80.~~ JET
GO—1194	TREBOVICE	,, ,,	CZECHO-SLOVAKIA	1 (g) (i) 161.

"GO"
POWER GROUP
ELECTRICITY POWER STATIONS

Operational No.	Town.	Target—Name.	Area.	Air Ministry No.
GO—1195	~~EICHHOLZ~~	~~Schluchseewerk A.G.—Freiburg i Br.~~	~~S.W.A.~~	~~1 (g) (i) 83.~~
GO—1196	~~EITTING~~	~~Electricity power station~~	~~S.W.A.~~	~~1 (g) (i) 84.~~
GO—1197	FRANKFURT/M.	,, ,,	S.W.A.	1 (g) (i) 85.
GO—1198	FENNE	,, ,,	S.W.A.	1 (g) (i) 86.
GO—1199	FORBACH	Murg Schwarzenbachwerk	S.W.A.	1 (g) (i) 87.
GO—1200	~~GOTTELBORN~~	~~Electricity power station~~	~~S.W.A.~~	~~1 (g) (i) 88.~~
GO—1201	MANNHEIM	(Town) electricity power station	S.W.A.	1 (g) (i) 99.
GO—1202	~~MOOSBURG~~	~~Electricity power station~~	~~S.W.A.~~	~~1 (g) (i) 100.~~
GO—1203	~~MARGARETHENBERG~~	~~Bayerische Kraftwerke A.G. Carowerk~~	~~S.W.A.~~	~~1 (g) (i) 101.~~
GO—1204	NURNBERG (Gebersdorf)	Grosskraftw. Franken A.G.	S.W.A.	1 (g) (i) 102.

"GO"

POWER GROUP

ELECTRICITY POWER STATIONS

Operational No.	Town.	Target—Name.	Area.	Air Ministry No.
GO—1205	~~PFROMBACH~~	~~Electricity power station~~	~~S.W.A.~~	~~1 (g) (i) 103.~~
GO—1206	STUTTGART (Bad Canstadt)	Werke der Stadt, Stuttgart	S.W.A.	1 (g) (i) 105.
GO—1207	SCHWANDORF	Kraftwerk Else	S.W.A.	1 (g) (i) 106.
GO—1208	STEINBACH	Kachletwerk *(see GH. 577)*	S.W.A.	1 (g) (i) 107.
GO—1209	TOGING	Electricity power station	S.W.A.	1 (g) (i) 109.
GO—1210	~~TRIER~~	~~R.W.E.~~	~~S.W.A.~~	~~1 (g) (i) 110.~~
GO—1211	SIMMERING (Vienna)	Electricity power station	OSTMARK	1 (g) (i) 148.
GO—1212	SPULLERSEEWERK (Vorarlberg)	,, ,,	OSTMARK	1 (g) (i) 149.
GO—1213	HAMELN	Elektrizitätswerk Wesertal G.m.b.H.	N.W.A.	1 (g) (i) 179.
GO—1214	~~STEEG (Upper Austria)~~	~~Kraftwerke, A.G.~~	~~OSTMARK~~	~~1 (g) (i) 151.~~

"GO"
POWER GROUP
ELECTRICITY POWER STATIONS

Operational No.	Town.	Target—Name.	Area.	Air Ministry No.
~~GO—1215~~	~~STRUBKLAMMWERK~~	~~Electricity power station~~	~~OSTMARK~~	~~1 (g) (i) 152.~~
GO—1216	STUBACHWERK (~~Salzburg~~)	Stubach I, ~~Stubach~~ II	~~OSTMARK~~	~~1 (g) (i) 153.~~
~~GO—1217~~	~~TEIGITZCHWERK~~ (~~Styria~~)	~~Electricity power station~~	~~OSTMARK~~	~~1 (g) (i) 154.~~
~~GO—1218~~	~~TYROL~~ MATREI (~~Rütznwerke~~)	~~Grid Transformer Station~~	OSTMARK	~~1 (g) (i) 155.~~
~~GO—1219~~	VERMUNTWERK (Vorarlberg)	~~Electricity power station~~	~~OSTMARK~~	~~1 (g) (i) 156.~~
~~GO—1220~~	~~WIESBERG~~	,, ,,	~~OSTMARK~~	~~1 (g) (i) 157.~~
~~GO—1221~~	~~GRUBE ERIKA~~	,, ,,	~~N.E. & E.A.~~	~~1 (g) (i) 121.~~
~~GO—1222~~	HIRSCHFELDE (Zittau)	Sachsiche Werke	N.E. & E.A.	1 (g) (i) 122.
~~GO—1223~~	~~HINDENBURG~~	~~Hindenburg (Zaborze) of the Schlesische Elch. u. Gas. (OEW)~~	~~N.E. & E.A.~~	~~1 (g) (i) 123.~~
~~GO—1224~~	LAUTA	Elektrowerke (see GF 2357)	N.E. & E.A.	1 (g) (i) 124.

"GO"
POWER GROUP
ELECTRICITY POWER STATIONS

Operational No.	Town.	Target—Name.	Area.	Air Ministry No.
GO—1225	MOLKE	Kraftwerke Molke	N.E. & E.A.	1 (g) (i) 125.
GO—1226	MITTELSTEINE	Electricity Power Station	N.E. & E.A.	1 (g) (i) 126.
GO—1227	STETTIN	Zentral II Alterdamme strasse	N.E. & E.A.	1 (g) (i) 127.
GO—1228	STRALSUND	Electricity power station	N.E. & E.A.	1 (g) (i) 128.
GO—1229	TRATTENDORF	Electrowerke	N.E. & E.A.	1 (g) (i) 129.
GO—1230	WALDENBURG	Kraftwerke Waldenburg	N.E. & E.A.	1 (g) (i) 130.
GO—1231	HAMBORN	August Thyssen Hutte A.G. *(see G.F. 2229)*	R. & W.C.A.	1 (g) (i) 39.
GO—1232	HERDECKE	Electricity power station	R. & W.C.A.	1 (g) (i) 40.
GO—1233	HEMFURTH	Hemfurth I *(see GO. 933)*	R. & W.C.A.	1 (g) (i) 41.
GO—1234	HAGEN (Harkort)	Herman-Harkort-Reservoir	R. & W.C.A.	1 (g) (i) 41a.

"GO"
POWER GROUP
ELECTRICITY POWER STATIONS

Operational No.	Town.	Target—Name.	Area.	Air Ministry No.
GO—1235	~~HAGEN~~ (Hengstey)	~~Hengstey Reservoir~~	~~R. & W.C.A.~~	~~1 (g) (i) 41b.~~
GO—1236	~~KÖLN~~ QUADRATH (nr Koln)	Quadrath Fortuna I and II	R. & W.C.A.	1 (g) (i) 42.
GO—1237	KÖLN (Knapsack)	R.W.E. Goldenberg Werke	R. & W.C.A.	1 (g) (i) 43.
GO—1238	~~KÖLN~~	~~Electricity power station~~	~~R. & W.C.A.~~	~~1 (g) (i) 44.~~
GO—1239	~~KUPFERDREH~~	,, ,,	~~R. & W.C.A.~~	~~1 (g) (i) 45.~~
GO—1240	~~KASSEL~~	,, ,,	~~R. & W.C.A.~~	~~1 (g) (i) 46.~~
GO—1241	~~WERMINGHOFF~~	,, ,,	~~N.E. & E.A.~~	~~1 (g) (i) 191.~~
GO—1242	~~LEIPZIG~~	~~Stadtische Elec-werke (South power station)~~	~~C.A.~~	~~1 (g) (i) 99a.~~
GO—1243	~~BERLIN~~ (Klettwitz)	~~Niederlausitzer Kohlenwerke Wilhelminenglück~~ II	~~C.A.~~	~~1 (g) (i) 58a.~~
GO—1244	~~HEIMBACH~~	~~Electricity power station~~	~~R. & W.C.A.~~	~~1 (g) (i) 40a.~~

"GO"
POWER GROUP
ELECTRICITY POWER STATIONS

Operational No.	Town.	Target—Name.	Area.	Air Ministry No.
GO—1245	ACHENSEEWERK	Electricity power station	OSTMARK	1 (g) (i) 132.
GO—1246	BARENWERK (Salzburg)	,, ,,	OSTMARK	1 (g) (i) 133.
GO—1247	BREGENZER-ACHE (Vorarlberg)	,, ,,	OSTMARK	1 (g) (i) 134.
GO—1248	EBENFURTH (Vienna)	,, ,,	OSTMARK	1 (g) (i) 135.
GO—1249	ENGERTSTRASSE (Vienna)	,, ,,	OSTMARK	1 (g) (i) 136.
GO—1250	GAMING (L. Austria)	,, ,,	OSTMARK	1 (g) (i) 107.
GO—1251	ULM	,, ,,	S.W.A.	1 (g) (i) 111.
GO—1252	VAGEN	Leitzachwerk electricity power station	S.W.A.	1 (g) (i) 112.
GO—1253	WALCHENSEEWERK (S. of Kochel See)	Electricity power station	S.W.A.	1 (g) (i) 113.
GO—1254	WEHRDEN	,, ,,	S.W.A.	1 (g) (i) 114.

"GO"
POWER GROUP
ELECTRICITY POWER STATIONS

Operational No.	Town.	Target—Name.	Area.	Air Ministry No.
~~GO—1255~~	~~WÖLPERSHEIM~~	~~Electricity power station~~	~~S.W.A.~~	~~1 (g) (i) 115.~~
~~GO—1256~~	~~BRESLAU~~	~~Breslau-Scheibenweg~~	~~N.E. & E.A.~~	~~1 (g) (i) 116.~~
~~GO—1257~~	~~BRESLAU~~	~~(Tscheschnitz)~~ ~~Kraftwerk Kraftborn~~	~~N.E. & E.A.~~	~~1 (g) (i) 117.~~
~~GO—1258~~	~~BELGARD~~	~~Electricity power station~~	~~N.E. & E.A.~~	~~1 (g) (i) 118.~~
~~GO—1259~~	~~DEICHOW~~ (~~Bobersburg~~)	~~Bober power station~~	~~N.E. & E.A.~~	~~1 (g) (i) 119.~~
GO—1260	FINKENHEERD	Markische Elec. Werke	N.E. & E.A.	1 (g) (i) 120.
~~GO—1261~~	~~BAD BLANKENBURG~~	~~Electricity power station~~	~~S.W.~~	~~1 (g) (i) 175.~~
GO—1262	BERLIN (Unter-Spree)	Electricity Power Station	C.A.	1 (g) (i) 176.
GO—1263	FINOW	Markisches Elektricitats Werke A.G.	N.E., & E.A.	1 (g) (i) 177.
GO—1264	BERLIN (Oberschöneweide)	Kraftwerk Oberspree (B.E.W.A.G.)	C.A.	1 (g) (i) 178.

"GO"
POWER GROUP
ELECTRICITY POWER STATIONS

Operational No.	Town.	Target—Name.	Area.	Air Ministry No.
GO—1265	LEIPZIG–CONNEWITZ	Electricity Power Station	C.A.	1 (g) (i) 179.
Go 1266				
Go. 1267	STETTIN (Pommerensdorf)	Thermal Power Station		1 (g) (i) 181
Go. 1268				
Go. 1269				
Go. 1270	MOLBIS N Leipzig	Thermal Power Station		1 (g) (i) 184

"GO"
POWER GROUP
GRID AND TRANSFORMER STATIONS

Operational No.	Town.	Target—Name.	Area.	Air Ministry No.
GO—1426	BERNE	Grid and transformer station	N.W.A.	1 (g) (ii) 1.
GO—1427	LEHRTE	,, ,,	N.W.A.	1 (g) (ii) 2.
GO—1428	BRAUWEILER	42 at 110,000. Grid and transformer station	R. & W.C.A.	1 (g) (ii) 3.
GO—1429	DORMAGEN	Grid and transformer station	R. & W.C.A.	1 (g) (ii) 4.
GO—1430	HAMBORN	,, ,,	R. & W.C.A.	1 (g) (ii) 5.
GO—1431	HERSFELD	,, ,,	R. & W.C.A.	1 (g) (ii) 6.
GO—1432	LETMATHE	,, ,,	R. & W.C.A.	1 (g) (ii) 7.
GO—1433	UNNA	,, ,,	R. & W.C.A.	1 (g) (ii) 8.
GO—1434	FORDERSTEDT	,, ,,	C.A.	1 (g) (ii) 9.
GO—1435	BERLIN (Friedrichsfelde)	Power, transformer and switching station	C.A.	1 (g) (ii) 10.

"GO"

POWER GROUP
GRID AND TRANSFORMER STATIONS

Operational No.	Town.	Target—Name.	Area.	Air Ministry No.
GO—1436	NÜRNBURG	Grid and transformer station *(see GO.1204)*	S.W.A.	1 (g) (ii) 31.
GO—1437	RHEINAU	,, ,,	S.W.A.	1 (g) (ii) 32.
GO—1438	SCHEIBENHARDT	,, ,,	S.W.A.	1 (g) (ii) 33.
GO—1439	SCHWEINFURT	,, ,,	S.W.A.	1 (g) (ii) 34.
GO—1440	WÜRZBURG	,, ,,	S.W.A.	1 (g) (ii) 35.
GO—1441	AMSTETTEN	,, ,,	OSTMARK	1 (g) (ii) 36.
GO—1442	SCHWARZACH–ST. VEIT	,, ,,	OSTMARK	1 (g) (ii) 37.
GO—1443	RENDSBURG	,, ,,	N.W.A.	1 (g) (ii) 2a.
GO—1444	EMDEN	,, ,,	N.W.A.	1 (g) (ii) 38.
GO—1445	MINDEN–RAVENSBURG	,, ,,	R. & W.C.A.	1 (g) (ii) 39.

"GO"
POWER GROUP
GRID AND TRANSFORMER STATIONS

Operational No.	Town.	Target—Name.	Area.	Air Ministry No.
GO—1446	GUBEN	Grid and transformer station	C.A.	1 (g) (ii) 11.
GO—1447	M. DIESDORF	,, ,,	C.A.	1 (g) (ii) 12.
GO—1448	NACHTERSTEDT	,, ,,	C.A.	1 (g) (ii) 13.
GO—1449	STRAUSBERG	,, ,,	C.A.	1 (g) (ii) 14.
GO—1450	AMBERG	,, ,,	S.W.A.	1 (g) (ii) 15.
GO—1451	ARZBERG	,, ,,	S.W.A.	1 (g) (ii) 16.
GO—1452	ASCHAFFENBURG	,, ,,	S.W.A.	1 (g) (ii) 17.
GO—1453	BAMBERG	,, ,,	S.W.A.	1 (g) (ii) 18.
GO—1454	BENGEL a/Moselle	,, ,,	S.W.A.	1 (g) (ii) 19.
GO—1455	BREITUNGEN	,, ,,	R. & W.C.A.	1 (g) (ii) 20.

"GO"

POWER GROUP

GRID AND TRANSFORMER STATIONS

Operational No.	Town.	Target—Name.	Area.	Air Ministry No.
GO—1456	FINSING	Grid and transformer station	S.W.A.	1 (g) (ii) 21.
GO—1457	GEISLAUTERN	,, ,,	S.W.A.	1 (g) (ii) 22.
GO—1458	HOHENECK	,, ,,	S.W.A.	1 (g) (ii) 23.
GO—1459	HERBERTINGEN	,, ,,	S.W.A.	1 (g) (ii) 24.
GO—1460	KARSFELD	,, ,, (see G.Y. 4662)	S.W.A.	1 (g) (ii) 25.
GO—1461	KELSTERBACH	,, ,,	S.W.A.	1 (g) (ii) 26.
GO—1462	KOBLENZ	,, ,,	S.W.A.	1 (g) (ii) 27.
GO—1463	KOCHEL	,, ,,	S.W.A.	1 (g) (ii) 28.
GO—1464	LANDSHUT	,, ,,	S.W.A.	1 (g) (ii) 29.
GO—1465	MEITINGEN	,, ,,	S.W.A.	1 (g) (ii) 30.

"GO"
POWER GROUP
GRID AND TRANSFORMER STATIONS

Operational No.	Town.	Target—Name.	Area.	Air Ministry No.
GO—1466	SELB	Switching and transformer station	S.W.A.	1 (*g*) (ii) 40.
GO—1467	TIENGEN	Open-air Transformer Station	S.W.A.	1 (*g*) (ii) 47.
GO—1468	PASING	Transformer Station	S.W.A.	1 (*g*) (ii) 42.
GO—1469	ROSENHEIM	Transformer Station	S.W.A.	1 (*g*) (ii) 43.
GO—1470	BERLIN (Ostkreuz)	Distribution Station	C.A.	1 (*g*) (ii) 44.
GO—1471	BERLIN (Westkreuz)	Distribution Station	C.A.	1 (*g*) (ii) 45.
GO—1472	FISCHAMEND (Nr. Vienna)	Transformer Station	Austria	1 (*g*) (ii) 46.
GO—1473	HARBURG	Switching and Transformer Station	N.W.A.	1 (*g*) (ii) 48.

"GO"

POWER GROUP

GRID AND TRANSFORMER STATIONS

Operational No.	Town.	Target—Name.	Area.	Air Ministry No.

"GQ"
FUEL GROUP
SYNTHETIC OIL

Operational No.	Town.	Target—Name.	Area.	Air Ministry No.
~~GQ—1501~~	~~BOCHUM~~ (see Target Map (1 (b) 12))	~~Gelsenkirchener Bergwerke A.G., Bochum Group, Carolinenglück~~	~~R. & W.C.A.~~	~~1 (a) (iii) 2c.~~
~~GQ—1502~~	~~CASTROP-RAUXEL~~	~~Bergbau A.G. Lothringen I/II~~	~~R. & W.C.A.~~	~~1 (a) (iii) 2d.~~
~~GQ—1503~~	~~CASTROP-RAUXEL~~	~~Bergbau A.G. Lothringen~~ IV	~~R. & W.C.A.~~	~~1 (a) (iii) 3a.~~
GQ—1504	DUSSELDORF (Heerdt)	Heinrich Koppers Silica Works	R. & W.C.A.	1 (a) (iii) 46.
GQ—1505	WITTEN	Mannesman Tube Works	R. & W.C.A.	1 (a) (iii) 48.
GQ—1506	NACHTERSTEDT (nr. Aschersleben)	I.G. Farben	C.A.	1 (a) (iii) 44.
GQ—1507	ZALUZI (or MALTHEUERN)	Mineralölbaugesellschaft	~~C.A.~~ C3.	1 (a) (iii) 47.
~~GQ—1508~~	~~NEUNKIRCHEN~~ ~~(Saar)~~	~~Steinkohlenbergwerk Berginspektion VII~~	~~S.W.A.~~	~~1 (a) (iii) 35a.~~
GQ—1509	GELSENKIRCHEN (Nordstern)	Gelsenberg-Benzin A.G.	R. & W.C.A.	1 (a) (iii) 10a.
GQ—1510	KÖLN (Wesserling)	Union Rheinische Braunkohlen Kraftstoff A.G.	R. & W.C.A.	1 (a) (iii) 10b.

" GQ "

FUEL GROUP

SYNTHETIC OIL

Operational No.	Town.	Target—Name.	Area.	Air Ministry No.
GQ—1511	HOMBERG–MÖRS–MEER- BECK	Fischer Tropsch Plant—Gewerkschaft Rheinpreussen	R. & W.C.A.	1 (a) (iii) 11.
GQ—1512	LUTZKENDORF (Mucheln)	Mitteldeutsche Oel & Benzin A.G. (formed by Wintershall A.G.)	R. & W.C.A.	1 (a) (iii) 12.
GQ—1513	KAMEN (Monopol Mine)	Essener Steinkohle und Harpener (Grimberg)	R. & W.C.A.	1 (a) (iii) 13.
GQ—1514	BOHLEN ~~ROTHA~~ *(W. Leipzig)*	Braunkohle Benzin A.G. (Brabag)	C.A.	1 (a) (iii) 14.
GQ—1515	MERSEBURG (Leuna)	I.G. Farben Leunawerke	C.A.	1 (a) (iii) 15.
GQ—1516	MAGDEBURG–ROTHENSEE	Braunkohlen Benzin A.G. (Brabag)	C.A.	1 (a) (iii) 16.
GQ—1517	STERKRADE-HOLTEN	Ruhrchemie (Ruhr Benzin A.G.)	R. & W.C.A.	1 (a) (iii) 17.
GQ—1518	WANNE EICKEL	Krupp Treibstoffwerke G.m.b.H.	R. & W.C.A.	1 (a) (iii) 18.
GQ—1519	*RUHLAND -SCHWARZHEIDE* ~~GRUBE ILSE~~ (~~Ruhland~~)	*Braunkohle-Benzun AG (Brabag III)* ~~Ilse Bergbau A.G.~~	C.A.	1 (a) (iii) 29.
GQ—1520	HALLE (Bruckdorf)	A. Riebeck'sche Montanwerke A.G. Alwiner Verein Mine	C.A.	1 (a) (iii) 30.

"GQ"
FUEL GROUP
SYNTHETIC OIL

Operational No.	Town.	Target—Name.	Area.	Air Ministry No.
GQ—1521	KOTHEN (Golzau)	Kohlenveredlung u. Schwelwerke A.G.	C.A.	1 (a) (iii) 31.
~~GQ—1522~~	~~LUCKENWALDE~~ (~~Wolsterdorf~~)	~~Teer & Oeldestillation G.m.b.H.~~	~~C.A.~~	~~1 (a) (iii) 32.~~
GQ—1523	ROSITZ	Deutsche Petroleum A.G.	C.A.	1 (a) (iii) 33.
GQ—1524	OFFLEBEN	Braunschweigsche Kohlenbergwerk (Schwelwerk)	C.A.	1 (a) (iii) 33a.
GQ—1525	ZEITZ (or Troglitz)	Brabag III or IV	C.A.	1 (a) (iii) 33b.
~~GQ—1526~~	~~FLORSHEIM~~ (~~Main~~)	~~Chemische Fabrik Florsheim~~	~~S.W.A.~~	~~1 (a) (iii) 34.~~
~~GQ—1527~~	~~LUDWIGSHAFEN~~	~~Dr. Rashig G.m.b.H.~~	~~S.W.A.~~	~~1 (a) (iii) 35.~~
GQ—1528	LUDWIGSHAFEN OPPAU	I.G. Farben *(see G.S. 38)*	S.W.A.	1 (a) (iii) 36.
~~GQ—1529~~	~~OBERHAUSEN~~	~~Gutehoffnungshutte, Sterkrade I/II Mine~~	~~R. & W.C.A.~~	~~1 (a) (iii) 20d.~~
~~GQ—1530~~	~~SCHNEEBERG~~ (~~Radiumbad~~)	~~Blaufarben Werke~~	~~C.A.~~	~~1 (a) (iii) 45.~~

"GQ"

FUEL GROUP

SYNTHETIC OIL

Operational No.	Town.	Target—Name.	Area.	Air Ministry No.
GQ—1531	CASTROP RAUXEL	Distillation Plants of " Ges. für Teerverwertung " and " Rutgers-werke A.G."	R. & W.C.A.	1 (a) (iii) 3.
GQ—1532	DUISBURG (Meiderich)	Ges. Für Teerverwertung	R. & W.C.A.	1 (a) (iii) 4.
GQ—1533	~~DORTMUND~~	~~Beer, Sohne, Teer & Bitumenfabrik, Köln Beersohaus~~	~~R. & W.C.A.~~	~~1 (a) (iii) 5.~~
GQ—1534	CASTROP RAUXEL	Klockner Wintershall (Gewerkschaft Viktor)	R. & W.C.A.	1 (a) (iii) 7.
GQ—1535	~~GLEIWITZ~~	~~Schaffgot Factory~~	~~N.E. & E.A.~~	~~1 (a) (iii) 50.~~
GQ—1536	BOTTROP (Welheim)	Matthias Stinnes Mulheimer Bergwerke verein (Rührol A.G.)	R. & W.C.A.	1 (a) (iii) 6.
GQ—1537	GELSENKIRCHEN (Buer)	Hydrierwerke Scholven A.G.	R. & W.C.A.	1 (a) (iii) 10.
GQ—1538	~~KALSCHEUREN (in Köln).~~	~~Beer, Sohne, Teer & Bitumenfabrik, Köln Beersohaus~~	~~R. & W.C.A.~~	~~1 (a) (iii) 19.~~
GQ—1539	~~KASSEL (Grifte)~~	~~Dr. Riehm & Doege G.m.b.H.~~	~~R. & W.G.A.~~	~~1 (a) (iii) 20.~~
GQ—1540	~~WANNE-EICKEL~~	~~Gelsenkirchener Berg. A.G. Gelsenkirchen Group Pit Pluto Wilhelm~~	~~R. & W.C.A.~~	~~1 (a) (iii) 21.~~

"GQ"
FUEL GROUP
SYNTHETIC OIL

Operational No.	Town.	Target—Name.	Area.	Air Ministry No.
GQ—1541	WATTENSCHEID (nr. Gelsenkirchen)	Gelsenkirchener Berg. A.G. Holland Chemical Plant	R. & W.C.A.	1 (a) (iii) 22.
GQ—1542	RODLEBEN (nr. Rosslau)	Deutsche Hydrierwerke A.G.	C.A.	1 (a) (iii) 23.
GQ—1543	DEUBEN (nr. Leitz)	A. Riebeck'sche Montanwerke A.G. Von Voss Mine	C.A.	1 (a) (iii) 24.
GQ—1544	DÖBERITZ	I.G. Farben	C.A.	1 (a) (iii) 25.
GQ—1545	DÖBELN (Sachsen)	Döbelner Chemische Fabrik Oswald Greiner	C.A.	1 (a) (iii) 26.
GQ—1546	EDDERITZ	Grube Leopold A.G. Grube Leopold	C.A.	1 (a) (iii) 27.
GQ—1547	ERKNER (nr. Berlin)	Rutgerswerke A.G.	C.A.	1 (a) (iii) 28.
GQ—1548	STUTTGART	Technische Werke der Stadt Stuttgart	S.W.A.	1 (a) (iii) 37.
GQ—1549	STUTTGART (Weil im Dörf)	Paul Bauder Asphalt & Teer Produktenfabrik	S.W.A.	1 (a) (iii) 38.
GQ—1550	WOLFERSHEIM (nr. Friedburg)	Braunkohlen Schwelkraftwerk Hessen Frankfurt A.G.	S.W.A.	1 (a) (iii) 39.

" GQ "

FUEL GROUP

SYNTHETIC OIL

Operational No.	Town.	Target—Name.	Area.	Air Ministry No.
GQ—1551	STETTIN (Politz)	*Hydrierwerke Pölitz A.G.* ~~Hydro A/G (Nordeutsche Hydrier Werke)~~	N.E. & E.A.	1 (a) (iii) 40.
GQ—1552	DEUTZEN	Niederlausitzer Kohlenwerke Werk Kraft II	C.A.	1 (a) (iii) 23a.
GQ—1553	ALSDORF (nr. Aachen)	Ges. für Teerverwertung	R. & W.C.A.	1 (a) (iii) 2a.
~~GQ—1554~~	~~CASTROP-RAUXEL~~	~~Ges. für Teerverwertung~~	~~R. & W.C.A.~~	~~1 (a) (iii) 2b.~~
GQ—1555	DORTMUND	Hoesch Benzin G.m.b.H. (Hoesch-Köln Neuessen A.G. für Bergbau und Huttenbetrieb).	R. & W.C.A.	1 (a) (iii) 7a.
~~GQ—1556~~	~~NACHTERSTEDT~~	~~A. Riebech'sche Montanwerke A.G. (Gew der Braunkohlengrube Concordia).~~	~~C.A.~~	~~1 (a) (iii) 31a.~~
~~GQ—1557~~	~~ZEITZ-WEISSENFELS~~	~~L.T. Carbonization Plant Kurt; A. Riebeck'sche Montanwerke A.G.~~	~~S.W.A.~~	~~1 (a) (iii) 39a.~~
~~GQ—1558~~	~~OBERROBLINGEN~~ ~~(Kupferhammer)~~	~~A. Riebeck'sche Montanwerke A.G.~~	~~S.W.A.~~	~~1 (a) (iii) 38a.~~
~~GQ—1559~~	~~REGIS~~	~~Deutsche Erdol A.G.~~	~~S.W.A.~~	~~1 (a) (iii) 38b.~~
~~GQ—1560~~	~~MAHRISCH-OSTRAU~~	~~Synthetic oil plant~~	~~CZECHO-SLOVAKIA~~	~~1 (a) (iii) 41.~~

"GQ"
FUEL GROUP
SYNTHETIC OIL

Operational No.	Town.	Target—Name.	Area.	Air Ministry No.
~~GQ—1561~~	~~BLECHHAMMER~~ (nr. d'Ehrenforst)	~~Mineralölbau G.m.b.H. (Oberschlesische Hydrierwerke)~~	~~N.E. & E.A.~~	~~1 (a) (iii) 43~~
~~GQ—1562~~	~~HERNE~~	~~Low Temperature Carbonisation Plant~~	~~R. & W.C.A.~~	~~1 (a) (iii) 49~~
~~GQ—1563~~	~~STETTIN~~	~~Stettiner Chamotte Fabrik, Stettin Refractory Works~~	~~N.E. & E.A.~~	~~1 (a) (iii) 51~~
GQ 1564	MENGEDE (W. Dortmund)	Gelsenkirchener Bergwerks A.G.	R & W.C.A	1 (a) (iii) 52
GQ 1565	BOCHUM - GERTHE	Bergbau A.G. Lothringen, Lothringen Pit III (I.G. Farbenindustrie A.G.)	"	1 (a) (iii) 53
GQ 1566				
GQ 1567				
GQ 1568				
GQ 1569	BLECHHAMMER	Synthetic Oil Plant (Blechhammer II)		1 (a) (iii) 57

"GQ"
FUEL GROUP
SYNTHETIC OIL

Operational No.	Town.	Target—Name.	Area.	Air Ministry No.

"GQ"
FUEL GROUP
OIL REFINERIES

Operational No.	Town.	Target—Name.	Area.	Air Ministry No.
GQ—1601	~~BERLIN~~ (~~Lichtenberg~~ I)	~~Mineralolwerke Lichtenberg G.m.b.H.~~	~~C.A.~~	~~1 (a) (ii) 26.~~
GQ—1602	~~BERLIN~~ (~~Tempelhof III~~)	~~Deutsche-Amerikanische Pet. Ges.~~	~~C.A.~~	~~1 (a) (ii) 27.~~
GQ—1603	~~NEUNDORF-PIRNA I~~	~~Mexas Kaltasphalt A.G.~~	~~C.A.~~	~~1 (a) (ii) 30.~~
GQ—1604	REGENSBURG III	Rhenania Ossag Mineralolwerke A.G. & Danubia A.G. fur (see GH.860) Mineralol-Industrie.	S.W.A.	1 (a) (ii) 33.
GQ—1605	~~REGENSBURG III~~	~~Danubia A.G. fur Mineralol Industrie~~	~~S.W.A.~~	~~1 (a) (ii) 34.~~
GQ—1606	FLORIDSDORF	Shell refinery (see GH.531)	AUSTRIA	1 (a) (ii) 35.
GQ—1607	WIEN KAGRAN	Vacuum oil refinery	AUSTRIA	1 (a) (ii) 36.
GQ—1608	KORNEUBERG	Korneuburger Mineralol Raffinerie A.G.	OSTMARK	1 (a) (ii) 37.
GQ—1609	VIENNA (Praterspitz-Winterhafen)	Nova Oel und Brennstoff Gesellschaft	OSTMARK	1 (a) (ii) 38.
GQ—1610	~~VOGENDORF~~ (~~nr. Vienna~~)	~~Austria Petroleum A.G. (Osterreichische Fanto A.G.)~~	~~OSTMARK~~	~~1 (a) (ii) 39.~~

" GQ "

FUEL GROUP

OIL REFINERIES

Operational No.	Town.	Target—Name.	Area.	Air Ministry No.
GQ—1611	SCHWECHAT (nr. Vienna)	Nova Oel und Brennstoff Gesellschaft	OSTMARK	1 (a) (ii) 42.
GQ—1612	PRETTAL (nr. Dresden)	Oil refinery	C.A.	1 (a) (ii) 43.
GQ—1613	OSTERMOOR (Kiel Canal II)	Mineralöl u. Asphaltwerke A.G.	N.W.A.	1 (a) (ii) 19.
GQ—1614	PEINE (Hanover I)	Schindler, Julius Olwerke G.m.b.H.	N.W.A.	1 (a) (ii) 20.
GQ—1615	SALZBERGEN (nr. Osnabruck I)	Erdöl Raffineries Salzbergen G.m.b.H.	N.W.A.	1 (a) (ii) 21.
GQ—1616	SCHULAU (by Wedel III)	Deutsche Vacuum Oel A.G. (see G.O. 1190)	N.W.A.	1 (a) (ii) 22.
GQ—1617	DORTMUND–SUD III	Westfalische Mineralol u. Asphaltwerke W. H. Schmitz Kom-Ges.	R. & W.C.A.	1 (a) (ii) 23.
GQ—1618	DUSSELDORF III	Deutsche Amerikanische Petroleum Ges.	R. & W.C.A.	1 (a) (ii) 25.
GQ—1619	EMMERICH II	Deutsche Gasoline A.G. (see G.H. 859)	R. & W.C.A.	1 (a) (ii) 28.
GQ—1620	MONHEIM	Rhenania Ossag Mineralolwerke A.G.	R. & W.C.A.	1 (a) (ii) 28a.

"GQ"
FUEL GROUP
OIL REFINERIES

Operational No.	Town.	Target—Name.	Area.	Air Ministry No.
GQ—1621	REISHOLZ II (Dusseldorf)	Rhenania Ossag Mineralolwerke A.G. (see G.O. 1126)	R. & W.C.A.	1 (a) (ii) 32.
GQ—1622	HAMBURG (Grasbrook II)	Rhenania Ossag Mineralolwerke A.G.	N.W.A.	1 (a) (ii) 10.
GQ—1623	~~HAMBURG (Wilhelmsburg III)~~	~~Ernst Schliemann's Olwerke~~	~~N.W.A.~~	~~1 (a) (ii) 15.~~
GQ—1624	~~HAMBURG (Billbrook III)~~	~~Ernst Schliemann's Olwerke~~	N.W.A.	1 (a) (ii) 16.
GQ—1625	HANNOVER (Misburg)	Gewerkschaft Deutsche Erdol Raffinerie. Deurag—Plants I-III.	N.W.A.	1 (a) (ii) 18.
GQ—1626	~~HANNOVER (Linden III)~~	~~Deutsche Petroleum A.G.~~	~~N.W.A.~~	~~1 (a) (ii) 17.~~ A.L. 11
GQ—1627	BREMEN I (Oslebshausen)	Deutsche Vacuum Oel A.G.	N.W.A.	1 (a) (ii) 2.
GQ—1628	~~DOLLBERGEN I (nr. Han.)~~	~~Deutsche Gasolin A.G.~~	~~N.W.A.~~	~~1 (a) (ii) 3.~~
GQ—1629	JAMA-JIRI ~~Rudol Primozz~~	~~Oil refinery and storage tanks~~	CZECHO-SLOVAKIA	~~1 (a) (ii) 41.~~
GQ—1630	HAMBURG I	(i) Europaische Tanklager u. Transport A.G.	N.W.A.	1 (a) (ii) 5.
	HAMBURG I	(ii) Petroleum Hafen (Nitag)	N.W.A.	

"GQ"

FUEL GROUP

OIL REFINERIES

Operational No.	Town.	Target—Name.	Area.	Air Ministry No.
GQ—1631	HAMBURG III HAMBURG III	(i) Mineralolwerke Albrecht & Co. (ii) Ernst Schiemann's Olwerke (iii) Maschinenol Import Ges.	N.W.A. N.W.A.	1 (a) (ii) 6.
GQ—1632	HAMBURG (Wilhelmsburg)	(i) Deutsche Petroleum (ii) Rhenania Ossag	N.W.A.	1 (a) (ii) 7.
GQ—1633	HAMBURG (Wilhelmsburg II)	(i) Ebano Asphaltwerke A.G. (ii) Rhenania Ossag Mineralolwerke A.G.	N.W.A.	1 (a) (ii) 8.
GQ—1634	JEDLICZE	Galicyjskie Karpackie Naftowe, A.K.C.	GERMAN POLAND	1 (a) (ii) 44.
GQ—1635	PARDUBICE	Fanto Werke, A.G.	CZECHO-SLOVAKIA	1 (a) (ii) 45.
GQ—1636	KREFELD (UERDINGEN)	Deutsche Rizinus Oelfabrik Boley & Co.	R. & W.C.A.	1 (a) (ii) 46.
GQ—1637	PORT OF DANZIG	Baltische Amerikanische Oil Coy.	N.E. & E.A.	1 (a) (ii) 47.
GQ—1638	DROSING	Oil Refinery	Austria	1 (a) (ii) 48.
GQ—1639	KOLIN	Vacuum Oil Refinery	Cz.	1 (a) (ii) 49.
GQ—1640	PRESZBURG (Bratislava)	Apollo Oil Refinery	Cz.	1 (a) (ii) 50.

"GQ"

FUEL GROUP

OIL REFINERIES

Operational No.	Town.	Target—Name.	Area.	Air Ministry No.
GQ—1641	KÖLN / COLOGNE }-BRAUNSFELD	Fritz Wihl Mineralölwerke	R. & W.C.A.	1 (a) (ii) 51.
GQ.1642	HAMBURG - NEUHOF	(i) Julius Schindler (ii) Deutsche Erdöl A.G.	NWA	
GQ.1643	RHEINAU	Mineralöl Raffinerie Rheinau	SWA	

"GQ"
FUEL GROUP
OIL—STOCKS AND RESERVES

Operational No.	Town.	Target—Name.	Area.	Air Ministry No.
GQ—1676	NEUSS	Oil stocks and reserve	R. & W.C.A.	1 (a) (iv) 21.
GQ—1677	BERLIN (Salzhof)	,, ,,	C.A.	1 (a) (iv) 22a.
GQ—1678	BERLIN	,, ,,	C.A.	1 (a) (iv) 22b.
GQ—1679	DRESDEN	,, ,,	C.A.	1 (a) (iv) 23a.
GQ—1680	MAGDEBURG	,, ,,	C.A.	1 (a) (iv) 24.
GQ—1681	NORDENHAM	,, ,,	N.W.A.	1 (a) (iv) 9.
GQ—1682	WILHELMSHAFEN (nr. Sande)	,, ,,	N.W.A.	1 (a) (iv) 13.
GQ—1683	DUISBURG	,, ,,	R. & W.C.A.	1 (a) (iv) 16.
GQ—1684	KÖLN	Niehl (Rhenania Ossag Mineralolwerke A.G.)	R. & W.C.A.	1 (a) (iv) 19.
GQ—1685	FRANKFURT/MAIN	Oil stocks and reserves	S.W.A.	1 (a) (iv) 25.

"GG"
FUEL GROUP
OIL—STOCKS AND RESERVES

Operational No.	Town	Target—Name	Area	Air Ministry No.
GG—1686	KARLSRUHE	Oil stocks and reserves	S.W.A.	1 (a) (iv) 26. 3/61
GG—1687	LUDWIGSHAFEN	" "	S.W.A.	1 (a) (iv) 27. 3/61
GG—1688	LUDWIGSHAFEN	" "	S.W.A.	1 (a) (iv) 28. 3/61
GG—1689	MANNHEIM	" "	S.W.A.	1 (a) (iv) 29. 3/61
GG—1690	STETTIN	" "	N.E. & E.A.	1 (a) (iv) 31.
GG—1691	STETTIN	" " —Cancelled 5/41 AL.	N.E. & E.A.	1 (a) (iv) 31a.
GG—1692	STETTIN	" "	N.E. & E.A.	1 (a) (iv) 31b. A.L. 11
GG—1693	STETTIN	" "	N.E. & E.A.	1 (a) (iv) 31c. 3/61
GG—1694	BLEXEN	" "	N.W.A.	1 (a) (iv) 4.
GG—1695	WANHEIMERORT	" "	R. & W.A.	1 (a) (iv) 33. 3/61

"GQ"
FUEL GROUP
OIL—STOCKS AND RESERVES

Operational No.	Town.	Target—Name.	Area.	Air Ministry No.
GQ—1696	MANNHEIM (Waldhof)	Oil tankerage	S.W.	1 (a) (iv) 34.
GQ—1697	BREMERHAVEN	Mannheim-Bremer Petroleum A.G.	N.W.A.	1 (a) (iv) 1.
GQ—1698	STADE	Oil tankerage	N.W.A.	1 (a) (iv) 37.
GQ—1699	FLEMHUDE (14 Km. W. of Kiel)	Oil stocks and reserves	N.W.A.	1 (a) (iv) 5a.
~~GQ—1700~~	~~HAMBURG~~	~~Oil storage (Vulkan Hafen)~~	~~N.W.A.~~	~~1 (a) (iv) 35.~~
~~GQ—1701~~	~~HAMBURG~~	~~Oil storage (Klutjenfelder Hafen)~~	~~N.W.A.~~	~~1 (a) (iv) 36.~~
GQ—1702	VIENNA (Praterspitz-Winterhafen)	Nova Oel und Brennstoff Gesellschaft	OSTMARK	1 (a) (iv) 32.
GQ—1703	VIENNA (Leopoldau)	Oil Tankerage	Austria	1 (a) (iv) 38.
GQ 1704	HAMBURG	Oil Storage (Worthdamm)	N W A	1(a)(iv)39
GQ 1705	HAMBURG-WILHELMSBURG	Hanseatische Teerproduktenfabrik Haltermann & Co m.b.H.	"	1(a)(iv)40

FUEL GROUP
"G9"
OIL—STOCKS AND RESERVES

Operational No.	Town.	Target—Name.	Area.	Air Ministry No.
68/121	NÜRNBERG - ST. JOBST	R. M. Beschaffung	Süd	1841
56/127	NÜRNBERG - SCHWEINIG	Bavarian Mi. Werk	Süd	1840/42
38/122	DÜSSELDORF - NEUSS	St. George	R M W	1841/47

"GQ"
FUEL GROUP
OIL—MACHINERY

Operational No.	Town.	Target—Name.	Area.	Air Ministry No.
GQ—1751	SALZGITTER (nr. Hannover)	Anton Raky Oil Drilling Co.	R. & W.C.A.	1 (a) (vi) 1.
GQ—1752	ERKELENZ (RHINELAND)	Alfred Wirth & Co.	R. & W.C.A.	1 (a) (vi) 2.
GQ—1753	MAGDEBERG	Polte Engineering Works	C.A.	1 (a) (vi) 3.

"GQ"

FULL GROUP

OIL—MACHINERY

Operational No.	Town.	Target—Name.	Area.	Air Ministry No.

"GQ"
FUEL GROUP
COKE-OVEN BATTERIES

Operational No.	Town.	Target—Name.	Area.	Air Ministry No.
GQ—1776	ZWICKAU	Gewerkschaft Morgenstern Betriebsabteilung Bruckenburg	C.A.	1 (b) 82.
GQ—1777	ZEITZ (Kretschau by Groitzschen)	Weissenfelser Braunkohlan A.G.	C.A.	1 (b) 83.
GQ—1778	SAARBRUCKEN	Saargruben A.G. (Steinkohlen Bergwerke Heinitz, Dechau)	S.W.A.	1 (b) 91a.
GQ—1779	DREBACH (Saar)	Rudolf Bocking & Co., Erben Stumm Halberger & Bocking G.m.b.H. Halberger Hutte.	S.W.A.	1 (b) 85.
GQ—1780	DILLINGEN	A.G. der Dillinger Huttenwerke	S.W.A.	1 (b) 86.
GQ—1781	ENGERS (nr. Coblenz)	Gelsenkirchener Bergwerks A.G. Gelsenkirchen Group, Engers	S.W.A.	1 (b) 87.
GQ—1782	NEUNKIRCHEN (Saar)	Neunkirchen Eisenwerk A.G.	S.W.A.	1 (b) 89.
GQ—1783	NEUNKIRCHEN (Saar)	Steinkohlenbergwerk Berginspektion VII	S.W.A.	1 (b) 90.
GQ—1784	SAARBRUCKEN	Ver. Huttenwerke Burbach Eich Dudelinger Burbacher Ironworks	S.W.A.	1 (b) 91.
GQ—1785	WALDENBURG (Sil)	Furstl Plessische Bergwerksdirektion	N.E. & E.A.	1 (b) 111.

"GQ"

FUEL GROUP

COKE-OVEN BATTERIES

Operational No.	Town.	Target—Name.	Area.	Air Ministry No.
GQ—1786	WALDENBURG	Von. Kulmiz'sche Steinkohlenbergwerke Melchior Col.	N.E. & E.A.	1 (b) 112.
GQ—1787	WALDENBURG	Waldenburger Bergwerks A.G. Bahnschacht & Tiefbauschacht Collieries.	N.E. & E.A.	1 (b) 113.
GQ—1788	DUISBURG	Gelsenkirchener Bergwerke A.G. Rheinstahl	R. & W.C.A.	1 (b) 34b.
GQ—1789	HERNE	Harpener Bergbau A.G. Julia	R. & W.C.A.	1 (b) 59a.
GQ—1790	HERNE	Harpener Bergbau A.G. Recklinghausen I	R. & W.C.A.	1 (b) 59b.
GQ—1791	BOTTROP	Rheinische Stahlwerke A.G. Arenburg Dept. IV/V Prosper II	R. & W.C.A.	1 (b) 115.
GQ—1792	VITKOVICE	Coke-Oven Battery	CZECHO-SLOVAKIA	1 (b) 117.
GQ—1793	BREMEN (Oslebshausen)	Norddeutsche Hütte A.G.	N.W.A.	1 (b) 1.
GQ—1794	HAMBURG (Veddelerdamm)	Norddeutscher Köhlen-u. Kokswerke	N.W.A.	1 (b) 2.
GQ—1795	LÜBECK (Herrenwyk)	Hochofenwerke Lübeck A.G. *(see GO. 1110)*	N.W.A.	1 (b) 3.

"GQ"
FUEL GROUP
COKE-OVEN BATTERIES

Operational No.	Town.	Target—Name.	Area.	Air Ministry No.
GQ—1796	~~OBERNKIRCHEN~~ (~~Grafschaft Schaumburg~~)	~~Gesamtbergamt Obernkirchen~~	~~N.W.A.~~	~~1 (b) 4.~~
GQ—1797	~~OSNABRUCK~~	~~George Marien Bergwerke u. Huttenverein~~	~~N.W.A.~~	~~1 (b) 5.~~
GQ—1798	GROSS ILSEDE	Ilseder Hutte	N.W.A.	1 (b) 6.
GQ—1799	~~ALSDORF~~	~~Eschweiler Bergwerkeverein Anna Pit~~	~~R. & W.C.A.~~	~~1 (b) 7.~~
GQ—1800	~~AHLEN I.W.~~	~~Gewerkschaft Westfalen~~	~~R. & W.C.A.~~	~~1 (b) 8.~~
GQ—1801	~~AACHEN~~ (~~Palenberg~~)	~~Gew. Carolus Magnus~~	~~R. & W.C.A.~~	~~1 (b) 9.~~
GQ—1802	~~BOCHUM~~	~~Fried. Krupp, Hannover Mine I/II/V~~	~~R. & W.C.A.~~	~~1 (b) 10.~~
GQ—1803	~~KATTOWICE~~ ("~~Emma Pit~~")	~~Emma Coke Works, Rybnitsky Co.~~	~~POLAND~~	~~1 (b) 118.~~
GQ—1804	~~RUDA~~	~~Wolfgang Coke Works, Ballestrem Industrial Co., Ltd.~~	~~POLAND~~	~~1 (b) 119.~~
GQ—1805	~~NOWY BYTOM~~ (~~Kattowice~~)	~~Huta Pokoj Coke Works, The Foundry Mining & Coal Co., Ltd.~~	POLAND	~~1 (b) 120.~~

" GQ "

FUEL GROUP

COKE-OVEN BATTERIES

Operational No.	Town.	Target—Name.	Area.	Air Ministry No.
GQ—1806	KNUROW	" Skar Boferm." The Knurow Coking Co.	POLAND.	1 (b) 121.
GQ—1807	ESSEN (Karnap)	Gew. Mathias Stinnes I/II/V	R. & W.C.A.	1 (b) 122.
GQ—1808	BOCHUM	Gelsenkirchener Bergwerks A.G., Bochum Group, Bruchstrasse Col. (see GH 598)	R. & W.C.A.	1 (b) 11.
GQ—1809	BOCHUM	Gelsenkirchener Bergwerks A.G., Bochum Group, Carolinenglück	R. & W.C.A.	1 (b) 12.
GQ—1810	BOCHUM	Gelsenkirchener Bergwerks A.G., Bochum Group, Dannenbaum Plant I/II.	R. & W.C.A.	1 (b) 13.
GQ—1811	BOCHUM (Langendreer)	Harpener Bergbau A.G. Robert-Muser Mine, Arnold-Jakob Shafts	R. & W.C.A.	1 (b) 14.
GQ—1812	BOCHUM (Langendreer)	Mansfeld A.G. für Bergbau & Huttenbetrieb, Mansfeld Pit Colonia Shaft.	R. & W.C.A.	1 (b) 15.
GQ—1813	BOCHUM	Ver. Constantin der Grosse VI/VII	R. & W.C.A.	1 (b) 16.
GQ—1814	BOCHUM	Bergbau, A.G. Lothringen ver. President I/IV	R. & W.C.A.	1 (b) 17.
GQ—1815	BORBECK	Essener Bergwerksverein Konig Wilhelm A.G. Wolfsbank Mine	R. & W.C.A.	1 (b) 19.

"GQ"
FUEL GROUP
COKE-OVEN BATTERIES

Operational No.	Town.	Target—Name.	Area.	Air Ministry No.
~~GQ—1816~~	~~CASTROP-RAUXEL~~	~~Bergbau A.G. Lothringen I/II~~	~~R. & W.C.A.~~	~~1 (b) 20.~~
~~GQ—1817~~	~~DORTMUND~~	~~Gelsenkirchener Bergwerke A.G., Dortmund Group, Tremonia Mine Plant.~~	~~R. & W.C.A.~~	~~1 (b) 31.~~
~~GQ—1818~~	~~DORTMUND~~	~~Harpener Bergbau A.G., Gneisenau Shafts~~	~~R. & W.C.A.~~	~~1 (b) 32.~~
~~GQ—1819~~	~~DORTMUND~~	~~Hoesch-Köln-Neuessen, Kaiserstuhl Shafts II~~	~~R. & W.C.A.~~	~~1 (b) 33.~~
~~GQ—1820~~	~~DORTMUND~~	~~Essener Steinkohlenbergwerke A.G., Dorstfeld II/III~~	~~R. & W.C.A.~~	~~1 (b) 33a.~~
~~GQ—1821~~	~~DORTMUND~~	~~Essener Steinkohlenbergwerke A.G., Oespel Plant I/II~~	~~R. & W.C.A.~~	~~1 (b) 33b.~~
~~GQ—1822~~	~~DORTMUND~~	~~Harpener Bergbau A.G., Neu Iserlohn Mine~~	~~R. & W.C.A.~~	~~1 (b) 34.~~
~~GQ—1823~~	DUISBURG	Gelsenkirchener Bergwerks A.G., Hamborn Group Westende	R. & W.C.A.	1 (b) 34a.
~~GQ—1824~~	ESSEN	Hoesch-Köln-Neuessen, Emscher Pit	R. & W.C.A.	1 (b) 35.
~~GQ—1825~~	ESSEN	Hoesch-Köln-Neuessen, Emil Pit	R. & W.C.A.	1 (b) 36.

" GQ "

FUEL GROUP

COKE-OVEN BATTERIES

Operational No.	Town.	Target—Name.	Area.	Air Ministry No.
GQ—1826	GELSENKIRCHEN	Gelsenkirchener Bergwerke A.G., Gelsenkirchen Group, Pit Alma	R. & W.C.A.	1 (b) 46.
GQ—1827	GELSENKIRCHEN (Buer)	Hugo II Mine	R. & W.C.A.	1 (b) 46a.
GQ—1828	GELSENKIRCHEN (Buer)	Bergwerke A.G., Recklinghausen Bergmannsglück Mine	R. & W.C.A.	1 (b) 47.
GQ—1829	GELSENKIRCHEN	Mannesmannrohrenwerke Consolidation Colliery I/VI	R. & W.C.A.	1 (b) 48.
GQ—1830	GELSENKIRCHEN	Mannesmannrohrenwerke Consolidation Colliery III/IV	R. & W.C.A.	1 (b) 48a.
GQ—1831	GELSENKIRCHEN (Buer)	Bergwerks A.G., Recklinghausen Scholven Plant *(see G.O. 1041)*	R. & W.C.A.	1 (b) 49.
GQ—1832	GELSENKIRCHEN	Deutsche Erdoel A.G., Zeche Bismarck Shafts I/IV	R. & W.C.A.	1 (b) 50.
GQ—1833	HAMBORN *(see G.F. 2229)*	Gelsenkirchener Bergwerks A.G., Hamborn Group, Friedrich Thyssen 3/7.	R. & W.C.A.	1 (b) 51.
GQ—1834	HAMBORN	Gelsenkirchener Bergwerks A.G., Hamborn Group, Friedrich Thyssen 4/8.	R. & W.C.A.	1 (b) 52.
GQ—1835	HAMM (Herringen)	Les Petits Fils de F. de Wendel & Cie. (Steinkohlenbergwerk Heinrich Robert A.G.).	R. & W.C.A.	1 (b) 53.

"GQ"
FUEL GROUP
COKE-OVEN BATTERIES

Operational No.	Town.	Target—Name.	Area.	Air Ministry No.
~~GQ—1836~~	~~ESSEN~~	~~Hoesch-Koln-Neuessen Heinrich Shaft~~	~~R. & W.C.A.~~	~~1 (b) 38.~~ AL.II
~~GQ—1837~~	~~ESSEN~~	~~Friedrich-Ernestine Gew.~~	~~R. & W.C.A.~~	~~1 (b) 39.~~
GQ—1838	ESSEN	Fried. Krupp A.G., Sälzer & Amalie Mine *(see GF.2224)*	R. & W.C.A.	1 (b) 40.
GQ—1839	ESSEN	Fried. Krupp A.G., Helene Mine	R. & W.C.A.	1 (b) 41.
GQ—1840	ESSEN (Karnap)	Gew. Mathias Stinnes III/IV	R. & W.C.A.	1 (b) 42.
~~GQ—1841~~	~~ESSEN~~	~~Mulheimer Bergwerks Verein A.G., Hagenbeck Plant~~	~~R. & W.C.A.~~	~~1 (b) 41a.~~ AL.II
GQ—1842	ESSEN (Katernberg)	Gelsenkirchener Bergwerks A.G., Gelsenkirch Group. Zollverein I/II.	R. & W.C.A.	1 (b) 41b.
GQ—1843	GELSENKIRCHEN	Bergwerksgesellschaft Dahlbusch Shaft VI	R. & W.C.A.	1 (b) 43.
~~GQ—1844~~	~~GELSENKIRCHEN (Buer)~~	~~Bergwerks A.G., Recklinghausen Westerholt Plant~~	~~R. & W.C.A.~~	~~1 (b) 44.~~
GQ—1845	GELSENKIRCHEN	Gelsenkirchener Bergwerks A.G., Gelsenkirchen Group, Pit Nordstern.	R. & W.C.A.	1 (b) 45.

"GQ"
FUEL GROUP
COKE-OVEN BATTERIES

Operational No.	Town.	Target—Name.	Area.	Air Ministry No.
GQ—1846	HINDENBURG O/S.	Preussische Bergwerks u. Hutten A.G. Pit Delbruk	N.E. & E.A.	1 (b) 102.
GQ—1847	HINDENBURG O/S.	Kokswerke u. Chemische Fabriken A.G. Betriebs-Direktion Hindenburg O/S.	N.E. & E.A.	1 (b) 103.
GQ—1848	HINDENBURG O/S.	Oberhuttenwerk Domersmarck-hutte	N.E. & E.A.	1 (b) 104.
GQ—1849	HERMSDORF (Sil.)	Steinkohlenbergwerks Gluckhilt-Friedenshoffnung. I. Gluckhiltgrube.	N.E. & E.A.	1 (b) 105.
GQ—1850	BOCHUM (Hordel)	Fried. Krupp, Hannibal II	R. & W.C.A.	1 (b) 116.
GQ—1851	NEUWIESSTEIN (Sil.)	Steinkohlenbergwerk Consol-Fuchs Colliery (Juliusschacht Pit Hans-Heinrich-Schacht Pit Davidgrube).	N.E. & E.A.	1 (b) 107.
GQ—1852	ROTHENBACH	Steinkohlenbergwerk Abendrothe	N.E. & E.A.	1 (b) 100.
GQ—1853	STETTIN (Kratowieck)	Blast Furnace Works, Lubeck A.G.	N.E. & E.A.	1 (b) 100.
	STETTIN (Kratzwieck)	Eisenwerk Kraft	N.E. & E.A.	
GQ—1854	HANNOVER (Barsinghausen)	Steinkohlen Barsinghausen	N.W.A.	1 (b) 2a.
GQ—1855	HAMM	Mansfeld A.G., Gew. Heesen Sachsen Mine	R. & W.C.A.	1 (b) 54.

"GQ"
FUEL GROUP
COKE-OVEN BATTERIES

Operational No.	Town.	Target—Name.	Area.	Air Ministry No.
~~GQ—1856~~	~~HAMM~~	~~Hoesch-Köln-Neuessen, Radbod Shaft~~	~~R. & W.C.A.~~	~~1 (b) 55.~~
~~GQ—1857~~	~~HERNE~~ (~~Sodingen~~)	~~Gew. der Steinkohlenzeche Mont-Cenis Plant~~	~~R. & W.C.A.~~	~~1 (b) 56.~~
~~GQ—1858~~	~~HERNE~~	~~Bergwerksgesellschaft Hibernia Shamrock I/II Plant~~	~~R. & W.C.A.~~	~~1 (b) 57.~~
~~GQ—1859~~	~~HERNE~~	~~Bergwerksgesellschaft Hibernia Shamrock III/IV Plant~~	~~R. & W.C.A.~~	~~1 (b) 58.~~
~~GQ—1860~~	~~HERNE~~	~~Steinkohlenbergwerk Friedrich der Gross, Shaft III/IV~~	~~R. & W.C.A.~~	~~1 (b) 59.~~
GQ—1861	HOMBERG–MÖRS–MEER-BECK	Gew. Rheinpreussen (Haniel) Rheinpreussen Mine, Shaft V	R. & W.C.A.	1 (b) 60.
~~GQ—1862~~	~~HOMBERG~~	~~Gew. Rheinpreussen (Haniel) Rheinpreussen Mine, Shaft IV~~	~~R. & W.C.A.~~	~~1 (b) 61.~~
~~GQ—1863~~	~~HOMBERG~~	~~Gew. Rheinpreussen (Haniel) Rheinland Pottberg, Shaft I~~	~~R. & W.C.A.~~	~~1 (b) 62.~~
GQ—1864	NEUMUHL	Gew. Neumuhl	R. & W.C.A.	1 (b) 63.
GQ—1865	OBERHAUSEN	Gutehoffnungshutte Jacobi, Shaft I/II	R. & W.C.A.	1 (b) 73a.

" GQ "
FUEL GROUP
COKE-OVEN BATTERIES

Operational No.	Town.	Target—Name.	Area.	Air Ministry No.
GQ—1866	RECKLINGHAUSEN	König Ludwig Gew. Shafts I/II/III/VI	R. & W.C.A.	1 (b) 74.
GQ—1867	RECKLINGHAUSEN (Suderevich)	König Ludwig, Shafts IV/V	R. & W.C.A.	1 (b) 75.
GQ—1868	RECKLINGHAUSEN	Staatl. Westf. Bergwerks, Schlägel u. Eisen, Plant III/V	R. & W.C.A.	1 (b) 76.
GQ—1869	RECKLINGHAUSEN (Waltrop)	Bergwerke A.G., Recklinghausen, Waltrop Mine	R. & W.C.A.	1 (b) 77.
GQ—1870	RECKLINGHAUSEN (Huls)	Gew. Auguste Victoria. Re-absorbed by I.G. Farbenindustrie A.G.	R. & W.C.A.	1 (b) 78.
GQ—1871	RECKLINGHAUSEN (Erkenschwick)	Gew. Ewald, Ewald Fortsetzung I/III	R. & W.C.A.	1 (b) 79.
GQ—1872	UNNA-KONIGSBORN	Kloeckner-Werke A.G., Steinkohlenbergwerk, Konigsborn	R. & W.C.A.	1 (b) 79a.
GQ—1873	KOPSEN by Rossum (nr. Weissenfels)	Weissenfelser Braunkohlen-A.G.	C.A.	1 (b) 80.
GQ—1874	ZWICKAU (Schedewitz)	Erzebirgischen Steinkohlen-Aktienverein	C.A.	1 (b) 81.
GQ—1875	KAMEN	Steinkohlenbergwerk Monopol Shaft Grimberg I/II (see GQ 1513)	R. & W.C.A.	1 (b) 84.

"GQ"
FUEL GROUP
COKE-OVEN BATTERIES

Operational No.	Town.	Target—Name.	Area.	Air Ministry No.
GQ—1876	~~KOHLSCHEID~~	~~Eschweiler Bergenwerksverein A.G., Eschweiler Reserve Pit~~	~~R. & W.C.A.~~	~~1 (b) 65.~~ STET
GQ—1877	~~LUNEN~~	~~Harpener Bergbau A.G., Victoria Mine~~	~~R. & W.C.A.~~	~~1 (b) 66.~~
GQ—1878	~~LUNEN~~	~~Gew. Minister Achenbach, Shafts I/II~~	~~R. & W.C.A.~~	~~1 (b) 67.~~
GQ—1879	~~LINTFORT~~	~~Friedrich Heinrich A.G., Shafts I/II~~	~~R. & W.C.A.~~	~~1 (b) 68.~~
GQ—1880	MÜLHEIM	Ver. Stahlwerke A.G., Deutsche Eisenwerke A.G., Friedrich Wilhelms Hutte.	R. & W.C.A.	1 (b) 69.
GQ—1881	OBERHAUSEN	Gutehoffnungshutte, Osterfeld I/II/III/IV Mine	R. & W.C.A.	1 (b) 70.
GQ—1882	OBERHAUSEN	Concordia Bergbau A.G., IV/V	R. & W.C.A.	1 (b) 71.
GQ—1883	~~WETZLAR~~	~~Gew. Siebenplaneten Massen Mine~~	~~S.W.A.~~	~~1 (b) 114.~~ STET
GQ—1884	CASTROP RAUXEL	Bergbau A.G., Lothringen IV	R. & W.C.A.	1 (b) 21.
GQ—1885	~~CASTROP RAUXEL~~	~~Gelsenkirchener Bergwerke A.G., Dortmund Group, Erin Plant~~	~~R. & W.C.A.~~	~~1 (b) 22.~~ STET

" GQ "

FUEL GROUP

COKE-OVEN BATTERIES

Operational No.	Town.	Target—Name.	Area.	Air Ministry No.
GQ—1886	CASTROP-RAUXEL	Gew. des Steinkohlenbergw.—Graf Schwerin I/II	R. & W.C.A.	1 (b) 23. JET
GQ—1887	CASTROP-RAUXEL	Klöckner-Werke A.G., Victor III/IV (see GQ. 1534	R. & W.C.A.	1 (b) 24. JET
GQ—1888	DATTELN	Gew. Emscher Lippe, Shafts I/II	R. & W.C.A.	1 (b) 25. JET
GQ—1889	DATTELN	Gew. Emscher Lippe, Shafts III/IV	R. & W.C.A.	1 (b) 26.
GQ—1890	DORTMUND	Gelsenkirchener Bergwerks A.G., Dortmund Group, Zeche Minister Stein.	R. & W.C.A.	1 (b) 27. JET
GQ—1891	DORTMUND	Ver. Stahlwerke A.G., Dortmund-Hoerder Huttenverein	R. & W.C.A.	1 (b) 28. JET
GQ—1892	DORTMUND	Gelsenkirchener Bergwerks A.G., Dortmund Group, Hansa Plant	R. & W.C.A.	1 (b) 29.
GQ—1893	DORTMUND	Gelsenkirchener Bergwerks A.G., Dortmund Group, Westhausen Plant.	R. & W.C.A.	1 (b) 30. JET
GQ—1894	VOLKLINGEN	Rochlingsche Eisen- und Stahlwerke	S.W.A.	1 (b) 92. JET
GQ—1895	BORSIGWERK O/S.	Borsigwerk A.G.	N.E. & E.A.	1 (b) 93. JET

"GQ"
FUEL GROUP
COKE-OVEN BATTERIES

Operational No.	Town.	Target—Name.	Area.	Air Ministry No.
~~GQ—1896~~	~~BEUTHEN O/S.~~	~~Grafl. Schaffgott'sche Werke G.m.b.H.~~	~~N.E. & E.A.~~	~~1 (b) 94.~~
~~GQ—1897~~	~~DESCHOWITZ ODERTAL O/S.~~	~~Graflich Schaffgott'sche Werke~~	~~N.E. & E.A.~~	~~1 (b) 95.~~
~~GQ—1898~~	~~GLEIWITZ O/S.~~	~~Gleiwitzer Steinkohlen Grube~~	~~N.E. & E.A.~~	~~1 (b) 96.~~
~~GQ—1899~~	~~GLEIWITZ O/S.~~	~~Kokswerke u. Chemische Fabriken A.G. Abt. Gleiwitzer Grube~~	~~N.E. & E.A.~~	~~1 (b) 97.~~
~~GQ—1900~~	~~GLEIWITZ O/S.~~	~~Castellengo-Abwehr Kohlenveredelung G.m.b.H.~~	~~N.E. & E.A.~~	~~1 (b) 98.~~
~~GQ—1901~~	~~GLEIWITZ O/S.~~	~~Ver. Oberschlesische Huttenwerke A.G. fur Julienhutte~~	~~N.E. & E.A.~~	~~1 (b) 99.~~
~~GQ—1902~~	~~GOTTESBERG~~	~~Bergwerksdirektion Niederschlesien der Kokswerke u. Chemische Fabriken A.G.~~	~~N.E. & E.A.~~	~~1 (b) 100.~~
~~GQ—1903~~	~~HINDENBURG O/S.~~	~~Borsig und Kokswerke G.m.b.H. Skelley Plant.~~	~~N.E. & E.A.~~	~~1 (b) 101.~~
GQ.1904	ESSEN-KRAY	Mannesmannröhrenwerke-Hubert Pit.	R & WCA	1(b)123
GQ.1905	ESSEN-KRAY	Mannesmannröhrenwerke-Friedrich Joachim Pit.	"	1(b)124
GQ.1906	WATTENSCHEID	Rheinische Stahlwerke AG Centrum Pits I/II/III	"	1(b)125

"GQ"

FUEL GROUP

COKE-OVEN BATTERIES

Operational No.	Town.	Target—Name.	Area.	Air Ministry No.
GQ. 1907	BOCHUM-HILTROP	Gew ber Constantin de Grosse Pit X		
GQ. 1908	CASTROP-RAUXEL	Bergbau A.G. Lotteringen. Graf Schverin Pit I/II.		

"GQ"
FUEL GROUP
UNDERGROUND STORAGE

Operational No.	Town.	Target—Name.	Area.	Air Ministry No.
GQ—2001	NEUBERG	Underground oil storage	S.W.A.	1 (*a*) (v) 8a.
GQ—2002	LAUENBURG	,, ,,	N.W.A.	1 (*a*) (v) 4a.
GQ—2003	ALTENKIRCHEN	,, ,,	R. & W.C.A.	1 (*a*) (v) 6b.
GQ—2004	WESERMUNDE	,, ,,	N.W.A.	1 (*a*) (v) 6a.
GQ—2005	DUISBURG–RUHRORT	,, ,,	R. & W.C.A.	1 (*a*) (v) 6c.
GQ—2006	HALLENKAU	Underground petrol depot	CZECHO-SLOVAKIA.	1 (*a*) (v) 11.
GQ—2007	FARGE	Underground oil storage	N.W.A.	1 (*a*) (v) 12.
GQ—2008	ACHIM	,, ,,	N.W.A.	1 (*a*) (v) 1.
GQ—2009	BLECKEDE	,, ,,	N.W.A.	1 (*a*) (v) 2.
GQ—2010	CUXHAVEN	,, ,,	N.W.A.	1 (*a*) (v) 3.

"GQ"

FUEL GROUP

UNDERGROUND STORAGE

Operational No.	Town.	Target—Name.	Area.	Air Ministry No.
GQ—2011	HITZACKER	Underground oil storage	N.W.A.	1 (a) (v) 4.
GQ—2012	NIENBURG	,, ,,	N.W.A.	1 (a) (v) 5.
GQ—2013	KIEL–MÖNKEBERG	,, ,,	N.W.A.	1 (a) (v) 6.
GQ—2014	DERBEN/LÖWENBERG	,, ,,	C.A.	1 (a) (v) 7.
GQ—2015	MÜNCHBERG	,, ,,	S.W.A.	1 (a) (v) 8.
~~GQ—2016~~	~~SCHWABACH~~	Cancelled by "Celler"	~~S.W.A.~~	1 (a) (v) 9.
GQ—2017	SELIGENSTADT (13 Km. N.E. of Wurzburg).	,, ,,	S.W.A.	1 (a) (v) 10.
GQ—2018	STEINBERG (Nr. Vienna)	Underground Oil Storage	Austria	1 (a) (v) 13.
GQ—2019	LOCCUM	Underground Petrol Storage	N.W.A.	1 (a) (v) 14
GQ—2020	KIEL CANAL (PROJENSDORF)	Underground Oil Storage	N.W.A.	1 (a) (v) 15.

"GQ"
FUEL GROUP
COAL GAS WORKS

Operational No.	Town.	Target—Name.	Area.	Air Ministry No.
GQ—2051	DARMSTADT	Town	S.W.A.	1 (d) (i) 32.
GQ—2052	FRANKFURT/MAIN	Main Gaswerke A.G. (Gaswerk Ost).	S.W.A.	1 (d) (i) 33.
GQ—2053	GIESSEN	Town	S.W.A.	1 (d) (i) 34.
GQ—2054	KARLSRUHE	Town	S.W.A.	1 (d) (i) 35.
GQ—2055	MAINZ	Town	S.W.A.	1 (d) (i) 36.
GQ—2056	MAINZ	Kraftwerke Mainz–Wiesbaden A.G.	S.W.A.	1 (d) (i) 37.
GQ—2057	MANNHEIM	Town	S.W.A.	1 (d) (i) 38.
GQ—2058	MUNCHEN	Town	S.W.A.	1 (d) (i) 39.
GQ—2059	NURNBERG	Town	S.W.A.	1 (d) (i) 40.
GQ—2060	SAARBRUCKEN	Town	S.W.A.	1 (d) (i) 41.

"GQ"

FUEL GROUP

COAL GAS WORKS

Operational No.	Town.	Target—Name.	Area.	Air Ministry No.
GQ—2061	AACHEN	Town	R. & W.C.A.	1 (d) (i) 8.
GQ—2062	BIELEFELD	Town *(see GO 1115)*	R. & W.C.A.	1 (d) (i) 9.
GQ—2063	BOCHUM	Town	R. & W.C.A.	1 (d) (i) 10.
GQ—2064	DORTMUND	Dortmunder Gaswerke A.G.	R. & W.C.A.	1 (d) (i) 11.
GQ—2065	DUISBURG	Town	R. & W.C.A.	1 (d) (i) 12.
GQ—2066	DÜSSELDORF	Town	R. & W.C.A.	1 (d) (i) 13.
GQ—2067	ESSEN	Town	R. & W.C.A.	1 (d) (i) 14.
GQ—2068	GELSENKIRCHEN	Town	R. & W.C.A.	1 (d) (i) 15.
GQ—2069	HAMBORN	Thyssen'sche Gas und Wasserwerke G.m.b.H.	R. & W.C.A.	1 (d) (i) 16.
GQ—2070	KASSEL	Town *(see G.Y. 4766)*	R. & W.C.A.	1 (d) (i) 17.

"GQ"
FUEL GROUP
COAL GAS WORKS

Operational No.	Town.	Target—Name.	Area.	Air Ministry No.
GQ—2071	VIENNA (Leopoldau)	Municipal Gas Works	OSTMARK	1 (d) (i) 51.
GQ—2072	LEIPZIG		C.A.	1 (d) (i) 53.
~~GQ—2073~~	~~ESSEN~~	~~Ruhrgas A.G. (Control centre and store)~~	~~R. & W.C.A.~~	~~1 (d) (i) 54.~~
GQ—2074	SINGEN-HOHENTWIEL	Ludwig Loewe & Co. A/G. Ges. fur Elek. Unternhe	S.W.A.	1 (d) (i) 41a.
GQ—2075	STUTTGART	Town	S.W.A.	1 (d) (i) 42.
GQ—2076	WIESBADEN	Wasser-Elec. u. Gaswerke, Wiesbaden A.G.	S.W.A.	1 (d) (i) 43.
GQ—2077	WORMS	Town	S.W.A.	1 (d) (i) 44.
GQ—2078	BRESLAU	Town	N.E. & E.A.	1 (d) (i) 45.
GQ—2079	KONIGSBERG	Town	N.E. & E.A.	1 (d) (i) 46.
GQ—2080	STETTIN	Stadt Werke A.G.	N.E. & E.A.	1 (d) (i) 47.

" GQ "

FUEL GROUP

COAL GAS WORKS

Operational No.	Town.	Target—Name.	Area.	Air Ministry No.
GQ—2081	WALDENBURG	Gaszentrale Niederschles G.m.b.H.	N.E. & E.A.	1 (*d*) (i) 48.
GQ—2082	LINZ	Municipal Gasworks	OSTMARK	1 (*d*) (i) 49.
GQ—2083	VIENNA	Municipal Gasworks *(see GO.1211)*	OSTMARK	1 (*d*) (i) 50.
GQ—2084	ALTONA	Town	N.W.A.	1 (*d*) (i) 1.
GQ—2085	BRAUNSCHWEIG	Town	N.W.A.	1 (*d*) (i) 2.
GQ—2086	BREMEN	Town	N.W.A.	1 (*d*) (i) 3.
GQ—2087	HANNOVER	Town	N.W.A.	1 (*d*) (i) 4.
GQ—2088	HAMBURG (Grasbrook)	Hamburger Gaswerke G.m.b.H.	N.W.A.	1 (*d*) (i) 5.
GQ—2089	HAMBURG (Barmbeck)	Hamburger Gaswerke G.m.b.H.	N.W.A.	1 (*d*) (i) 5a.
GQ—2090	HAMBURG (Tiefstack)	Hamburger Gaswerke G.m.b.H. *(see GO.1189)*	N.W.A.	1 (*d*) (i) 5b.

"GQ"
FUEL GROUP
COAL GAS WORKS

Operational No.	Town.	Target—Name.	Area.	Air Ministry No.
GQ—2091	HAMBURG (Bergedorf)	Ludwig Löwe & Co. a/g. Ges. fur El. Unterne	N.W.A.	1 (d) (i) 5c.
GQ—2092	KIEL	Town	N.W.A.	1 (d) (i) 6.
GQ—2093	LUBECK	Town	N.W.A.	1 (d) (i) 7.
GQ—2094	BERLIN (Schoneberg, Torgauer Str. 12/15)	Deutsche Gasges A.G.	C.A.	1 (d) (i) 23a.
GQ—2095	BERLIN (Mariendorf Lankwitzer Str. 48)	Deutsche Gasges A.G.	C.A.	1 (d) (i) 23b.
GQ—2096	CHEMNITZ	Town	C.A.	1 (d) (i) 24.
GQ—2097	DRESDEN	Dresdner Gas-Wasser u. Elektrizitatswerke A.G.	C.A.	1 (d) (i) 25.
GQ—2098	ERFURT	Grossgaswerk Erfurt A.G. (see G.O. 1141)	C.A.	1 (d) (i) 26.
GQ—2099	HALLE	Werke der Stadt Halle A.G.	C.A.	1 (d) (i) 27.
GQ—2100	LEIPZIG	Town (see G.H.586)	C.A.	1 (d) (i) 28.

" GQ "

FUEL GROUP

COAL GAS WORKS

Operational No.	Town.	Target—Name.	Area.	Air Ministry No.
GQ—2101	MAGDEBURG (Rothensee)	Grossgaserei Mittel-Deutschland A.G.	C.A.	1 (d) (i) 29.
GQ—2102	MAGDEBURG	Town	C.A.	1 (d) (i) 30.
GQ—2103	ZWICKAU	Energie u. Verkehrs A.G.	C.A.	1 (d) (i) 31.
GQ—2104	HEIDELBERG	Stadtische Gas-Wasser u. Elektrizitats Werke	S.W.A. ~~R. & W.C.A.~~	1 (d) (i) 52.
GQ—2105	KREFELD–UERDINGEN	Town	R. & W.C.A.	1 (d) (i) 19.
GQ—2106	SOLINGEN	Town	R. & W.C.A.	1 (d) (i) 20.
GQ—2107	WUPPERTAL	Town	R. & W.C.A.	1 (d) (i) 21.
GQ—2108	BERLIN (Charlottenburg)	Town	C.A.	1 (d) (i) 22.
GQ—2109	BERLIN (Danziger Str.)	Town	C.A.	1 (d) (i) 22a.
GQ—2110	BERLIN (Lichtenberg)	Town	C.A.	1 (d) (i) 22b.

"GQ"
FUEL GROUP
COAL GAS WORKS

Operational No.	Town.	Target—Name.	Area.	Air Ministry No.
GQ—2111	BERLIN (Neukoln)	Town	C.A.	1 (d) (i) 22c.
GQ—2112	BERLIN (Tegel)	Town	C.A.	1 (d) (i) 22d.
GQ—2113	BERLIN (Gitschinerstr 19/31)	Deutsche Gasges A.G.	C.A.	1 (d) (i) 23.
GQ.2114.	PORT OF DANZIG	Gas Works.	N.E.& A.A.	1(d)(i)55.
GQ—2115	LEIPZIG–CONNEWITZ	Gas Works	C.A.	1(d) (i) 56.

" GQ "

FUEL GROUP

COAL GAS WORKS

Operational No.	Town.	Target—Name.	Area.	Air Ministry No.

"GF"
MINING AND METALLURGY GROUP
LEAD SMELTING AND REFINING WORKS

Operational No.	Town.	Target—Name.	Area.	Air Ministry No.
GF—2176	HAMBURG	Norddeutsche Affinerie	N.W.A.	5 (e) 1.
GF—2177	GAILITZ (Nr. Arnoldstein)	Bleiburger Bergwerks-Union	Österreich	5 (e) 14.
GF—2178	POST NORDENHAM	Metallwerke Unterweser A.G. Friedrich August Hutte	N.W.A.	5 (e) 3.
GF—2179	BINSFELDHAMMER	A.G.f. Bergbau, Blei u. Zinkfabrikation zu Stollberg	R. & W.C.A.	5 (e) 4.
GF—2180	KLAUSTHAL	Preussische Bergwerk u. Hutten A.G. Zweigniederlassung Oberhauzer Bergwerke.	R. & W.C.A.	5 (e) 5.
GF—2181	LANGELSHEIM	Hans Heinrich Hutte	R. & W.C.A.	5 (e) 6.
GF—2182	LAUTENTHAL	Preussag, Zweiniderlassung Oberharzer Berg und Huttenwerke	R. & W.C.A.	5 (e) 7.
GF—2183	MECHERNICH	Gewerkschaft Mechernicher Werke	R. & W.C.A.	5 (e) 8.
GF—2184	OKER (Harz)	Unterharzer Berg und Huttenwerke	R. & W.C.A.	5 (e) 9.
GF—2185	FREIBURG (Sachsen)	Staatl. Hutten u. Blaufarbenwerk	C.A.	5 (e) 10.

" GF "

MINING AND METALLURGY GROUP

LEAD SMELTING AND REFINING WORKS

Operational No.	Town.	Target—Name.	Area.	Air Ministry No.
GF—2186	HETTSTEDT (Eisleben)	Mansfeldscher Kupferschieferbergau A.G. (Kupferkammerhütte)	C.A.	5 (e) 11.
GF—2187	BRAUBACH	Blei und Silberhutte Braubach	C.A.	5 (e) 12.
GF—2188	BEUTHEN O/S.	Schlesische Bergwerke u. Hutten A/G.	N.E. & E.A.	5 (e) 13.

"GF"
MINING AND METALLURGY GROUP
BLAST FURNACES AND STEEL WORKS

Operational No.	Town.	Target—Name.	Area.	Air Ministry No.
GF—2201	BREBACH (Saar)	Halbergerhütte G.m.b.H.	S.W.A.	5 (a) 41.
GF—2202	DILLINGEN (Saar)	A.G. der Dillingen Hüttenwerke	S.W.A.	5 (a) 42.
GF—2203	NEUNKIRCHEN (Saar)	Neunkirchen Eisenwerk A.G. (formerly Stumm)	S.W.A.	5 (a) 43.
GF—2204	SAARBRÜCKEN (Saar)	Ver. Hüttenwerke Burbacherhutte	S.W.A.	5 (a) 44.
GF—2205	VOLKLINGEN (Saar)	Rochling'sche Eisen u. Stahlwerke A.G.	S.W.A.	5 (a) 45.
GF—2206	LINZ	Reichswerke A.G. fur Erzbergbau und Eisenhutten Herman Goering	OSTERREICH	5 (a) 53a.
GF—2207	ENGERS (Mulhofen)	Kruppsche Verwaltung der Mulhofenerhutte	S.W.A.	5 (a) 47.
GF—2208	ENGERS (Post)	Ver. Stahlwerke A.G. Concordiahutte	S.W.A.	5 (a) 48.
GF—2209	ROSENBURG	Eisenwerk Ges. Maximiliamshutte	S.W.A.	5 (a) 49.
GF—2210	BORSIGWERK O/S.	Borsigwerk A.G.	N.E. & E.A.	5 (a) 50.

" GF "

MINING AND METALLURGY GROUP

BLAST FURNACES AND STEEL WORKS

Operational No.	Town.	Target—Name.	Area.	Air Ministry No.
GF—2211	HASPE	Gusstahlwerk Wittman A.G.	R. & W.C.A.	5 (a) 21.
GF—2212	HUCKINGEN	Mannesmannröhrenwerke nr. Heinrich Bierwes Hütte	R. & W.C.A.	5 (a) 22.
GF—2213	KREFELD	Deutsche Edelstahlwerk Krefelder Stahlwerk	R. & W.C.A.	5 (a) 23.
GF—2214	KREFELD (Rheinhafen)	Stahlwerk Becker A.G. Br. Reinholdhutte	R. & W.C.A.	5 (a) 24.
GF—2215	KÖLN (Deutz)	Ver. Stahlwerk A.G. Stahlwerk van der Zypen	R. & W.C.A.	5 (a) 25.
GF—2216	KÖLN (Mulheim)	Walzwerke A.G. (formerly Böcking & Co.)	R. & W.C.A.	5 (a) 26.
GF—2217	MULHEIM	Ver. Stahlwerk A.G. Stahl u. Walzw.	R. & W.C.A.	5 (a) 27.
GF—2218	MULHEIM	Ver. Stahlwerk A.G. Fried. Wilhelms Hutte	R. & W.C.A.	5 (a) 28.
GF—2219	MEIDERICH	Ver. Stahlwerk A.G. Giesserei Huttenbetrieb Meiderich	R. & W.C.A.	5 (a) 29.
GF—2220	MEIDERICH	Ver. Stahlwerk A.G. Hutte Ruhrort Meiderich	R. & W.C.A.	5 (a) 30.

"GF"
MINING AND METALLURGY GROUP
BLAST FURNACES AND STEEL WORKS

Operational No.	Town.	Target—Name.	Area.	Air Ministry No.
GF—2221	DUISBURG	Ver. Stahlwerke A.G. Niederrheinische Hutte	R. & W.C.A.	5 (a) 11.
GF—2222	DUSSELDORF	Press u. Walzwerk A.G.—nr. A.G. Oberbilker Stahlwerk	R. & W.C.A.	5 (a) 12.
GF—2223	DUSSELDORF (Rath)	Rheinmetall, Rheinische Metallwaaren u. Maschinenfabrik	R. & W.C.A.	5 (a) 13.
GF—2224	ESSEN	Fried. Krupp A.G.	R. & W.C.A.	5 (a) 14.
GF—2225	ESCHWEILER-AUE	Eschweiler Bergwerks Verein Foundry—Concordia Hutte	R. & W.C.A.	5 (a) 15.
GF—2226	ESCHWEILER-AUE	Eschweiler Bergwerks Verein Foundry Werk Ermag	R. & W.C.A.	5 (a) 16.
GF—2227	GEISWEID	Geisweider Eisenwerke A.G.	R. & W.C.A.	5 (a) 17.
GF—2228	GELSENKIRCHEN	Vereinigte Stahlwerke A.G. Schalker Verein (see GH.858)	R. & W.C.A.	5 (a) 18.
GF—2229	HAMBORN	Ver. Stahlwerke A.G. August Thyssen Hutte	R. & W.C.A.	5 (a) 19.
GF—2230	HASPE	Klöckner Werks A.G.—nr. Hasper Iron and Steel Works	R. & W.C.A.	5 (a) 20.

"GF"

MINING AND METALLURGY GROUP
BLAST FURNACES AND STEEL WORKS

Operational No.	Town.	Target—Name.	Area.	Air Ministry No.
GF—2231	MAHRISCH–OSTRAU	Witzkowitzer Eisenwerke	CZECHO-SLOVAKIA	5 (a) 58.
GF—2232	ESSEN	Krupp's (Foundry Harbour)	R. & W.C.A.	5 (a) 59.
GF—2233	WENGERN	Stahlwerke Mark A.G.	R. & W.C.A.	5 (a) 60.
GF—2234	HATTINGEN	Ruhrstahl A.G. Heinrichshutte	R. & W.C.A.	5 (a) 62.
GF—2235	RIESA/ELBE	Mitteldeutsche Stahlwerke A.G. Lauchhammerwerke	C.A.	5 (a) 63.
GF—2236	SIEGEN	Gontermann Peipers A/G (Hainer Hütte).	R. & W.C.A.	5 (a) 64.
GF—2237	SIEGEN (Weidenau)	Karl Buch G.m.b.H.	R. & W.C.A.	5 (a) 65.
GF—2238	SIEGEN	H. A. Waldrich	R. & W.C.A.	5 (a) 66.
GF—2239	~~SIEDEN~~ SIEGEN. (Marienborn)	Gontermann Peipers A/G	R. & W.C.A.	5 (a) 67.
GF—2240	BISMARCKHUTTE (Hajduki Wielkie)	Batory	GERMAN POLAND	5 (a) 68.

"GF"
MINING AND METALLURGY GROUP
BLAST FURNACES AND STEEL WORKS

Operational No.	Town.	Target—Name.	Area.	Air Ministry No.
GF—2241	STETTIN (Stolzenhagen Kratzwieck)	Hochofenwerk Lubeck Br. Hutte Kraft	N.E. & E.A.	5 (a) 51.
GF—2242	DUSSELDORF	Mannesmannröhrenwerke Heinrich-Bierwes-Hütte	R. & W.C.A.	5 (a) 13a.
GF—2243	DONAWITZ (nr. Leoben)	~~Österreichisch-Alpine Montangesellschaft Blast Furnaces and Steel Works~~	OSTMARK	5 (a) 52.
GF—2244	JUDENBURG	Steyr-Werke	OSTMARK	5 (a) 53.
GF—2245	~~SALZBURG~~ WERFEN	Eisenwerk Sulzau-Werten	OSTMARK	5 (a) 54.
GF—2246	WAIDHOFEN (on the Ybbs)	Böhlerwerke Tool Factory	OSTMARK	5 (a) 55.
GF—2247	OBERSCHELD	Buderus'sche Eisenwerke Hochofenwerk Oberscheld	S.W.A.	5 (a) 43a.
GF—2248	WETZLAR	Stahlwerke Rochling-Buderus A.G.	S.W.A.	5 (a) 46a.
GF—2249	WETZLAR	Buderus'sche Eisenwerke Sophienhütte	S.W.A.	5 (a) 46b.
GF—2250	HALLENDORF	Reichwerke Herman Göring	R. & W.C.A.	5 (a) 57.

"GF"

MINING AND METALLURGY GROUP

BLAST FURNACES AND STEEL WORKS

Operational No.	Town.	Target—Name.	Area.	Air Ministry No.
GF—2251	NIEDERSCHELDEN	Ver. Stahlwerk A.G. Charlottenhutte	R. & W.C.A.	5 (a) 31.
GF—2252	OBERHAUSEN	Gutehoffnungshutte Oberhausen A.G.	R. & W.C.A.	5 (a) 32.
GF—2253	REMSCHEID	Bergische Stahl-Industrie	R. & W.C.A.	5 (a) 33.
GF—2254	RHEINHAUSEN	Friedrich Alfred Hutte	R. & W.C.A.	5 (a) 34.
GF—2255	TROISDORF	Klöckner Werke A.G. Mannstaedwerke	R. & W.C.A.	5 (a) 35.
GF—2256	WISSEN	Ver. Stahlwerke A.G. Hochofenwerk Wissen	R. & W.C.A.	5 (a) 36.
GF—2257	WITTEN	Gusstahlwerk Witten	R. & W.C.A.	5 (a) 37.
GF—2258	BERLIN (Tegel)	Borsig A.G. G.m.b.H.	C.A.	5 (a) 38.
GF—2259	FREITAL	Scahsische Gusstahl Werke Dohlen A.G.	C.A.	5 (a) 39.
GF—2260	MAGDEBURG (Buckau)	Kruppsche Grusonwerke A.G.	C.A.	5 (a) 40.

"GF"
MINING AND METALLURGY GROUP
BLAST FURNACES AND STEEL WORKS

Operational No.	Town.	Target—Name.	Area.	Air Ministry No.
GF—2261	BREMEN (Oslebshausen)	Norddeutsche Hutte A.G.	N.W.A.	5 (a) 1.
GF—2262	GROSS ILSEDE	Ilseder Hutte	N.W.A.	5 (a) 2.
GF—2263	LÜBECK (Herrenwyk)	Hochofenwerk Lübeck (see GO.1110)	N.W.A.	5 (a) 3.
GF—2264	OSNABRÜCK	Klöckner Werke A.G. Georgs-Marien-Werks	N.W.A.	5 (a) 4.
GF—2265	SOLLENAU	Bohler Works	ÖSTERREICH	5 (a) 56.
GF—2266	BOCHUM	Ver. Stahlwerke A.G. Bochumer Verein	R. & W.C.A.	5 (a) 6.
GF—2267	DORTMUND	Eisen & Stahlwerk. Hoesch A.G.	R. & W.C.A.	5 (a) 7.
GF—2268	DORTMUND (Hürde)	Ver. Stahlwerke A.G. Dortmunder Union Hörder	R. & W.C.A.	5 (a) 8.
GF—2269	DORTMUND	Ver. Stahlwerke A.G. Dortmunder Union Werke	R. & W.C.A.	5 (a) 9.
GF—2270	DUISBERG	Ver. Stahlwerke A.G. Hutte Vulcan	R. & W.C.A.	5 (a) 10.

"GF"

MINING AND METALLURGY GROUP

BLAST FURNACES AND STEEL WORKS

Operational No.	Town.	Target—Name.	Area.	Air Ministry No.
GF—2271	WILLICH	Deutsche Edelstahlwerke (formerly Stahlwerke Becker A.G.)	R. & W.C.A.	5 (a) 69.
GF-2272	SEMIANOWICE (SEMIANOVNITZ)	Laurahutte	German Poland	5/a)70.
GF—2273	STALOWA WOLA (Nr ROSWADOW)	Stalowa Wola	German Poland	5 (a) 71.
GF—2274	KARLSRUHE	Maschinenbau Gesellschaft, Karlsruhe	S.W.A.	5 (a) 72.
GF—2275	OSNABRÜCK	Klockner Werke A.G. (Georgs Marien Hütte)	N.W.A.	5 (a) 73.
GF—2276	AMBERG	Luitpold-Hütte	S.W.A.	5 (a) (74).
GF—2277	DÜSSELDORF–LIERENFELD	Deutsche Röhrenwerke A.G.	R. & W.C.A.	5 (a) 75.
GF—2278	DÜSSELDORF–OBERBILK	Hein, Lehmann A.G.	R. & W.C.A.	5 (a) 76.
GF—2279	DÜSSELDORF–OBERBILK	Klöckner-Werke A.G. Wire Drawing Works	R. & W.C.A.	5 (a) 77.
GF 2280	DINSLAKEN	Vereinigte Stahlwerke AG	R & W.C.A.	5 (a)78

GF

MINING AND METALLURGY GROUP.
BLAST FURNACES AND STEEL WORKS.

Operational No.	Town.	Target name	Area
F 2281	DUISBURG - GROSSENBAUM	Stahl u. Walzwerk Groddenbaum A.G.	R. & W.C.A.
F 2282	DUISBURG - WANHEIM	Vereinigte Stahlwerke A.G.	do
F 2283	MANNHEIM - RHEINAU	Stahlwerk Mannheim A.G.	C.W.A.
F 2284	GELSENKIRCHEN - SCHALKE	Mannesmannrohren-Werke Grillo-Funke Works.	R. & W.C.A.
F 2285	GELSENKIRCHEN	Eisen u. Metall A.G. (Formerly "Storn" Eisen u. Metall A.G.)	do
F 2286	BOCHUM - WEITMAR	Vereinigte Stahlwerke A.G. (Bochumer Verein)	do
F 2287	DÜSSELDORF - HEERDT	Schenk u. Liebe-Harkort A.G.	do
F 2288	DÜSSELDORF	Ver. Kesselwerk A.G. (Werk vormals Piedboeuf)	do
F 2289	DÜSSELDORF - OBERKASSEL	Stahlwerk Krieger (Ruhrstahl A.G.)	do

MINING AND METALLURGY GROUP-
BLAST FURNACES AND STEEL WORKS.

"GF"
MINING AND METALLURGY GROUP
ALUMINIUM WORKS

Operational No.	Town.	Target—Name.	Area.	Air Ministry No.
GF—2351	LUDWIGSHAFEN	Giuliniwerk (Aluminia Works)	S.W.A.	5 (b) 10a.
	MUNDENHEIM	Giuliniwerk		
GF—2352	GREVENBROICH (Niederrhein) Erftwerk	Vereinigte Aluminium Werke A.G.	R. & W.C.A.	5 (b) 2.
GF—2353	HERRINGEN a.d. Werra	Wintershall A.G.	R. & W.C.A.	5 (b) 3.
GF—2354	ICHENDORF, Nr. KÖLN COLOGNE	Aluminium Industrie A.G. (Martinswerk	R. & W.C.A.	5 (b) 4.
GF—2355	LÜNEN (Lippewerk)	Vereinigte Aluminium Werke	R. & W.C.A.	5 (b) 5.
GF—2356	BITTERFELD	Aluminium Werke G.m.b.H. (Owners; I.G.F. and Metallgesellschaft Frankfurt A/M.)	C.A.	5 (b) 6.
GF—2357	LAUTA (Lausitz Lautawerke)	Vereinigte Aluminium Werke A.G. Ferro-Vanadium Works	C.A.	5 (b) 7.
GF—2358	RHEINFELDEN	Aluminium Industrie A.G.	S.W.A.	5 (b) 8.
GF—2359	SCHWANDORF (Dachlethofen)	Vereinigte Aluminium Werke A.G. Nabwerke	S.W.A.	5 (b) 9.
GF—2360	TOGING AM INN (Oberbayern)	Vereinigte Aluminium Werke A.G.	S.W.A.	5 (b) 10.

" GF "

MINING AND METALLURGY GROUP

ALUMINIUM WORKS

Operational No.	Town.	Target—Name.	Area.	Air Ministry No.
GF—2361	STEEG (on Hallstattersee)	Aluminium Industrie A.G.	OSTMARK	5 (b) 11.
GF—2362	LEND	Osterreichische Kraftwerke A.G.	OSTMARK	5 (b) 12.
GF—2363	RHEINFELDEN	Aluminium G.m.b.H.	S.W.A.	5 (b) 7a.
GF—2364	BITTERFELD	I.G. Farben (Chem. Fabrik Griesheim Elektron Werk II) *(see 95.(20))* C.A.		5 (b) 6a.
GF—2365	RADENTHEIM	Osterreichische Amerikanische Magnesit A.G.	ÖSTERREICH	5 (b) 13.
GF—2366	WALDALGESHEIM	Manganese Ore Mining Plant	S.W.A.	5 (b) 17.
GF—2367	LEIPZIG	Metallgussgesellschaft	C.A.	5 (b) 18.
GF—2368	HAMBURG	Seig and Henningsen Metall-u.-Aluminium Giesserei	N.W.A.	5 (b) 19.

"GF"
MINING AND METALLURGY GROUP
PRINCIPAL ZINC SMELTING WORKS

Operational No.	Town.	Target—Name.	Area.	Air Ministry No.
GF—2401	BERLIN (Oberschonenweide)	Deutsche Metallhutten A.G. Zinkhuttenwerke Oberspree	C.A.	5 (d) 11.
GF—2402	MAGDEBURG	Georg von Giesche's Erben (Electrolytic Zinc Plant)	C.A.	5 (d) 12.
GF—2403	KÖLN (Stürzelberger)	Stürzelberger Hütte G.m.b.H.	R. & W.C.A.	5 (d) 7a.
GF—2404	BEUTHEN O/S.	Schlesische Bergwerks u. Hütten A/G.	N.E. & E.A.	5 (d) 13.
GF—2405	RECKLINGHAUSEN–HULS	I.G. Farben Gew. Stein V	R. & W.C.A.	5 (d) 10a.
GF—2406	TEPLITZ SCHOENAU	Dudek	CZECHO-SLOVAKIA	5 (d) 15.
GF—2407	HAMBURG	Zinkhutte Hamburg A.G. Billbrook Hütte	N.W.A.	5 (d) 1.
GF—2408	POST NORDENHAM	Metalwerke Unterweser A.G. Friedrich August Hutte	N.W.A.	5 (d) 2.
GF—2409	SVETIC CHOTEJOVICE	Weinnmann	CZECHO-SLOVAKIA	5 (d) 14.
GF—2410	BENSBURG (Rhine)	A.G. des Altenbergs F. Bergbau u. Zinkhuttenbetrieb	R. & W.C.A.	5 (d) 4.

" GF "

MINING AND METALLURGY GROUP
PRINCIPAL ZINC SMELTING WORKS

Operational No.	Town.	Target—Name.	Area.	Air Ministry No.
GF—2411	BORBECK	A.G. des Altenbergs f. Bergbau u. Zinkhuttenbetrieb	R. & W.C.A.	5 (d) 5.
GF—2412	DUISBURG (Wanheim)	Berzelius Metallhutten	R. & W.C.A.	5 (d) 6.
GF—2413	HAMBORN a/Rh.	A.G. f. Zink Industrie vormals W. Grillo	R. & W.C.A.	5 (d) 7.
GF—2414	STOLBERG (Munsterbusch)	A.G. Bergbau, Blei u. Zinkfabrikation	R. & W.C.A.	5 (d) 8.
GF—2415	NIEVENHEIM (by Neuss)	A.G. Bergbau, Blei u. Zinkfabrikation	R. & W.C.A.	5 (d) 9.
GF—2416	OKER (Brunswick)	Preussag Unterhazer Berg u. Huttenwerke G.m.b.H.	R. & W.C.A.	5 (d) 10.
GF—2417	KATOWICE	Geishe Spolka Akcyjna	GERMAN POLAND	5 (d) 16.
GF—2418	~~KAMIEN~~ NOWY BYTOM	Slaskie Kopalnie i Cynkownie Spolka Akcyjna	GERMAN POLAND	5 (d) 17.

"GF"
MINING AND METALLURGY GROUP
PYRITES

Operational No.	Town.	Target—Name.	Area.	Air Ministry No.
GF—2436	MEGGEN (an der Leene, Westphalia)	Sachtleben A.G.	R. & W.C.A.	5 (g) 1.
GF—2437	BEUTHEN O/S.	Schlesiche Bergwerks u. Hutten A.G.	N.E. & E.A.	5 (g) 2.
GF—2438	MITTERTEICH	Bergbau A.G. (Sachtleben A.G.)	R. & W.C.A.	5 (g) 3.

"GF"

MINING AND METALLURGY GROUP

PYRITES

Operational No.	Town.	Target—Name.	Area.	Air Ministry No.

"GF"
MINING AND METALLURGY GROUP
FIRMS PRODUCING NICKEL AND NICKEL ALLOYS

Operational No.	Town.	Target—Name.	Area.	Air Ministry No.
GF—2451	HANAU	Heraeus Vacuumschmelze A.G.	S.W.A.	5 (h) 1.

"GF"

MINING AND METALLURGY GROUP

FIRMS PRODUCING NICKEL AND NICKEL ALLOYS

Operational No.	Town.	Target—Name.	Area.	Air Ministry No.

"GF"
MINING AND METALLURGY GROUP
PRINCIPAL FIRMS PRODUCING COPPER

Operational No.	Town.	Target—Name.	Area.	Air Ministry No.
GF—2476	EISLEBEN	Mansfeld A.G. "Krughutte"	C.A.	5 (c) 11.
GF—2477	HELBRA	Mansfeld A.G. "Kochhutte"	C.A.	5 (c) 12.
GF—2478	HETTSTEDT	Mansfeld A.G. (i) Kupferhütte (Gottesbelohnungshütte).	C.A.	5 (c) 13.
GF—2479	HETTSTEDT	(ii) Kupferkammerhutte (Burgörner)	C.A.	5 (c) 14.
GF—2480	HETTSTEDT	(iii) Kupfer u. Messingwerke	C.A.	5 (c) 15.
GF—2481	ILSENBURG (Harz)	Kupferwerk Ilsenburg A.G.	C.A.	5 (c) 16.
GF—2482	ORANIENBURG	Huttenwerke Kayser	C.A.	5 (c) 17.
GF—2483	STETTIN	Hochofenwerk Lubeck Bi. Hutte Kraft	N.E. & E.A.	5 (c) 18.
GF—2484	BISCHOFSHOFEN	Mitterberger Kupferbergwerke	OSTMARK	5 (c) 19.
GF—2485	KROMPACHY.	Krompacher Kupferwerke A.G.	CZECHO-SLOVAKIA	5 (c) 24.

" GF "

MINING AND METALLURGY GROUP
PRINCIPAL FIRMS PRODUCING COPPER

Operational No.	Town.	Target—Name.	Area.	Air Ministry No.
GF—2486	HAMBURG	Norddeutsche Affinerie Deutsche Gold und Silber-Scheide-Anstalt	N.W.A.	5 (c) 1.
GF—2487	HAMBURG	Zinnwerke Wilhelmsburg	N.W.A.	5 (c) 2.
GF—2488	HAMBURG	Kupferhutte Ertal Bieber & Co.	N.W.A.	5 (c) 3.
GF—2489	LUBECK (Herrenwyk)	Hochofenwerke Lubeck *(see G.O. 1110)*	N.W.A.	5 (c) 4.
GF—2490	DUISBURG	Duisburger Kupferhütte	R. & W.C.A.	5 (c) 5.
GF—2491	KALL (Eifel)	Bleinhütte Call G.m.b.H.	R. & W.C.A.	5 (c) 6.
GF—2492	LÜNEN	Hüttenwerke Kayser	R. & W.C.A.	5 (c) 7.
GF—2493	NIEDERMARSBERG (Westfalen)	Arbeitsgemeinschaft Stadtberger Kupferhutte G.m.b.H.	R. & W.C.A.	5 (c) 8.
GF—2494	OKER	Unterharzer Berg und Huttenwerke G.m.b.H.	R. & W.C.A.	5 (c) 9.
GF—2495	BERLIN (Niederschoneweide)	Huttenwerke Kayser	C.A.	5 (c) 10.

GF

MINING AND METALLURGY GROUP
PRINCIPAL FIRMS PRODUCING COPPER

Operational No.	Town	Target Name	Area	Air Ministry No.
GF 2496	DUISBURG - HOCHFELD	Vereinigte Deutsche Metallwerke	R. & W.C.A.	5 (c) 25

MINING AND METALLURGY GROUP

OF

PRINCIPAL FIRMS PRODUCING COPPER

"GA"
OPTICAL GLASS FACTORIES

Operational No.	Town.	Target—Name.	Area.	Air Ministry No.
GA—2526	JENA	Jenaer Glaswerk Schott und Gem. Glasfabrik	C.A.	4 (e) 1.
~~GA—2527~~	~~FÜRTH/BAYERN~~	~~Spiegelglasfabriken Bechman-Kupfer~~	~~S.W.A.~~	~~4 (e) 3.~~
~~GA—2528~~	~~FÜRTH/BAYERN~~	~~S. Bendit u. Söhne~~	~~S.W.A.~~	~~4 (e) 4.~~
GA—2529	GRUNENPLAN (b/Alfeld)	Deutsche Spiegelglas A.G.	R. & W.C.A.	4 (e) 2.
GA—2530	KREUZNACH	Josef Schneider	S.W.A.	4 (e) 5.
GA—2531	RATHENOW	Subsidiary of "Zeiss"	C.A.	4 (e) 6.
GA—2532	RATHENOW	Emil Busch A.G. Optische Industrie	C.A.	4 (e) 7.
GA—2533	RATHENOW	Nitsche & Günther Optische Werke A.G. Werke I.	C.A.	4 (e) 8.
GA—2534	RATHENOW	Nitsche & Günther Optische Werke A.G. Werke II.	C.A.	4 (e) 9.
GA—2535	RATHENOW	Franz Rapsch Optische Fabriken A.G.	C.A.	4 (e) 10.
GA—2536	---	Runge z Kaulfuss	C.A.	4 (e) 11

"GA"
OPTICAL GLASS FACTORIES

Operational No.	Town.	Target—Name.	Area.	Air Ministry No.
GA—2536	RATHENOW	Runge & Kaulfuss	C.A.	4 (e) 11.
GA—2537	WETZLAR	Ernst Leitz G.m.b.H.	S.W.A.	4 (e) 12.

"GA"
TELE-COMMUNICATION FACTORIES

Operational No.	Town.	Target—Name.	Area.	Air Ministry No.
GA—2546	BERLIN (Oberspree)	A.E.G. Cable Works	C.A.	4 (d) 1.
GA—2547	NURNBERG	Kabel u. Metallwerke Neumeyer	S.W.A.	4 (d) 2.
GA—2548	DIEMLACH (nr Kapfenburg)	Felten & Guilleaume A.G. Cable Works	OSTERREICH	4 (d) 8.
GA—2549	NORDENHAM	Norddeutsche Seekabelwerke A.G.	N.W.A.	4 (d) 3.
GA—2550	KÖLN COLOGNE }-RIEHL	Rheinische Draht & Kabelwerke G.m.b.H.	R. & W.C.A.	4 (d) 9.
GA—2551	KÖLN COLOGNE }-NIPPES	Land und Seekabelwerke A.G.	R. & W.C.A.	4 (d) 10.
GA.2552	NURNBERG	Suddeutsche Apparatebau GmbH	S.W.A.	4 (d)
GA.2553	NURNBERG	Felten & Guilleaume AG.	"	4 (d)

"GA"

TELE-COMMUNICATION FACTORIES

Operational No.	Town.	Target—Name.	Area.	Air Ministry No.

"GL"
AIRCRAFT COMPONENTS
FACTORIES MAKING UNDERCARRIAGES

Operational No.	Town.	Target—Name.	Area.	Air Ministry No.
GL—2561	WISMAR	Dornier Metallbauten G.m.b.H. Branch Factory (GY 4-92)	N.E. & E.A.	3 (j) 11.
GL—2562	PFRONTEN-WEISSBACH	Dornier Metallbauten G.m.b.H.	S.W.A.	3 (j) 8a.
GL—2563	RAVENSBURG	Dornier Metallbauten G.m.b.H.	S.W.A.	3 (j) 8b.
GL—2564	DUISBURG (Wannheim)	Deutsche Maschinen Fabrik	R. & W.C.A.	3 (j) 1.
GL—2565	FRONDENBURG (Ruhr)	Union Ges. für Metall-Industrie m.b.H.	R. & W.C.A.	3 (j) 2.
GL—2566	REMSCHEID	(Mannesmannröhrenwerke)	R. & W.C.A.	3 (j) 3.
GL—2567	SOLINGEN-OHLIGS (Rhld.)	(Kronprinz A.G.)	R. & W.C.A.	3 (j) 4.
GL—2568	DESSAU (Raguhn)	Maschinenbau und Metalltuchfabrik A.G. (Heerbrandt A.G.)	R. & W.C.A.	3 (j) 5.
GL—2569	BAD CANNSTADT	Elektronmetal G.m.b.H. (Kahle Kommandit-Ges.)	S.W.A.	3 (j) 6.
GL—2570	MEERSBURG A/M. (Bodensee)	Dornier Metallbauten G.m.b.H.	S.W.A.	3 (j) 7.

"GL"

AIRCRAFT COMPONENTS

FACTORIES MAKING UNDERCARRIAGES

Operational No.	Town.	Target—Name.	Area.	Air Ministry No.
GL—2571	MUNCHEN (Neu Aubing)	Leichtmetall G.m.b.H.	S.W.A.	3 (j) 8.
GL—2572	SCHWEINFURT A/M.	Fichtel & Sachs A.G. *(see GZ.2707)*	S.W.A.	3 (j) 9.
GL—2573	SWABACH (Nav.)	Hans Schwendtuer	S.W.A.	3 (j) 10.
GL—2574	KIEL–HASSEE	Kieler Leichtbau G.m.b.H.	N.W.A.	3 (j) 12.
GL 2575	*HAMBURG-STEINWÄRDER*	*Blohm + Voss*	*N W A*	*3 (j) 13*

"GL"
AIRCRAFT COMPONENTS
FACTORIES MAKING AIRCRAFT INSTRUMENTS

Operational No.	Town.	Target—Name.	Area.	Air Ministry No.
GL—2601	SCHRAMBERG	Gebrüder Junghans A.G. Uhrenfabrik	S.W.A.	3 (m) 1.
GL—2602	SCHWENNINGEN	Kienzle Uhrenfabriken A.G.	S.W.A.	3 (m) 2.
GL—2603	SCHWENNINGEN	J. Schlenker—Grusen Uhrenfabrik	S.W.A.	3 (m) 3.
GL—2604	SCHWENNINGEN	Gebrüder Junghans A.G. Uhrenfabrik	S.W.A.	3 (m) 4.
GL—2605	SCHWENNINGEN	Friedrich Mauthe, G.m.b.H. Uhrenfabrik	S.W.A.	3 (m) 5.
GL—2606	VILLINGEN	Kienzle Uhrenfabrik A.G.	S.W.A.	3 (m) 6.
GL—2607	OCHENZOLL *(Nr Hamburg)*	Ketten und Metallwaren Industrie H.A.K.	N.W.A.	3 (m) 7.
GL—2608	TUTTLINGEN	A.G. für Feinmechanik vormals Jetter & Scheerer	S.W.A.	3 (m) 8.
GL—2609	VIENNA	Futurit Werke	OSTERREICH	3 (m) 9.
GL—2610	BERLIN	Telefunken A.G.	C.A.	3 (m) 10.

" GL "

AIRCRAFT COMPONENTS

FACTORIES MAKING AIRCRAFT INSTRUMENTS

Operational No.	Town.	Target—Name.	Area.	Air Ministry No.
GL—2611	BERLIN (Templehof)	C. Lorenz A.G.	C.A.	3 (m) 11.
GL—2612	RUHLA (Nr. Eisenach)	Gebr. Thiel G.m.b.H.	R. & W.C.A.	3 (m) 12.
GL—2613	BERLIN (Mariendorf)	Askania-Werke A.G.	C.A.	3 (m) 13.
GL—2614	BERLIN (Tempelhof)	Deutsche Benzinuhren G.m.b.H.	C.A.	3 (m) 14.
GL—2615	STUTTGART (Wangen)	Kodak A.G.	S.W.A.	3 (m) 15.
GL—2616	FRANKFURT A/M	V D O Tachometer A.G.	S.W.A.	3 (m) 16.

"GL"
AIRCRAFT COMPONENTS
FACTORIES MAKING AERO-ENGINE ~~CRANKSHAFTS~~ COMPONENTS

Operational No.	Town.	Target—Name.	Area.	Air Ministry No.
GL—2626	HAMBURG (Altona Bahrenfeld)	Norddeutsche Leichtmetall u. Kolbenwerk	N.W.A.	3 (g) 1.
GL—2627	HAMBURG (Altona)	Leichtmetallbau G.m.b.H.	N.W.A.	3 (g) 2.
GL—2628	GRÜNE ISERLOHN	Michels & Brenker	R. & W.C.A.	3 (g) 3.
GL—2629	SOLINGEN	Rudolf Rautenbach	R. & W.C.A.	3 (g) 4.
GL—2630	ARNSTADT	H. K. Fischer & Söhne	C.A.	3 (g) 5.
GL—2631	BERLIN	Pallas Apparate Ges.	C.A.	3 (g) 6.
GL—2632	GOTTINGEN	Aluminium-Werke Gottingen G.m.b.H.	C.A.	3 (g) 7.
GL—2633	LEIPZIG	Falz & Kannenberg, Blankschraubenfabrik	C.A.	3 (g) 8.
GL—2634	WERNIGERODE	Rudolf Rautenbach	C.A.	3 (g) 9.
GL—2635	BAD CANNSTADT	J. Wisemann & Co.	S.W.A.	3 (g) 10.

" GL "

AIRCRAFT COMPONENTS

FACTORIES MAKING AERO-ENGINE COMPONENTS ~~CRANKSHAFTS~~

Operational No.	Town.	Target—Name.	Area.	Air Ministry No.
GL—2636	MAGDEBURG	Mundlos A/G.	C.A.	3 (g) 28.
GL—2637	WASSERALFINGEN	Maschinenfabrik Alfing-Kessler, K.G.	S.W.A.	3 (g) 21.
GL—2638	EBERSWALDE	Ardeltwerke	N.E. & E.A.	3 (g) 22.
GL—2639	GLINDE	Krupp Motorenwerke	N.W.A.	3 (g) 2a.
GL—2640	ESSLINGEN	Maschinenfabrik	S.W.A.	3 (g) 11a.
GL—2641 *now FE 213*	KREFELD	Deutsche Edelstahlwerke	R. & W.C.A.	5 (a) 23 3 (g) 3a.
GL—2642	KREFELD-UERDINGEN	Uerdinger Wagonfabrik	R. & W.C.A.	3 (g) 23.
GL—2643	FRANKFURT	Alfred Teves	S.W.A.	3 (g) 24.
GL—2644	KLADNO	Poldi	CZECHO-SLOVAKIA	3 (g) 25.
GL—2645	BERLIN (Waidmannslust)	Gustav Schwarz K.G.	C.A.	3 (g) 26.

"GL"
AIRCRAFT COMPONENTS
FACTORIES MAKING AERO-ENGINE CRANKSHAFTS

Operational No.	Town.	Target—Name.	Area.	Air Ministry No.
GL—2646	BERLIN	Hugo Heine	C.A.	3 (g) 27.
GL—2647	BAD CANNSTADT	Elektronmetall G.m.b.H. (Mahle Kommandit-Ges.)	S.W.A.	3 (g) 11.
GL—2648	FRANKFURT A/M.	Fischer A.G.	S.W.A.	3 (g) 12.
GL—2649	FRIEDRICHSHAFEN a. B.	Luftschiffbau Zeppelin G.m.b.H.	S.W.A.	3 (g) 13.
GL—2650	MAULBRONN/MUHLACKER	Aluminium Werk Maulbronn W. in W.	S.W.A.	3 (g) 14.
GL—2651	NECKARSULM	Karl Schmidt G.m.b.H.	S.W.A.	3 (g) 15.
GL—2652	NÜRNBERG	Nürnberger Schraubenfabrik u. Facondreherei	S.W.A.	3 (g) 16.
GL—2653	NÜRNBERG	Aluminium Werke	S.W.A.	3 (g) 17.
GL—2654	SCHWAB GMUND	Schenk K.G.	S.W.A.	3 (g) 18.
GL—2655	STUTTGART-FEUERBACH	Leichtmetallbau G.m.b.H.	S.W.A.	3 (g) 19.

" GL "

AIRCRAFT COMPONENTS

FACTORIES MAKING AERO-ENGINE COMPONENTS

Operational No.	Town.	Target—Name.	Area.	Air Ministry No.
GL—2656	STUTTGART ZUFENHAUSEN	Hirth Motoren G.m.b.H.	S.W.A.	3 (g) 20.
GL—2657	STUTTGART	Dichtungsring Ges.	S.W.A.	3 (g) 29.
GL-2658	NÜRNBERG	*Maschinenfabrik R. Seidel*	S.W.A.	3 (g) 30

"GL"
AIRCRAFT COMPONENTS—PLYWOOD FACTORIES

Operational No.	Town.	Target—Name.	Area.	Air Ministry No.
GL—2671	LUNEBERG	J. Bruning & Sohn A.G.	N.W.A.	3 (*n*) 1.
GL—2672	KÖNISBERG	Krages & Kreite A.G.	N.E. & E.A.	3 (*n*) 2.
GL—2673	BAD TÖLZ	Aug. Moralt	S.W.A.	3 (*n*) 3.
~~GL—2674~~	~~ESSEN-ALTENESSEN~~	~~Industrie für Holzverwertung A.G.~~	~~R. & W.C.A.~~	~~3 (*n*) 4.~~
GL—2675	HANAU A/M	C. A. Traxel	S.W.A.	3 (*n*) 5.
GL—2676	GUTERSLOH (i/W)	W. Ruhenstroth	R. & W.C.A.	3 (*n*) 6.
GL—2677	WIEDENBRÜCK (i/W)	Gebr. Thalheimer	R. & W.C.A.	3 (*n*) 7.
GL—2678	ANDERNACH a/Rh.	Rheinische Sperrholz und Turenfabrik A.G.	S.W.A.	3 (*n*) 8.
GL—2679	HOLZMINDEN	Wesser Sperrholz Fabrik	R. & W.C.A.	3 (*n*) 9.
GL—2680	ELBING	Wittkowsky	N.E. & E.A.	3 (*n*) 10.

"GL"
AIRCRAFT COMPONENTS—PLYWOOD FACTORIES—*continued*

Operational No.	Town.	Target—Name.	Area.	Air Ministry No.

"GL"
AIRCRAFT COMPONENTS—PLYWOOD FACTORIES—*continued*

Operational No.	Town.	Target—Name.	Area.	Air Ministry No.

"GZ"
GENERAL ENGINEERING
FACTORIES MAKING BALL-BEARINGS

Operational No.	Town.	Target—Name.	Area.	Air Ministry No.
GZ—2701	ELBERFELD	G. and J. Jaeger	R. & W.C.A.	4 (a) 1.
GZ—2702	SIGEN (Deuz)	Walzengiesserei	R. & W.C.A.	4 (a) 2.
GZ—2703	LEIPZIG	Deutsche Kugellagerfabrik	C.A.	4 (a) 3.
GZ—2704	BAD CANNSTADT	Vereinigte Kugellagerfabrik. Norma-Compagnie G.m.b.H.	S.W.A.	4 (a) 4.
GZ—2705	NÜRNBERG	Georg Müller	S.W.A.	4 (a) 5.
GZ—2706	SCHWEINFURT/MAIN	Vereinigte Kugellagerfabriken (see GZ 2707)	S.W.A.	4 (a) 6.
GZ—2707	SCHWEINFURT/MAIN	Kugelfischer	S.W.A.	4 (a) 7.
GZ—2708	PRAGUE	Tschechoslowakische Kugellagerfabrik S.K.F. A/G	CZECHO-SLOVAKIA	4 (a) 8.
GZ—2709	MARIENTHAL bei Schweina	Geb. Heller G.m.b.H.	S.W.A.	4 (a) 4a.
GZ—2710	SCHWEINFURT/MAIN	U.K.F. Deutsche Gusstahlkugel und Maschinenfabrik A.G. vorm Fries und Höpflinger (see GZ 2706)	S.W.A.	4 (a) 6a.

" GZ "

GENERAL ENGINEERING

FACTORIES MAKING BALL-BEARINGS

Operational No.	Town.	Target—Name.	Area.	Air Ministry No.
GZ—2711	SCHWEINFURT/MAIN	Deutsche Star Kugellagerfabrik G.m.b.H. *(see GZ 2705)*	S.W.A.	4 (a) 6b.
GZ—2712	TSCHIRNITZ	Tschechoslovakische Kugellagefabrik (S.K.F.) A/G	CZECHO-SLOVAKIA	4 (a) 9.
GZ 2713				
GZ 2714	*ERKNER (N. BERLIN)*	*Vereinigte Kugellgerfabrik A G*		*4 (a) 11*

"GZ"
GENERAL ENGINEERING
FACTORIES MAKING GEARS AND GEAR BOXES

Operational No.	Town.	Target—Name.	Area.	Air Ministry No.
GZ—2726	RUSSELSHEIM	Opel	S.W.A.	4 (c) 11.
GZ—2727	~~UNTERTURKHEIM~~ (~~nr. Stuttgart~~)	~~Daimler Benz~~	~~S.W.A.~~	~~4 (c) 12.~~
GZ—2728	LEIPZIG	Kollman	C.A.	4 (c) 5a.
GZ—2729	BRUNSWICK	Büssing N.A.G. Neidersachsische Motorenwerke GmbH.	N.W.A.	4 (c) 1.
GZ—2730	EISENACH	B.M.W. (see G.Y. 4670)	R. & W.C.A.	4 (c) 2.
GZ—2731	KÖLN	Ford	R. & W.C.A.	4 (c) 3.
GZ—2732	BERLIN (Reinickendorf)	Prometheus Maschinenfabrik (see GY 1684)	C.A.	4 (c) 4.
GZ—2733	BERLIN (Wittenau)	Zahnradfabrik, Friedrichshafen	C.A.	4 (c) 5.
GZ—2734	ZWICKAU	Auto Union	C.A.	4 (c) 6.
GZ—2735	AUGSBURG	Zahnradfabrik Augsburg (vorm. J. Renk)	S.W.A.	4 (c) 7.

" GZ "

GENERAL ENGINEERING

FACTORIES MAKING GEARS AND GEAR BOXES

Operational No.	Town.	Target—Name.	Area.	Air Ministry No.
GZ—2736	FRIEDRICHSHAFEN	Zahnradfabrik Friedrichshafen	S.W.A.	4 (c) 8.
GZ—2737	MÜNCHEN	Maschinen und Zahnradfabrik. Carl Hurth	S.W.A.	4 (c) 9.
GZ—2738	MÜNCHEN	B.M.W. *(See G.Y. 4653)*	S.W.A.	4 (c) 10.
GZ—2739	BERLIN	Deutsche Getriebe G.m.b.H.	C.A.	4 (c) 13. *AL.11*
GZ—2740	HANNOVER–WÜLFEL	Eisenwerk Wülfel	N.W.A.	4 (c) 14.

"GZ"
GENERAL ENGINEERING
FACTORIES MAKING CASTINGS AND PRESSED PARTS

Operational No.	Town.	Target—Name.	Area.	Air Ministry No.
GZ—2776	ESSEN	F. Goldschmit A.G. Abt. Metalle	R. & W.C.A.	3 (h) 7a.
GZ—2777	WIESBADEN-SCHLERSTEIN	Glyco-Metall Werke (Daelen & Loos G.m.b.H.)	S.W.A.	3 (h) 46.
GZ—2778	~~ESSEN~~ ~~(Katernberg)~~	~~Metallwerk Olsberg G.m.b.H.~~	~~R. & W.C.A.~~	~~3 (h) 8a.~~
GZ—2779	DÜSSELDORF	Rheinmetall Borsig A.G.	R. & W.C.A.	3 (h) 6a.
GZ—2780	RACKWITZ	Leipziger Leichtmetallwerke	C.A.	3 (h) 32a.
GZ—2781	BERLIN (Borsigwald)	Durener Metallwerke (Hupertz & Harkort G.m.b.H.)	C.A.	3 (h) 23a.
GZ—2782	AKEN	Secret Govt. Factory	C.A.	3 (h) 21a.
GZ—2783	LEVERKUSEN-SCHLEBUSCH	Eumuco A.G. für Maschinenbau	R. & W.C.A.	3 (h) 11a.
GZ—2784	GOSLAR	Gebr. Borchers A.G.	R. & W.C.A.	3 (h) 8b.
GZ—2785	LAUFENBURG (nr. Rhina)	Electron Nitrium A.G. Ferrowerk Rhina	S.W.A.	3 (h) 39a.

"GZ"

GENERAL ENGINEERING

FACTORIES MAKING CASTINGS AND PRESSED PARTS

Operational No.	Town.	Target—Name.	Area.	Air Ministry No.
GZ—2786	KASSEL	Wintershall Aktiengesellschaft	R. & W.C.A.	3 (*h*) 10.
GZ—2787	~~KÖLN-MÜLHEIN~~	~~Felten & Guilleaume Carlswerk A.G.~~	~~R. & W.C.A.~~	~~3 (h) 11.~~
GZ—2788	MESCHEDE (Westphalia)	Honsel-Werke A.G.	R. & W.C.A.	3 (*h*) 12.
GZ—2789	SINGEN-HOHENTWIEL	Aluminium Walzwerke	S.W.A.	3 (*h*) 14.
GZ—2790	UNNA (i. Westf.)	Messingwerk Unna A.G.	R. & W.C.A.	3 (*h*) 16.
GZ—2791	WITTEN	Ruhrsthal A.G.	R. & W.C.A.	3 (*h*) 18.
GZ—2792	WUPPERTAL-BARMEN	C. Albert & Co.	R. & W.C.A.	3 (*h*) 20.
GZ—2793	WUPPERTAL-CRONENBERG	Eduard Wille Werkzeugfabrik (Tool Factory, Hammer Works)	R. & W.C.A.	3 (*h*) 21.
GZ—2794	BERLIN (Spandau)	Deutsche Industrie-Werke A.G. *(see GY. 4682)*	C.A.	3 (*h*) 22.
GZ—2795	BERLIN (Johannisthal)	Ambi-Budd Preswerk	C.A.	3 (*h*) 24.

"GZ"
GENERAL ENGINEERING
FACTORIES MAKING CASTINGS AND PRESSED PARTS

Operational No.	Town.	Target—Name.	Area.	Air Ministry No.
GZ—2796	LUDENSCHEID	Eduard Hueck	R. & W.C.A.	3 (h) 57.
GZ—2797	STUTTGART-ZUFFENHAUSEN	Kreidler's Metall und Drahtwerk G.m.b.H.	S.W.A.	3 (h) 58.
GZ—2798	HETTSTEDT-SUDHARZ	Mansfeld A.G. Leichtmetall-Werke	C.A.	3 (h) 59.
GZ—2799	SOMMERDA/THÜR	Rheinmetall-Borsig A.G. Werk Sommerda	C.A.	3 (h) 60.
GZ—2800	BERLIN-SIEMENS-STADT (Gartenfeld)	Siemens-Schuckertswerke A.G.	C.A.	3 (h) 61.
GZ—2801	HAMBURG (Wandsbek)	Aero Maschinen und Werkzeugfabrik G.m.b.H.	N.W.A.	3 (h) 62.
GZ—2802	NEUSS	Bauer und Schaurte (see GH.612)	R. & W.C.A.	3 (h) 63.
GZ—2803	SUHL	Krieghof (Aeroplane Machine-gun Factory)	S.W.A.	3 (h) 65.
GZ—2804	BONN	Ver. Leichtmetallwerke	S.W.A.	3 (h) 36.
GZ—2805	FRANKFURT A/M. (Heddernheim)	Ver. Deutsche Metallwerke A.G. Heddernheimer Kupferwerke	S.W.A.	3 (h) 38.

"GZ"

GENERAL ENGINEERING

FACTORIES MAKING CASTINGS AND PRESSED PARTS

Operational No.	Town.	Target—Name.	Area.	Air Ministry No.
GZ—2806	FRANKFURT A/M.	Silumin G.m.b.H.	S.W.A.	3 (h) 39.
GZ—2807	NÜRNBERG	Aluminium Werke	S.W.A.	3 (h) 40.
GZ—2808	NÜRNBERG	V.S.W. Hetzel & Co.	S.W.A.	3 (h) 41.
GZ—2809	ULM	Wielandwerke A.G.	S.W.A.	3 (h) 42.
GZ—2810	VÖHRINGEN	Wielandwerke A.G.	S.W.A.	3 (h) 43.
GZ—2811	WUTOSCHINGEN (Baden)	Aluminium Walzwerke	S.W.A.	3 (h) 44.
GZ—2812	MEINERZHAGEN (Westf.)	Otto Fuchs	R. & W.C.A.	3 (h) 13.
GZ—2813	SOLINGEN-WALD	Gustav Lauterjung	R. & W.C.A.	3 (h) 15.
GZ—2814	WERDOHL	Willy Honsel Aluminiumwerke	R. & W.C.A.	3 (h) 17.
GZ—2815	EBERSWALDE FINOW	Hirsch-Kupfer u. Messingwerke A.G.	N.E. & E.A.	3 (h) 48.

"GZ"
GENERAL ENGINEERING
FACTORIES MAKING CASTINGS AND PRESSED PARTS

Operational No.	Town.	Target—Name.	Area.	Air Ministry No.
GZ—2816	BERNDORF	Berndorfer Metallwarenfabrik Arthur Krupp A.G.	ÖSTERREICH	3 (h) 49.
GZ—2817	FELLBACH	Elektronmetall G.m.b.H.	S.W.A.	3 (h) 47.
GZ—2818	BUDERICH	Gebr. Bohler & Co.	R. & W.C.A.	3 (h) 50.
GZ—2819	WUPPERTAL-BARMEN	Rudolf Rautenbach	R. & W.C.A.	3 (h) 51.
GZ—2820	ASCHAFFENBURG	Deutsche Metallwerke	R. & W.C.A.	3 (h) 52.
GZ—2821	DÜSSELDORF	Nietenfabrik A.G.	R. & W.C.A.	3 (h) 53.
GZ—2822	FALLERSLEBEN	K.D.F. (Kraft Durch Freude)	C.A.	3 (h) 54.
GZ—2823	DÜSSELDORF GRAFENBERG	Deutsche Delta-Metall-Gesellshaft, Alexander Dick & Co.	R. & W.C.A.	3 (h) 55.
GZ—2824	HANNOVER	Hackethal Draht und Kabel Werke A.G.	N.W.A.	3 (h) 56.
GZ—2825	BERLIN	C. Karger	C.A.	3 (h) 25.

" GZ "

GENERAL ENGINEERING

FACTORIES MAKING CASTINGS AND PRESSED PARTS

Operational No.	Town.	Target—Name.	Area.	Air Ministry No.
GZ—2826	BERLIN (Spandau)	Elektronmetall G.m.b.H. (Muhle-Kommandit Ges.)	C.A.	3 (h) 26.
GZ—2827	BERLIN (Halensee)	Wuttig Apparatebau	C.A.	3 (h) 28.
GZ—2828	BERLIN (Nowawes by Potsdam)	A.P.A.G. (Aluminium Prazisionsguss A.G.)	C.A.	3 (h) 29.
GZ—2829	BITTERFELD	I.G.F. Abt. Elektronmetall (Aluminium Werke G.m.b.H.) /*see GS. 243*	C.A.	3 (h) 30.
GZ—2830	GERA	Heinrich Leo	C.A.	3 (h) 31.
GZ—2831	LEIPZIG	Clemens Humann	C.A.	3 (h) 32.
GZ—2832	SCHMALKALDEN (Thür Wald)	Gebrüder Heller, Werkzeug und Maschinenfabriken	C.A.	3 (h) 33.
GZ—2833	AUGSBURG	Keller & Knappich	S.W.A. ~~C.A.~~	3 (h) 34.
GZ—2834	AUGSBURG	Martin Schmittner Flugtechnische Werkstatten	S.W.A.	3 (h) 35.
GZ—2835	WUPPERTAL-BARMEN	Julius u. August Erbslöh	R. & W.C.A.	3 (h) 19.

"GZ"

GENERAL ENGINEERING

FACTORIES MAKING CASTINGS AND PRESSED PARTS

Operational No.	Town.	Target—Name.	Area.	Air Ministry No.
GZ—2836	BERLIN-NEUKÖLN	Fusor Prazisions-Spritz u. Pressguss G.m.b.H.	C.A.	3 (h) 23.
~~GZ—2837~~	~~BERLIN-CHARLOTTENBURG~~	~~Ges. für Elektrometallurgie. Dr. Paul Grünfeld~~	~~C.A.~~	~~3 (h) 27.~~
GZ—2838	ESSLINGEN (nr. Wurt)	Heinrich Ritter Aluminium Warenfabrik	S.W.A.	3 (h) 37.
GZ—2839	WERDOHL	Hammerwerke Brüninghaus G.m.b.H.	R. & W.C.A.	3 (h) 17a.
GZ—2840	KÖLN (Burscheid)	Gortzewerk	R. & W.C.A.	3 (h) 10a.
GZ—2841	LAUCHERTHAL (Sigmaringen)	Fürstlich Hohenzollernsche, Huttenverwaltung	S.W.A.	3 (h) 45.
GZ—2842	OSNABRÜCK	Osnabrücker Kupfer & Drahtwerk	N.W.A.	3 (h) 3a.
GZ—2843	SCHWERTE	Ver. Deutsche Nickel-Werke A.G. Vorm Westfalischer Nickel-Walzwerk, Flertmann Witte & Co.	R. & W.C.A.	3 (h) 13a.
~~GZ—2844~~	~~HAMBURG (Altona)~~	~~Holsatia Werke A.G. (Ver. Deutsche Metallwerke)~~	~~N.W.A.~~	~~3 (h) 1.~~
GZ—2845	HANNOVER	Hanomag	N.W.A.	3 (h) 2.

" GZ "

GENERAL ENGINEERING

FACTORIES MAKING CASTINGS AND PRESSED PARTS

Operational No.	Town.	Target—Name.	Area.	Air Ministry No.
GZ—2846	HANNOVER	Leichtmetallwerke G.m.b.H.	N.W.A.	3 (h) 3.
GZ—2847	LETMATHE (Westphalia)	Walter Voos, Kommandit Gesellschaft	R. & W.C.A.	3 (h) 64.
GZ—2848	BOCHUM	Bochumer Verein für Guss-Stahlfabrikation	R. & W.C.A.	3 (h) 4.
GZ—2849	BOCHUM	Eisen und Hüttenwerke A.G.	R. & W.C.A.	3 (h) 5.
GZ—2850	DÜSSELDORF	Mannesmannröhren-werke	R. & W.C.A.	3 (h) 6.
GZ—2851	DÜREN	Dürener Metallwerke (Hupertz & Harkort G.m.b.H.)	R. & W.C.A.	3 (h) 7.
GZ—2852	BERLIN (Niederschoneweide)	Deutsche Missingwerke Karl Eveking A.G.	C.A.	3 (h) 8.
GZ—2853	HORREM (Koln A/Rh.)	Elektrometallurgische Werke Horrem A.G. (absorbed by Metall-gesellschaft A.G. 5.2.38)	R. & W.C.A.	3 (h) 9.
2854	BERLIN (FRIEDRICHSHAGEN)	ADMOS.		3/h 66.

"GZ"
GENERAL ENGINEERING
FACTORIES MAKING CASTINGS AND PRESSED PARTS

Operational No.	Town.	Target—Name.	Area.	Air Ministry No.
GZ—2854	BERLIN (Friedrichshagen)	Admos	C.A.	3 (h) 66.
GZ—2855	BERLIN (Wilhelmsruh)	Bergmann Electricitats Werke	C.A.	3 (h) 67.
GZ—2856	~~BERLIN~~	~~Aldney Ring~~	~~C.A.~~	~~3 (h) 68.~~
GZ—2857	MENDEN (Iserlohn)	R. & G. Schmöle	R. & W.C.A.	3 (h) 69.
GZ—2858	LÜDENSCHEID	Büsch-Jäger, Ludenscheider Metallwerke A.G.	R. & W.C.A.	3 (h) 70.
GZ—2859	WAREN	Mecklenburgische Metallwarenfabrik G.m.b.H.	N.E. & E.A.	3 (h) 71.
GZ—2860	REUTTE-TIROL	Metallwerk Plansee M. Hohenlaboratorium	Austria	3 (h) 72.
GZ 2861	OBERHAUSEN	Deutsche Babcock and Wilcox	R. & W.C.A.	3 (h) 73
GZ 2862	DUISBURG - HOCHFELD	Demag	do	3 (h) 74
GZ 2863	DUISBURG - HOCHFELD	Esch-Werke K.G.	do	3 (h) 75

GENERAL ENGINEERING
FACTORIES MAKING CASTINGS AND PRESSED PARTS

Operational No.	Town	Target Name	Area	Air Ministry No.
GZ 2864	DUISBURG - HOCHFELD	Ewald Berninghaus	R. & W.C.A.	3 (h) 76
GZ 2865	STERKRADE	Gutehoffnungshütte	R. & W.C.A.	3 (h) 77
GZ 2866	HAMBURG	Hamburger Bleiwerk Adolf Bernstein A.G. & J. Sauerland Metal Foundry	N.W.A.	3 (h) 78
GZ 2867	ESSEN - KATERNBERG	Essener Eisenwerke Schnutenhaus & Lippmann K.G.	R. & W.C.A.	3 (h) 79
GZ 2868	BOCHUM - HUNSCHEIDTSFELD	Gebrüder Eickhoff Maschinenfabrik & Eisengiesserei	R. & W.C.A.	3 (h) 80
GZ 2869	BOCHUM - HOFSTEDE	Westfalia - Dinnendahl - Groeppel A.G. (Werk Westfalia)	R. & W.C.A.	3 (h) 81
GZ 2870	BOCHUM - RIEMKE	Westfalia - Dinnendahl - Groeppel A.G. (Werk Westfalia)	R. & W.C.A.	3 (h) 82
GZ 2871	NÜRNBERG - DOOS	Nürnberger Hercules Werke A.G.	S.W.A.	3 (h) 83
GZ 2872	NÜRNBERG - DOOS	Triumph-Werke Nürnberg A.G.	S.W.A.	3 (h) 84
GZ 2873	NÜRNBERG	Exhaustorenwerk Nürnberg	S.W.A.	3 (h) 85

"GZ"
GENERAL ENGINEERING
FACTORIES MAKING CASTINGS & PRESSED PARTS

rational No.	Town	Target Name	Area	Air Ministry No.
Z 2874	NÜRNBERG	Ardie-Werk A.G.	S.W.A.	3 (h) 86
Z 2875	NÜRNBERG	Victoria-Werke A.G.	S.W.A.	3 (h) 87
Z 2876	NÜRNBERG	Motorradbau "Javon", J.A. Vogler	S.W.A.	3 (h) 88
Z 2877	NÜRNBERG-SCHWEINAU	Bayerisches Hammerwerk M. Zechel	S.W.A.	3 (h) 89
Z 2878	NÜRNBERG	Silbronit-Werke L. Frankenschwert	S.W.A.	3 (h) 90
Z 2879	NÜRNBERG - WEIGELSHOF	Eisenwerk Nürnberg A.G., formerly J. Tafel & Co.	S.W.A.	3 (h) 91
Z 2880	NÜRNBERG - ST. JOBST	Press-Stanz - und Ziehwerke Rud. Chillingworth A.G.	S.W.A.	3 (h) 92
Z 2881	NÜRNBERG - SCHWEINAU	Süddeutsche Metallindustrie	S.W.A.	3 (h) 93
Z 2882	NÜRNBERG	Industrie - Gelände	S.W.A.	3 (h) 94
Z 2883	NÜRNBERG	Riessner-Werke A.G.	S.W.A.	3 (h) 95

"GZ"

GENERAL ENGINEERING

FACTORIES MAKING CASTINGS AND PRESSED PARTS

Operational No.	Town	Target Name	Area	Air Ministry No.
GZ 2884	LUBECK	Maschinenfabrik Beth A.G.	N.W.A.	3 (h) 96
GZ 2885	LUBECK	Lubecker Maschinenbau ges. (Orenstein & Koppel)	N.W.A.	3 (h) 97
GZ 2886	MANNHEIM – WALDHOF	Süddeutsche Drahtindustrie	S.W.A.	3 (h) 98
GZ 2887	MANNHEIM – NECKARAU	Süddeutsche Kabelwerke	S.W.A.	3 (h) 99
GZ 2888	GELSENKIRCHEN	Vereinigte Stahlwerke A.G.(Gelsenkirchener Gussstahlwerke)	R. & W.C.A.	3 (h) 100
GZ 2889	GELSENKIRCHEN	F. Küpperbusch & Söhne A.G. Werk I.	R. & W.C.A.	3 (h) 101
GZ 2890	GELSENKIRCHEN	F. Küppersbusch & Söhne A.G. Werk II.	R. & W.C.A.	3 (h) 102
GZ 2891	ESSEN – KRAY	Buderus'sche Eisenwerke (Westdeutsches Eisenwerk)	R. & W.C.A.	3 (h) 103
GZ 2892	GELSENKIRCHEN – SCHALKE	Vereinigte Stahlwerke A.G. (Werk Orange)	R. & W.C.A.	3 (h) 104
GZ 2893	WERNE	Vereinigte Stahlwerke A.G. (Westfälische Union)	R. & W.C.A.	3 (h) 105

"GZ"

GENERAL ENGINEERING

FACTORIES MAKING CASTINGS AND PRESSED PARTS

Operational No.	Town	Target Name	Area	Air Ministry No.
GZ 2894	WETTER	Deutsche Maschinenfabrik A.G. (Demag)	R. & W.C.A.	3 (h) 106
GZ 2895	WITTEN	Soeding & Ko.	R. & W.C.A.	3 (h) 107
GZ 2896	WITTEN - ANNEN	Vereinigte Stahlwerke A.G. (Ruhrstahl A.G.)	R. & W.C.A.	3 (h) 108
GZ 2897	WITTEN - HERBEDE	Dittmann - Neuhaus & Gabriel - Bergenthal A.G.	R. & W.C.A.	3 (h) 109
GZ 2898				
GZ 2899				
GZ 2900				
GZ 2901				
GZ 2902				
GZ 2903				

"GZ"

GENERAL ENGINEERING

FACTORIES MAKING CASTINGS AND PRESSED PARTS

Operational No.	Town	Target Name	Area	Air Ministry No.
Z.5924	GRAZ	Steyr-Daimler-Puch A.G. Works Diesel Engines &c.		2/H.17

"GZ"
GENERAL ENGINEERING
FACTORIES MAKING MACHINE TOOLS

Operational No.	Town.	Target—Name.	Area.	Air Ministry No.
GZ—2926	ZERBST	Franz Braun A.G.	C.A.	4 (j) 1.
GZ—2927	BERLIN-MARIENFELDE	F. W. Werner, A.G. (Maschinen Fabrik)	C.A.	4 (j) 2.
GZ—2928	ASCHAFFENBURG	Matrawerke G.m.b.H.	S.W.A.	4 (j) 3.
GZ—2929	SUHL	Schilling & Kramer	S.W.A.	4 (j) 4.
GZ—2930	ZELLA-MEHLIS	Werkzeugfabrik Max Schilling	S.W.A.	4 (j) 5.
GZ—2931	CHEMNITZ	Werkzeugmaschinen fabrik Union	C.A.	4 (j) 6.
GZ—2932	GÖEPPINGEN	Gebr. Bochringer	S.W.A.	4 (j) 7.
GZ—2933	BERLIN	Herbert Lindner	C.A.	4 (j) 8.
GZ—2934	BERLIN (Borsigwalde)	Raboma	C.A.	4 (j) 9.
GZ—2935	HAMBURG	Bauer & Schaurte	N.W.A.	4 (j) 10.

"GZ"

GENERAL ENGINEERING

FACTORIES MAKING MACHINE TOOLS

Operational No.	Town.	Target—Name.	Area.	Air Ministry No.
GZ—2936	KARLSRUHE	Deutsche Waffen und Munitionwerke	S.W.A.	4 (j) 11.
GZ—2937	GOEPPINGEN	Louis Schuler	S.W.A.	4 (j) 12.
GZ—2938	NURTINGEN	Gebr. Heller	S.W.A.	4 (j) 13.
GZ—2939	RAVENSBURG	Masch. Fabrik Weingarten (Hch. Schatz)	S.W.A.	4 (j) 14.
GZ—2940	CHEMNITZ	Hermann Pfauter	C.A.	4 (j) 15.
GZ—2941	CHEMNITZ–SCHÖNAU	Wandererwerke	C.A.	4 (j) 16.
GZ—2942	GLAUCHAU	Wotan u. Zimmermann	C.A.	4 (j) 17.
GZ—2943	LEIPZIG-WAHREN	Pittler	C.A.	4 (j) 18.
GZ—2944	BERLIN	Carl Hasse & Wride	C.A.	4 (j) 19.
GZ—2945	MAGDEBURG	Maschinenfabrik G.m.b.H.	C.A.	4 (j) 20.

198 a

"GZ"
GENERAL ENGINEERING
FACTORIES MAKING MACHINE TOOLS

Operational No.	Town	Target Name	Area	Air Ministry No.
GZ 2946	(Cancelled - A.L.11.)			
GZ 2947	MUNCHEN	Fred. Deckel	S.W.A.	4 (j) 22
GZ 2948	NURNBERG	Gebr. Eckert	S.W.A.	4 (j) 23
GZ 2949	KREFELD	Siempelkamp & Co.	S.W.A.	4 (j) 24
GZ 2950	CHEMNITZ	J.E. Reinecker A.G.	C.A.	4 (j) 25
GZ 2951	CHEMNITZ	Biernatzki & Co.	C.A.	4 (j) 26
GZ 2952	KOLN) COLOGNE)	Werkzeugmaschinenfabrik Schutte, Alfred	R. & W.C.A.	4 (j) 27
GZ 2953	DUSSELDORF (REISHOLZ)	L. Soest & Co. m.b.H.	R. & W.C.A.	4 (j) 28
GZ 2954	ESSLINGEN	(See GN 3830)		4 (j) 29
GZ 2955	BERLIN	(See GR 3655)		4 (j) 30

"GZ"

GENERAL ENGINEERING

FACTORIES MAKING MACHINE TOOLS

Operational No.	Town	Target Name	Area	Air Ministry No.
GZ 2956	DÜSSELDORF	(See GR 3659)		4 (j) 31
GZ 2957	HANNOVER – BRINK	H. Wohlenberg K.G.	N.W.A.	4 (j) 32
GZ 2958	KÖLN COLOGNE) –EHRENFELD	Hermann Kolb	R. & W.C.A.	4 (j) 33
GZ 2959	DUSSELDORF – GRAFENBERG	Haniel & Lueg G.m.b.H.	R. & W.C.A.	4 (j) 34
GZ 2960	FRANKFURT A/M.	Frankfurter Maschinenbau A.G.	S.W.A.	4 (j) 35
GZ 2961	FRANKFURT A/M.	Lorch Schmidt & Co.	S.W.A.	4 (j) 36
GZ 2962	DUISBURG – HOCHFELD	G. Rubbert	R. & W.C.A.	4 (j) 37
GZ 2963	DORTMUNDERFELD	Wagner Co. Werkzeugmaschinenfabrik m.b.H.	R. & W.C.A.	4 (j) 38
GZ 2964	NÜRNBERG – DOOS	Mars-Werke A.G.	S.W.A.	4 (j) 39
GZ 2965	NÜRNBERG	Mammutwerke Werkzeugmaschinenfabrik Berner & Co.	S.W.A.	4 (j) 40

"GZ"

GENERAL ENGINEERING

FACTORIES MAKING MACHINE TOOLS

Operational No.	Town	Target Name	Area	Air Ministry No.
2966	NÜRNBERG - MÖGELDORF	H. Rascher & P. Kressel (Metallica)	S.W.A.	4 (j) 41
2967	NÜRNBERG	Riedel & Soelch G.m.b.H.	S.W.A.	4 (j) 42
2968	NÜRNBERG - HERRNHÜTTE	A. Hering A.G.	S.W.A.	4 (j) 43
2969	NÜRNBERG - DOOS	Tiefbohr - Maschinen und Werkzeug Fabrik H. Mayer & Co.	S.W.A.	4 (j) 44
2970	MANNHEIM - KÄFERTAL	Hommelwerke G.m.b.H.	S.W.A.	4 (j) 45
2971	DÜSSELDORF	Malmedie & Co.	R. & W.C.A.	4 (j) 46
2972	DÜSSELDORF	Jagenberg Werke A.G.	R. & W.C.A.	4 (j) 47

"GZ"

GENERAL ENGINEERING
MISCELLANEOUS ~~SPECIAL~~ TARGETS

Operational No.	Town.	Target—Name.	Area.	Air Ministry No.
GZ—2976	LEIPZIG	Leipzig World Fair	C.A.	4 (h) 1.
•GZ—2977	~~BOCHUM~~	~~Dusterloh Gewerkschaft~~	~~R. & W.C.A.~~	~~4 (h) 2.~~
•GZ—2978.	~~HAMBURG~~	~~Kahl Nachfolger, Amandus~~	~~N.W.A.~~	~~4 (h) 3.~~
GZ—2979	FRANKFURT a/M	Lurgi Gesellschaft für Chemie und Hüttenwesen m.b.H.	S.W.A.	4 (h) 4.
GZ—2980	FRANKFURT A/M	Messer & Co.	S.W.A.	4 (h) 5.
GZ 2981	UFFINGEN	Büttner-Cheke A.G	R. & W.C.A.	4 (h) 6.
GZ 2982	KARLSRUHE	Carl Metz	S.W.A.	4 (h) 7.
GZ 2983	KARLSRUHE	Junker & Ruh		4 (h) 8.
GZ 2984	KARLSRUHE	Nähmaschinenfabrik Haid & Neu		4 (h) 9.
GZ 2985	KARLSRUHE-DURLACH	Pfaff Nähmaschinen fabrik Gebrüder		4 (h) 10.

"GZ"
GENERAL ENGINEERING
MISCELLANEOUS TARGETS

Operational No.	Town	Target—Name.	Area.	Air Ministry No.
GZ.2986	KARLSRUHE - DURLACH	Gritzner Kayser	S.W.	4.6/11

"GB"
ELECTRICAL ENGINEERING
ELECTRICAL EQUIPMENT—TRANSFORMERS, ETC.

Operational No.	Town.	Target—Name.	Area.	Air Ministry No.
GB—3201	BERLIN (Oberschöneweide)	A.E.G.	C.A.	4 (f) 1.
GB—3202	BERLIN (Brunnerstrasse)	A.E.G.	C.A.	4 (f) 2.
GB—3203	BERLIN (Hennigsdorf)	A.E.G.	C.A.	4 (f) 3.
GB—3204	BERLIN	Dr. Cassirer & Co. A.G.	C.A.	4 (f) 4.
GB—3205	BERLIN (Lichtenberg)	Siemens Planiawerke	C.A.	4 (f) 6.
GB—3206	RATIBOR	Siemens-Planiawerke A.G.	N.E. & E.A.	4 (f) 17.
GB—3207	BERLIN (Gartenfeld)	Siemens Cable Works *(see G.B. 3276)*	C.A.	4 (f) 5.
GB—3208	NÜRNBERG	Siemens Schuckert	S.W.A.	4 (f) 8.
GB—3209	WIEN	Siemens Schuckert (Engerth Street Works)	OSTMARK	4 (f) 9.
GB—3210	WIEN	Siemens Schuckert (Leopoldau Works) *(see GH. 531)*	OSTMARK	4 (f) 10.

"GB"
ELECTRICAL ENGINEERING
ELECTRICAL EQUIPMENT—TRANSFORMERS, ETC.

Operational No.	Town.	Target—Name.	Area.	Air Ministry No.
GB—3211	AACHEN	Garbe, Lahmeyer & Co. A.G. (Deutsche Elekrizitatswerke)	R. & W.C.A.	4 (f) 11.
GB—3212	NÜRNBERG	Siemen Schuckertwerke A.G. Transformatorenwerke	S.W.	4 (f) 12.
GB—3213	MANNHEIM	Braun Boveri & Co.	S.W.A.	4 (f) 13.
GB—3214	VIENNA	A.E.G. Union	Austria	4 (f) 14.
GB—3215	NÜRNBERG	Conradty Works	S.W.A.	4 (f) 15.
GB—3215	NÜRNBERG	CONRADTY WORKS.	S.W.	4 (f) 15
GB—3216	RHEYDT	Kabelwerk Rheydt A.G.	R. & W.C.A.	4 (f) 16.
GB—3217	FRANKFURT A/M	Voigt & Häffner A.G.	S.W.A.	4 (f) 18.
GB - 3218	NÜRNBERG	Dr. A. Lessing	SWA	4 (f) 19
GB 3219				
GB 3220				
GB 3221				
GB 3222				
GB 3223				
GB 3224	BERLIN (Spandau)	SIEMENS SCHUCKERT WERKE (see GY 4682) A.G.		4 (f) 25

"GB"

ELECTRICAL ENGINEERING

ELECTRICAL EQUIPMENT—ACCUMULATOR FACTORIES

Operational No.	Town.	Target—Name.	Area.	Air Ministry No.
GB—3231	SOEST (Westphalia)	Wilhelm Hagen A.G.	R. & W.C.A.	4 (g) 1.
GB—3232	HOPPECKE (Westphalia)	Hoppecke Acc. Fab. A.G.	R. & W.C.A.	4 (g) 2.
GB—3233	~~KALK~~	~~Gottfried Hagen A.G.~~	~~R. & W.C.A.~~	~~4 (g) 4.~~
GB—3234	BERLIN (Oberschoneweide)	Accumulator Fabrik A.G.	C.A.	4 (g) 5.
GB—3235	BERLIN-STEGLITZ	Görschalki	C.A.	4 (g) 6.
GB—3236	BERLIN (Chaussestrasse)	Pfalzgraf	C.A.	4 (g) 7.
GB—3237	BERLIN	Sonnenschein	C.A.	4 (g) 8.
GB—3238	ZWICKAU (Saxony)	Friemann & Wold	C.A.	4 (g) 9.
GB—3239	RASTATT (Baden)	A/F Berges G.m.b.H.	S.W.A.	4 (g) 10.
GB—3240	~~STUTTGART~~	~~Bosch A.G.~~	~~S.W.A.~~	~~4 (g) 11.~~

"GB"

ELECTRICAL ENGINEERING

ELECTRICAL EQUIPMENT—ACCUMULATOR FACTORIES

Operational No.	Town.	Target—Name.	Area.	Air Ministry No.
GB 3241	BERLIN	Varta Abt. der Accumulatoren Fabrik A/G	C.A.	4 (g) 12.
GB 3242	PRAGUE (Praha)	Varta Abt. der Accumulatoren Fabrik A/G	CZECHO-SLOVAKIA	4 (g) 13.

"GB"

ELECTRICAL ENGINEERING

FACTORIES MAKING IGNITION GENERATORS AND PLUGS

Operational No.	Town.	Target—Name.	Area.	Air Ministry No.
GB—3276	BERLIN (Siemenstadt)	Siemens & Halske	C.A.	4 (b) 1.
GB—3277	BERLIN	Allgemeine Elektrizitats Ges.	C.A.	4 (b) 2.
GB—3278	NÜRNBERG W.	Noris Zundlich	S.W.A.	4 (b) 3.
GB—3279	LUDWIGSBURG I WURT	Beru A.G.	S.W.A.	4 (b) 4.
GB—3280	STUTTGART (Feuerbach)	Robert Bosch A.G.	S.W.A.	4 (b) 5.
GB—3281	BERLIN (Klein Machmow)	Robert Bosch A.G.	C.A.	4 (b) 2a.
GB—3282	STUTTGART	Robert Bosch A.G.	S.W.A.	4 (b) 6.
GB—3283	HERMSDORF (Thüringia)	Hermsdorf-Schomberg Isolatoren Gesellschaft (Branch Factory of Porzellanfabrik Kahla).	C.A.	4 (b) 7.

"GB"

ELECTRICAL ENGINEERING
FACTORIES MAKING IGNITION GENERATORS AND PLUGS

Operational No.	Town.	Target—Name.	Area.	Air Ministry No.

"GR"
NAVAL ARMAMENTS
NAVAL HEADQUARTERS

Operational No.	Town.	Target—Name.	Area.	Air Ministry No.
GR—3301	BERLIN	Admiralty	C.A.	3/N.H.Q./1.
GR—3302	KIEL	Naval Headquarters, Commander-in-Chief's Offices	N.W.A.	3/N.H.Q./2.
GR—3303	WILHELMSHAVEN	Naval Headquarters of North Sea Command	N.W.A.	3/N.H.Q./3.

"GR"

NAVAL ARMAMENTS

NAVAL HEADQUARTERS

Operational No.	Town.	Target—Name.	Area.	Air Ministry No.

"GR"
NAVAL ARMAMENTS
NAVAL DOCKYARDS, BASES AND ESTABLISHMENTS

Operational No.	Town.	Target—Name.	Area.	Air Ministry No.
GR-3326	BRUNSBUTTELKOOG (Kiel Canal)	Electricity Power Station	Baltic Sea	3/NAVAL/27.
~~GR-3327~~	~~KIEL CANAL~~	~~Hydraulic Power Stations (? at Kiel Holtenau and at Brunsbüttelkoog)~~	~~BALTIC SEA~~	~~3 (NAVAL) 28.~~
~~GR-3328~~	~~LÜBECK~~	~~Dynamite and Power Store~~	~~BALTIC SEA~~	~~3 (NAVAL) 29.~~
~~GR-3329~~	~~LÜBECK~~	~~Oil Fuel Depot—South part of Teerhofs Island~~	~~BALTIC SEA~~	~~3 (NAVAL) 30.~~
~~GR-3330~~	~~LÜBECK~~	~~Oil Fuel Depot—East bank of R. Trave near Vorwerker Hafen~~	~~BALTIC SEA~~	~~3 (NAVAL) 30a.~~
GR-3331	LÜBECK	Power Plants	BALTIC SEA	3 (NAVAL) 31.
~~GR-3332~~	~~LÜBECK~~	~~Floating Dock~~	~~BALTIC SEA~~	~~3 (NAVAL) 32.~~
GR-3333	NEUSTADT	Submarine School and Base	BALTIC SEA	3 (NAVAL) 33.
GR-3334	NEUSTADT	Barracks	BALTIC SEA	3 (NAVAL) 34.
GR-3335	PILLAU	Naval Base and Dockyard:—Workshops; one floating dock in Werft Hafen	BALTIC SEA	3 (NAVAL) 35.

"GR"

NAVAL ARMAMENTS

NAVAL DOCKYARDS, BASES AND ESTABLISHMENTS

Operational No.	Town.	Target—Name.	Area.	Air Ministry No.
GR—3336	KIEL	Naval Barracks, including Gunnery School	BALTIC SEA	3 (NAVAL) 9.
GR—3337	KIEL	Naval School (for higher training of Engineer Officers and P.O.s)	BALTIC SEA	3 (NAVAL) 10.
GR—3338	KIEL	Munition Depot	BALTIC SEA	3 (NAVAL) 11.
GR—3339	KIEL	Naval Arsenal	BALTIC SEA	3 (NAVAL) 12.
GR—3340	KIEL	Oil Fuel Depot at Wik close to southern locks of Kiel Canal	BALTIC SEA	3 (NAVAL) 13.
GR—3341	KIEL	Oil Fuel Depot at Monkeberg	BALTIC SEA	3 (NAVAL) 15.
GR—3342	KIEL (Wik)	Power Plant	Baltic Sea	3/NAVAL/16.
GR—3343	KIEL	Power Plant (adjoining Germania Werft)	Baltic Sea	3/NAVAL/17.
GR—3344	BORKUM ISL.	Ammunition Depots	NORTH SEA	3 (NAVAL) 64.
GR—3345	BORKUM ISL.	Barracks	NORTH SEA	3 (NAVAL) 65.

"GR"
NAVAL ARMAMENTS
NAVAL DOCKYARDS, BASES AND ESTABLISHMENTS

Operational No.	Town.	Target—Name.	Area.	Air Ministry No.
GR—3346	CUXHAVEN	Barracks at South of Fort Grimmerhorn	NORTH SEA	3 (NAVAL) 66.
GR—3347	CUXHAVEN	Barracks at S.W. of Fort Grimmerhorn	NORTH SEA	3 (NAVAL) 67.
GR—3348	CUXHAVEN	Mine Depot (at Groden)	NORTH SEA	3 (NAVAL) 68.
GR—3349	CUXHAVEN	Power Plant	NORTH SEA	3 (NAVAL) 69.
GR—3350	EMDEN	Oil Tanks situated at S.E. end of Aussen Hafen	NORTH SEA	3 (NAVAL) 71.
~~GR—3351~~	~~EMDEN~~	~~Petroleum Sheds on W. of Altebinnenhafen~~	~~NORTH SEA~~	~~3 (NAVAL) 73.~~
GR—3352	ECKERNFORDE	Naval Torpedo Experimental St.	BALTIC SEA	3 (NAVAL) 1.
GR—3353	ECKERNFORDE	Power Plant	BALTIC SEA	3 (NAVAL) 2.
GR—3354	FLENSBURG-MURWICK	Floating Dock	BALTIC SEA	3 (NAVAL) 3.
GR—3355	FLENSBURG-MURWICK	Naval Base, comprising Naval School, Signal and W/T School, Torpedo and Mining School, Naval Barracks	BALTIC SEA	3 (NAVAL) 4.

" GR "

NAVAL ARMAMENTS

NAVAL DOCKYARDS, BASES AND ESTABLISHMENTS

Operational No.	Town.	Target—Name.	Area.	Air Ministry No.
GR 3356	FLENSBURG-MURWICK	Power Plant *(see GR. 3593)*	BALTIC SEA	3 (NAVAL) 5.
GR 3357	~~KIEL~~	~~Naval and Commercial Dockyard~~ *cancelled*	~~BALTIC SEA~~	~~3 (NAVAL) 6.~~
GR 3358	~~KIEL~~	~~Six Dry Docks and four Floating Docks~~ *(see GR. 3588)*	~~BALTIC SEA~~	~~3 (NAVAL) 7.~~ AL. 11
GR 3359	KIEL	Naval Headquarters and Commander-in-Chief's Offices, including Inspectorates of Torpedo Mining, Signalling, Training	BALTIC SEA	3 (NAVAL) 8.
GR 3360	KIEL	Submarine Base and Mine Depot	BALTIC SEA	3 (NAVAL) 7a.
GR 3361	KIEL (on the Schwentine)	Torpedo Fitting-out Quay	BALTIC SEA	3 (NAVAL) 7b.
GR 3362	WILHELMSHAVEN	Bomb and Air Torpedo Store	NORTH SEA	3 (NAVAL) 104.
GR 3363	~~EMDEN~~	~~Submarine Base~~	~~NORTH SEA~~	~~3 (NAVAL) 105.~~ AL. 11
GR 3364	SYLT ISLAND	Power Plants (two)— (i) North of Westerland, (ii) Near Seaplane Station at List	NORTH SEA	3 (NAVAL) 84.
GR 3365	SYLT ISLAND	Railway Embankment and Bridge (between Sylt Island and the mainland)	NORTH SEA	3 (NAVAL) 85.

"GR"
NAVAL ARMAMENTS
NAVAL DOCKYARDS, BASES AND ESTABLISHMENTS

Operational No.	Town.	Target—Name.	Area.	Air Ministry No.
GR—3366	WILHELMSHAVEN	Naval Base and Dockyard. Four Locks, four Floating Docks in Verbundungs Hafen (Naval Yard). Six Dry Docks in Bau Hafen	NORTH SEA	3 (NAVAL) 86.
GR—3367	WILHELMSHAVEN	Commercial Yard (West of the Kaiser Wilhelm Bridge)	NORTH SEA	3 (NAVAL) 87.
GR—3368	WILHELMSHAVEN	Naval Barracks East of Bau Hafen	NORTH SEA	3 (NAVAL) 88.
GR—3369	WILHELMSHAVEN	Naval Barracks South of Bau Hafen	NORTH SEA	3 (NAVAL) 89.
GR—3370	WILHELMSHAVEN	Naval Artillery Depot (outside dockyard wall, near Bau Hafen)	NORTH SEA	3 (NAVAL) 90.
GR—3371	WILHELMSHAVEN	Main Ammunition Depot (at Mariensiel, adjoining Ems–Jade Canal)	NORTH SEA	3 (NAVAL) 91.
GR—3372	BREMERHAVEN and WESERMÜNDE	Commercial Dockyard. Four locks, two dry docks at Wesermünde	NORTH SEA	3 (NAVAL) 56.
GR—3373	BREMERHAVEN and WESERMÜNDE	Barracks (for training naval personnel in warship machinery). (On site of the former Techlenborg shipyard on Geeste River, just above swing bridge)	NORTH SEA	3 (NAVAL) 57.
GR—3374	BREMERHAVEN and WESERMÜNDE	Barracks (for Naval Ratings). (Probably an extension of the old barracks at Lehe)	NORTH SEA	3 (NAVAL) 58.
GR—3375	BREMERHAVEN and WESERMÜNDE	Power Plant—Near the Holz Hafen	NORTH SEA	3 (NAVAL) 59.

" GR "

NAVAL ARMAMENTS

NAVAL DOCKYARDS, BASES AND ESTABLISHMENTS

Operational No.	Town.	Target—Name.	Area.	Air Ministry No.
GR—3376	BREMERHAVEN and WESERMÜNDE	Power Plant near the Fischerei Hafen	NORTH SEA	3 (NAVAL) 60.
GR—3377	BREMERHAVEN and WESERMÜNDE	Power Plant at Lehe	NORTH SEA	3 (NAVAL) 61.
GR—3378	BREMERHAVEN and WESERMÜNDE	Power Plant—West side of Kaiserdock I	NORTH SEA	3 (NAVAL) 62.
GR—3379	BREMERHAVEN	Oil Depot. (Dedesdorfer Plate 1,300 m. south of Grossensiel on west bank of Weser)	NORTH SEA	3 (NAVAL) 63.
GR—3380	EMDEN	Power Plant (Nesserland)	NORTH SEA	3 (NAVAL) 74.
GR—3381	EMDEN	Barracks (situated north of Town)	NORTH SEA	3 (NAVAL) 75.
GR—3382	EMDEN	Locks of— Ems–Dortmund Canal	NORTH SEA	3 (NAVAL) 76.
GR—3383	EMDEN	Locks of— Ems–Jade Canal	NORTH SEA	3 (NAVAL) 77.
GR—3384	HELIGOLAND	Barracks	NORTH SEA	3 (NAVAL) 78.
GR—3385	HELIGOLAND	Power Plants (two). (Adjoining the Target Harbour; one is underground)	NORTH SEA	3 (NAVAL) 79.

"GR"
NAVAL ARMAMENTS
NAVAL DOCKYARDS, BASES AND ESTABLISHMENTS

Operational No.	Town.	Target—Name.	Area.	Air Ministry No.
GR—3386	RÜGEN ISLAND	Naval Base (~~Training Camp on~~ Bug Peninsula)	NORTH SEA	3 (NAVAL) 80.
GR—3387	RÜGEN ISLAND	Naval Rangefinding School Barracks (at Sassanitz)	NORTH SEA	3 (NAVAL) 81.
GR—3388	RÜGEN ISLAND	Naval Air Station (at Wick)	NORTH SEA	3 (NAVAL) 82.
GR—3389	SYLT ISLAND	Barracks (several) (in Listland, north of the Island)	NORTH SEA	3 (NAVAL) 83.
GR—3390	WILHELMSHAVEN	Torpedo Warhead Store (at Pulverhof, inside dyke, north of Geshossof, at north end of old depot, south of shell store)	NORTH SEA	3 (NAVAL) 93.
GR—3391	WILHELMSHAVEN	Mine Depot (at Fort Mariensiel, west of Commercial Yard)	NORTH SEA	3 (NAVAL) 94.
GR—3392	WILHELMSHAVEN	Minesweeping Depot (at Schleusen Island, in Naval Dockyard)	NORTH SEA	3 (NAVAL) 95.
GR—3393	WILHELMSHAVEN	Coast Artillery School (at Schillig, 11 miles north of Wilhelmshaven)	NORTH SEA	3 (NAVAL) 96.
~~GR—3394~~	~~WILHELMSHAVEN~~	~~Four oil tanks in Naval Yard~~	~~NORTH SEA~~	~~3 (NAVAL) 97.~~
~~GR—3395~~	~~WILHELMSHAVEN~~	~~Five oil tanks in Commercial Yard~~	~~NORTH SEA~~	~~3 (NAVAL) 98.~~

"GR"

NAVAL ARMAMENTS

NAVAL DOCKYARDS, BASES AND ESTABLISHMENTS

Operational No.	Town.	Target—Name.	Area.	Air Ministry No.
GR—3396	WILHELMSHAVEN	Power plant near Kaiser Wilhelm Bridge	NORTH SEA	3 (NAVAL) 99.
GR—3397	WILHELMSHAVEN	Power plant north of Bau Hafen	NORTH SEA	3 (NAVAL) 100.
GR—3398	WILHELMSHAVEN	Power plant in Peter Strasse	NORTH SEA	3 (NAVAL) 101.
GR—3399	KIEL CANAL Proportions of = length 53·2 nautical m., breadth 341·2 ft., depth 37·2 ft.)	Five locks at Kiel Holtenau	BALTIC SEA	3 (NAVAL) 18.
GR—3400		Four locks at Brunsbüttelkoog	BALTIC SEA	3 (NAVAL) 19.
GR—3401	KIEL CANAL	High-level bridge, Hochdonn	BALTIC SEA	3 (NAVAL) 20.
GR—3402	KIEL CANAL	High-level bridge, Grunenthal	BALTIC SEA	3 (NAVAL) 21.
GR—3403	KIEL CANAL	High-level bridge, Rendsburg	BALTIC SEA	3 (NAVAL) 22.
GR—3404	KIEL CANAL	High-level bridge, Rendsburg	BALTIC SEA	3 (NAVAL) 23.
GR—3405	KIEL CANAL	High-level bridge, Levensau	BALTIC SEA	3 (NAVAL) 24.

"GR"

NAVAL ARMAMENTS

NAVAL DOCKYARDS, BASES AND ESTABLISHMENTS

Operational No.	Town.	Target—Name.	Area.	Air Ministry No.
GR—3406	KIEL CANAL	Low-Level swing bridge, Prinz Heinrich	BALTIC SEA	3 (NAVAL) 25.
GR—3407	KIEL CANAL	Canal Banks, S.W. third of Canal, especially around Burg (15 km. from Brunsbüttelkoog)	BALTIC SEA	3 (NAVAL) 26.
GR—3408	PILLAU	Commercial (one floating dock in Harbour Authority's shipyard area)	BALTIC SEA	3 (NAVAL) 36.
GR—3409	PILLAU	Shipyards (one floating dock) in Schichau shipbuilding yard area	BALTIC SEA	3 (NAVAL) 37.
GR—3410	PILLAU	Barracks—Near the Citadel	BALTIC SEA	3 (NAVAL) 38.
GR—3411	PILLAU	Barracks—Near Fort Stiehle	BALTIC SEA	3 (NAVAL) 39.
GR—3412	PILLAU	Naval Artillery Depot (in the Citadel)	BALTIC SEA	3 (NAVAL) 40.
GR—3413	PILLAU	Oil Fuel Depot (in the Innerhafen and Quergraben)	BALTIC SEA	3 (NAVAL) 41.
GR—3414	PILLAU	Power Plant	BALTIC SEA	3 (NAVAL) 42.
GR—3415	STRALSUND	Barracks (Naval Recruiting Centre) (? at Danholm)	BALTIC SEA	3 (NAVAL) 43.

"GR"

NAVAL ARMAMENTS

NAVAL DOCKYARDS, BASES AND ESTABLISHMENTS

Operational No.	Town.	Target—Name.	Area.	Air Ministry No.
GR—3416	STRALSUND	Oil Fuel Depot (on coast South of Stralsund)	BALTIC SEA	3 (NAVAL) 44.
GR—3417	SWINEMÜNDE	Naval Base (small) East bank of River Swine opposite the port railway jetty; two dry docks, one floating dock	BALTIC SEA	3 (NAVAL) 45.
GR—3418	SWINEMÜNDE	Artillery and Ammunition Depots (near Pilot Harbour)	BALTIC SEA	3 (NAVAL) 46.
GR—3419	SWINEMÜNDE	Naval Barracks (on east side of river, near Naval Base)	BALTIC SEA	3 (NAVAL) 47.
GR—3420	SWINEMÜNDE	Oil Fuel Storage (on left bank of river, south of ERCHSTADEN Island)	BALTIC SEA	3 (NAVAL) 48.
GR—3421	SWINEMÜNDE	Power Plant—In centre of town	BALTIC SEA	3 (NAVAL) 49.
GR—3422	SWINEMÜNDE	Power Plant—On Erchstaden Island.	BALTIC SEA	3 (NAVAL) 50.
GR—3423	STETTIN	Floating Docks (three)	BALTIC SEA	3 (NAVAL) 51.
GR—3424	WARNEMÜNDE and ROSTOCK	Oil Fuel Depot (at Warnemünde, on Railway Terminus Jetty)	BALTIC SEA	3 (NAVAL) 52.
GR—3425	WARNEMÜNDE and ROSTOCK	Navigation School (Rostock)	BALTIC SEA	3 (NAVAL) 53.

"GR"
NAVAL ARMAMENTS
NAVAL DOCKYARDS, BASES AND ESTABLISHMENTS

Operational No.	Town.	Target—Name.	Area.	Air Ministry No.
GR—3426	WARNEMÜNDE and ROSTOCK	Power Plant (at Rostock, at northern end of Ober Warnow)	BALTIC SEA	3 (NAVAL) 54.
GR—3427	BREMERHAVEN and WESERMÜNDE	Commercial Dockyard (at Bremerhaven):— Seven locks (in commercial yard) Two dry docks (in commercial yard) One dry dock, small (in Neuerhafen) Six dry docks, small (along Geeste River)	NORTH SEA	3 (NAVAL) 55.
GR—3428	HAMBURG	Hamburgische Schiffbau—Versuchsanstalt	N.W.A.	3 (NAVAL) 106.
GR—3429	HELIGOLAND	Submarine Base	North Sea	3/NAVAL/107.
GR—3430	SCHILKSEE (Nr. KIEL)	Torpedo Depot	N.W.A.	3/NAVAL/108.

"GR"

NAVAL ARMAMENTS
NAVAL DOCKYARDS, BASES AND ESTABLISHMENTS

Operational No.	Town.	Target—Name.	Area.	Air Ministry No.

"GR"
NAVAL ARMAMENTS
SHIPBUILDING YARDS—BUILDING WARSHIPS

Operational No.	Town.	Target—Name.	Area.	Air Ministry No.
GR—3576	BREMEN	Atlas Werke	N.W.A.	3 (a) 8.
GR—3577	BREMERHAVEN	Deschimag Shipyard (Seebeck Yard)	N.W.A.	3 (a) 9.
GR—3578	KÖNIGSBERG	F. Schichau G.m.b.H.	N.E. & E.A.	3 (a) 18.
GR—3579	LÜBECK	Flenderwerke	N.W.A.	3 (a) 11.
~~GR—3580~~	~~WILHELMSHAVEN~~	~~Submarine building slips and sheds~~	~~N.W.A.~~	~~3 (a) 17.~~
GR—3581	STETTIN	Deutsche Schiff u. Maschinenbau, A.G. (Deschimag) Vulcan-Werft (on GR 3591)	N.E. & E.A.	3 (a) 31.
~~GR—3582~~	~~MILLBURG~~	~~Naval Base and Dockyard~~	~~N.W.A.~~	~~3 (a) 14.~~
GR—3583	RENDSBURG	Werft Nobiskrug	N.W.A.	3 (a) 28
GR—3584	HAMBURG	Deutsche Schiff und Maschinenbau A.G. (Werk Vulcan)	N.W.A.	3 (a) 16.
GR—3585	ROSTOCK	Neptun Shipyard	N.E. & E.A.	3 (a) 19.

" GR "

NAVAL ARMAMENTS

SHIPBUILDING YARDS—BUILDING WARSHIPS

Operational No.	Town.	Target—Name.	Area.	Air Ministry No.
GR—3586	BREMEN	Deutsche Schiff, u. Maschinenbau A.G. (" Deschimag ") Werke ; Weser (late A.G. Weser)	N.W.A.	3 (a) 1.
GR—3587	HAMBURG	Blohm & Voss Komm. Ges. Auf Akt. *(see GY. 4761)*	N.W.A.	3 (a) 2.
GR—3588	KIEL	Deutsche Werke Kiel A.G.	N.W.A.	3 (a) 3.
GR—3589	KIEL	Fried. Krupp Germania Werft A.G.	N.W.A.	3 (a) 4.
GR—3590	WILHELMSHAVEN	~~Marinewerft~~ *Naval Dockyard.*	N.W.A.	3 (a) 5.
GR—3591	STETTIN	Stettiner Oderwerke A.G. fur Schiff v. Maschinenbau— (i) Late Oderwerke Maschinenfabrik u. Schiffsbauwerft A.G.	N.E. & E.A.	3 (a) 6.
GR—3592	STETTIN	(ii) German Admiralty Fitting-out Yard (Merkurwerft)	N.E. & E.A.	3 (a) 7.
GR—3593	FLENSBURG	Flensburger Schiffsbau, Ges.	N.W.A.	3 (a) 2a.
GR—3594	KIEL	Naval Dockyard (formerly Howaldtswerke)	N.W.A.	3 (a) 4a.
GR—3595	ELBING	F. Schichau G.m.b.H.	N.E. & E.A.	3 (a) 5a.

"GR"
NAVAL ARMAMENTS
SHIPBUILDING YARDS—BUILDING WARSHIPS

Operational No.	Town.	Target—Name.	Area.	Air Ministry No.
GR—3596	EMDEN	Vereinigte Stahlwerke A.G. Nordseewerke	N.W.A.	3 (a) 20.
GR—3597	HAMBURG	Deutsche Werft A.G. Betrieb Finkenwarder	N.W.A.	3 (a) 21.
GR—3598	HAMBURG	H. C. Stülcken Sohn (see G.Y. 4761)	N.W.A.	3 (a) 22.
GR—3599	HAMBURG	Deutsche Werft A.G. Betrieb Richerstieg and Werk III	N.W.A.	3 (a) 23.
GR—3600	VEGESACK	Lürssen Yacht und Bootswerft	N.W.A.	3 (a) 24.
GR—3601	HAMBURG (Reiherstieg)	Norderwerft (Köser und Meyer)	N.W.A.	3 (a) 25.
GR—3602	WALSUM (Rhine)	Hanellwerft	R. & W.C.A.	3 (a) 26.
GR—3603	VEGESACK (nr. Bremen)	Bremer Vulcan Schiffbau	N.W.A.	3 (a) 27.
GR—3604	AUSSIG	Aussiger Schiftwerft und Holzindustrie G.m.b.H.	Cz.	3 (a) 29.
GR—3605	PORT OF DANZIG	Danziger Werft	N.E. & E.A.	3 (a) 30.
GR. 3606	STETTIN	Ostsuwerft Schiffbau u Maschinen Fabrik AG.	NE $E	3 (a) 32.

"GR"

NAVAL ARMAMENTS
SHIPBUILDING YARDS—BUILDING WARSHIPS

Operational No.	Town	Target—Name.	Area.	Air Ministry No.
GR 3606	STETTIN	Ostseewerft Schiffbau und Maschinen Fabrik A.G.	N.E. & F.A.	3 (a) 32. Rt. 11
GR 3607	WILHELMSHAVEN	Deutsche Werke A.G.	N.W.F	3(a) 33

"GR"
NAVAL ARMAMENTS
SPECIAL NAVAL STORES COMPONENTS

Operational No.	Town.	Target—Name.	Area.	Air Ministry No.
GR—3651	FRIEDRICHSORT	Deutsche Werke Kiel A.G.	N.W.A.	3 (c) 7a.
GR—3652	DÜSSELDORF	I.G. Schwietzke Metallwerke	R. & W.C.A.	3 (c) 8a.
GR—3653	LUDWIGSHAFEN	Sulzer Brothers	S.W.A.	3 (c) 39a.
GR—3654	ZWEIBRÜCKEN (Pfalz)	Dingler Machine Factory	S.W.A.	3 (c) 42.
GR—3655	BERLIN	Gesellschaft für Elektrische unter Ludwig Loewe & Co.	C.A.	3 (c) 23a.
GR—3656	WILDAU	Berliner Maschinenbau	C.A.	3 (c) 28a.
GR—3657	KÖLN (Deutz)	Humboldt Deutz Motoren A.G. (see GN.3777)	R. & W.C.A.	3 (c) 43.
GR—3658	KÖLN (Kalk)	Humboldt Deutz Motoren A.G. (see GN.3816)	R. & W.C.A.	3 (c) 44.
GR—3659	DÜSSELDORF (Oberbilken)	Schiess-Defries A.G.	R. & W.C.A.	3 (c) 45.
GR—3660	LUGKNITZ (nr Muskau)	Deutsche ton u. Steinzeugwerke	N.E. & E.A.	3 (c) 47.

"GR"

NAVAL ARMAMENTS

SPECIAL NAVAL STORES COMPONENTS

Operational No.	Town.	Target—Name.	Area.	Air Ministry No.
GR—3661	GUNSBERG	Eisenwerk Dillingen Donau A.G.	S.W.A.	3 (c) 33.
GR—3662	GAGGENAU (Baden)	Daimler Benz A.G.	S.W.A.	3 (c) 34.
GR—3663	GUSTAVSBURG (Hessen)	M.A.N. Maschinenfabrik Augsburg Nürnberg A.G.	S.W.A.	3 (c) 35.
GR—3664	MEHLEM	Ringsdorf Werke A.G.	S.W.A.	3 (c) 36.
GR—3665	MANNHEIM	Motorenwerke Mannheim A.G.	S.W.A.	3 (c) 37.
GR—3666	MANNHEIM	Daimler Benz A.G.	S.W.A.	3 (c) 38.
GR—3667	MÜNCHEN	Motorenwerke Mannheim A.G.	S.W.A.	3 (c) 39.
GR—3668	NÜRNBERG	M.A.N. Maschinenfabrik Augsburg Nürnberg A.G.	S.W.A.	3 (c) 40.
GR—3669	STUTTGART (Unterturkheim)	Daimler Benz A.G. *(see G.Y. 4654)*	S.W.A.	3 (c) 41.
GR—3670	ESSEN	Fried. Krupp A.G. *(see GF. 2224)*	R. & W.C.A.	3 (c) 10a.

"GR"
NAVAL ARMAMENTS
SPECIAL NAVAL STORES COMPONENTS

Operational No.	Town.	Target—Name.	Area.	Air Ministry No.
GR—3671	HAMBURG	C. Plat	N.W.A.	3 (c) 48.
GR—3672	KÖLN (Kalk)	Hagen Gottfried A.G. (see GN. 3816)	R. & W.C.A.	3 (c) 49.
GR—3673	BERLIN	A.G. Johannes Jeserich	C.A.	3 (c) 22.
~~GR—3674~~	~~BERLIN~~	~~E. Geissler & Co.~~	~~C.A.~~	~~3 (c) 23.~~ AL."
GR—3675	KIEL WIK	Thomsen & Schwarzkopf	N.W.A.	3 (c) 46.
GR—3676	JENA	Carl Zeiss	C.A.	3 (c) 25.
GR—3677	MAGDEBURG	Schaeffer u. Budenberg G.m.b.H.	C.A.	3 (c) 26.
GR—3678	NIEDERSEDLITZ (nr Dresden)	Sachsenwerk Licht u. Kraft A.G.	C.A.	3 (c) 27.
GR—3679	THALE	Eisenhuttenwerk Thale A.G.	C.A.	3 (c) 28.
GR—3680	AUGSBURG	M.A.N. Maschinenfabrik Augsburg Nürnberg A.G.	S.W.A.	3 (c) 29.

"GR"

NAVAL ARMAMENTS

SPECIAL NAVAL STORES COMPONENTS

Operational No.	Town.	Target—Name.	Area.	Air Ministry No.
GR—3681	FRANKFURT/MAIN	Hartmann u. Braun A.G.	S.W.A.	3 (c) 30.
GR—3682	FRIEDRICHSHAFEN	Maybach Motorenbau G.m.b.H.	S.W.A.	3 (c) 32.
GR—3683	HAGEN	Akkumulatoren Fabrik	R. & W.C.A.	3 (c) 11.
GR—3684	HAMBORN	Kabelwerk Duisburg	R. & W.C.A.	3 (c) 12.
GR—3685	KÖLN-MÜLHEIM	Felten und Guilleaume Carlswerk	R. & W.C.A.	3 (c) 13.
GR—3686	SIEGEN	Siegener Maschinenbau A.G.	R. & W.C.A.	3 (c) 15.
GR—3687	BERLIN (Tegel.)	A. Borsig Maschinenbau A.G.	C.A.	3 (c) 16.
GR—3688	BERLIN	Julius Pintsch A.G.	C.A.	3 (c) 17.
GR—3689	BERLIN	Berliner Maschinenbau	C.A.	3 (c) 18.
GR—3690	BERLIN (Marienfelde)	Daimler Benz A.G. *(see GY. 4683)*	C.A.	3 (c) 19.

"GR"
NAVAL ARMAMENTS
SPECIAL NAVAL STORES COMPONENTS

Operational No.	Town.	Target—Name.	Area.	Air Ministry No.
GR—3691	BERLIN	Siemens Schuckert A.G. (see G.B. 3276)	C.A.	3 (c) 20.
GR—3692	BERLIN (Lichtenberg)	Deutsche Ton u. Steinzeugwerke A.G.	C.A.	3 (c) 21.
GR—3693	FLENSBURG	Anthon & Sohne	N.W.A.	3 (c) 1.
GR—3694	ECKERNFÖRDE-ALTENHOF	Torpedo Versuchsanshalt	N.W.A.	3 (c) 2.
GR—3695	HAMBURG	Hans Still	N.W.A.	3 (c) 3.
GR—3696	HAMBURG (Eidelstedt)	A.G. Johannes Jeserich	N.W.A.	3 (c) 4.
GR—3697	KIEL	Signalgesellschaft	N.W.A.	3 (c) 5.
GR—3698	KIEL	Germania Werft (F. Krupp) (see GR.3589)	N.W.A.	3 (c) 6.
GR—3699	RUSTRINGEN	Franz Kuhlmann Werkstatten	N.W.A.	3 (c) 7.
~~GR—3700~~	~~BOCHUM~~	~~Gelsenkirchener Bergwerke A.G.~~	~~R. & W.C.A.~~	~~3 (c) 8.~~

"GR"

NAVAL ARMAMENTS

SPECIAL NAVAL STORES COMPONENTS

Operational No.	Town.	Target-Name.	Area.	Air Ministry No.
GR—3701	DÜSSELDORF	Mannesmannröhrenwerke	R. & W.C.A.	3 (c) 9.
GR—3702	EISENACH	Gebr. Demmer	R. & W.C.A.	3 (c) 10.
GR-3703.	*LÜBECK*	*Drägerwerk Heinr. u. Bernh.*	*N.W.A.*	*3/c/50.*
GR—3704	OSCHERSLEBEN	Klein, Schanzlin Odesse	C.A.	3 (c) 51.
GR—3705	BREMEN	Klein, Schanzlin Besten-Bostel	N.W.A.	3 (c) 52.
GR—3706	BERLIN (Lichtenberg)	Knorr Bremse A.G. (*See* **GN—5008.** 3 (d) 92)	C.A.	3 (c) 53.
GR—3707	DESSAU-ROSSLAU	Gebruder Sachsenburg A.G.	C.A.	3 (c) 54.
GR—3708	HERSFELD	Benno Schilde	N.E. & E.A.	3 (c) 55.
GR—3709	KIEL	Anschütz & Co. G.m.b.H.	N.E. & E.A.	3 (c) 56.
GR—3710	KIEL	Hanseatische Apparatebau Gesselschaft Neufeld u. Kuhnke (" Hagenuk ")	N.E. & E.A.	3 (c) 57.
GR 3712	*GR (Rottingsdorf)*	*Gebruder Kortig Aktiengesellschaft*	*N.W.A.*	*3 c 59.*

"GR"
NAVAL ARMAMENTS
SPECIAL NAVAL STORES COMPONENTS

Operational No.	Town.	Target—Name.	Area.	Air Ministry No.
~~GR—3711~~	~~BERLIN~~ (Marienfelde)	~~Gesellschaft für Elektrotechnik und Feinmechanik~~	~~C.A.~~	~~3 (c) 58.~~ AL 11
—	ZLIN	Zlinska Letecka (Bata). (See GY—4785—3 (c) 71)	Cz.	—
GR—3712	HANNOVER (Kortingsdorf)	Gebrüder Korting, A.G.	N.W.A.	3 (c) 59.
GR—3713	SINGEN (Hohentwiel)	Aktiengesellschaft der Eisen- und Stahlwerke vormals Georg Fischer	S.W.A.	3 (c) 60.
GR—3714	FRANKENTHAL (Pfalz)	Balke Maschinenbau A.G.	S.W.A.	3 (c) 61.
~~GR—3715~~	~~HAMBURG~~	~~Hanseatische Motoren G.m.b.H.~~	~~N.W.A.~~	~~3 (c) 62.~~ AL 11.
GR—3716	FRANKENTHAL (Pfalz)	Klein, Schanzlin & Becker A.G.	S.W.A.	3 (c) 63.
GR—3717	DARMSTADT	Motorenfabrik Darmstadt A.G.	S.W.A.	3 (c) 64.
GR—3718	BREMEN (Hemelingen)	Rolandwerft (Vertens & Co.)	N.W.A.	3 (c) 65.
GR—3719	GÖRLITZ	"Wumag" Waggon & Maschinenbau A.G.	N.E. & E.A.	3 (c) 66.
GR—3720	KIEL	Elektroacustic G.m.b.H.	N.W.A.	3 (c) 67.

"GR"
NAVAL ARMAMENTS
SPECIAL NAVAL STORES COMPONENTS

Operational No.	Town.	Target—Name.	Area.	Air Ministry No.
GR 3721	ALTONA	Theodor Zeiser	NWA	5(c)68
GR 3722	FRANKENTHAL	Kühnle, Kopp u. Kausch A.G.	SWA	5(c)69
GR 3723	MANNHEIM - WALDORF	Bopp und Reuther G.m.b.H.	—	5(c)70 / 3(c)71
GR 3724	MANNHEIM	J.A. Neckar Söhne	—	3(c)71

"GN"
LAND ARMAMENTS
MILITARY ESTABLISHMENTS

Operational No.	Town.	Target—Name.	Area.	Air Ministry No.
GN—3751	WAHN	Military Establishment	S.W.A.	(k) 1.
GN—3752	LUNEBURGER HEIDE	,,	N.W.A.	(k) 2.
GN—3753	MÜNSTER LAGER	,,	N.W.A.	3 (k) 3.
GN—3754	WILDFLECKEN	,,	S.W.A.	3 (k) 4.
GN—3755	MUNSINGEN	,,	S.W.A.	3 (k) 5.
GN—3756	SIGMARINGEN	,,	S.W.A.	3 (k) 6.
GN—3757	MÜNCHEN	Feldherrn-Halle	S.W.A.	3 (k) 7.
GN—3758	MÜNCHEN	Bürgerbräu Keller	S.W.A.	3 (k) 8.
GN—3759	VIENNA (Schonbaum)	Schloss Schonbaum	Austria	3 (k) 9.

"GN"
LAND ARMAMENTS
MILITARY ESTABLISHMENTS

Operational No.	Town.	Target—Name.	Area.	Air Ministry No.

"GN"
LAND ARMAMENTS

Operational No.	Town.	Target—Name.	Area.	Air Ministry No.
~~GN—3776~~	~~KÖLN~~ (Vingst)	~~Humboldt Deutz Motoren A.G.~~	~~R. & W.C.A.~~	~~3 (d) 10.~~ AL/10
GN—3777	KÖLN (Deutz)	Humboldt Deutz Motoren A.G.	R. & W.C.A.	3 (d) 11.
~~GN—3778~~	~~KÖLN~~ (Mulheim)	~~Humboldt Deutz Motoren A.G.~~	~~R. & W.C.A.~~	~~3 (d) 12.~~ AL/10
GN—3779	KASSEL (Rothenditmold)	Henschel und Sohn (see GH.637)	R. & W.C.A.	3 (d) 13.
GN—3780	BERLIN (Tegel)	Rheinmetall-Borsig A.G.	C.A.	3 (d) 14.
GN—3781	BRANDENBURG (a.d. Havel)	Adam Opel	C.A.	3 (d) 15.
GN—3782	SOMMERDA (N. of Erfurt)	Reinische Metallwaren u. Maschinenfabrik, A.G.	C.A.	3 (d) 16.
GN—3783	AUGSBURG	M.A.N. (Maschinenfabrik Augsburg Nürnberg A.G.) (see GR.3680)	C.A.	3 (d) 17.
GN—3784	FRANKFURT/MAIN	Alderwerke	C.A.	3 (d) 18.
GN—3785	OBERNDORF	Mauser Werke A.G.	C.A.	3 (d) 19.

" GN "

LAND ARMAMENTS

Operational No.	Town.	Target—Name.	Area.	Air Ministry No.
GN—3786	RUSSELSHEIM/MAIN	Adam Opel	S.W.A.	3 (d) 20.
GN—3787	BRNO (or BRÜNN)	Zbrojovka Arms Factory	Cz.	3 (d) 126
GN—3788	SUHL	Simson & Co.	S.W.A.	3 (d) 22.
GN—3789	SUHL	J. P. Sauer und Sohn	S.W.A.	3 (d) 23.
GN—3790	BERLIN	War Office	C.A.	3/Army H.Q./1.
GN—3791	OSNABRÜCK	Klocknerwerke	N.W.A.	3 (d) 1b.
GN—3792	DESSAU	Junkers (ex Polysius Werke II)	C.A.	3 (d) 15a.
GN—3793	TORGELOW	Deutsche Sprengchemie G.m.b.H.	N.E. & E.A.	3 (d) 16a.
GN—3794	SCHONEBECK (Bad Salzelmen)	Patronen, Zundhutchen u. Metallwarenfabrik, A.G.	C.A.	3 (d) 15b.
GN—3795	HAIDENHEIM	J. M. Voith	S.W.A.	3 (d) 18a.

"GN"

LAND ARMAMENTS

Operational No.	Town.	Target—Name.	Area.	Air Ministry No.
GN—3796	KAPFENBURG	Boehler Steel Works	ÖSTERREICH	3 (d) 26.
GN—3797	VIENNA (XXI)	Mannesmann-Tragl.A.B.G.	ÖSTERREICH	3 (d) 27.
GN—3798	HIRTENBERG	Hirtenberger Patronen und Zuendhuetchen	ÖSTERREICH	3 (d) 28.
GN—3799	KREUZNACH	Western Army H.Q.	S.W.A.	3/Army H.Q./2.
GN—3800	OFFENBACH	Collet und Engelhard	S.W.A.	3 (d) 29.
GN—3801	HANAU		S.W.A.	3 (d) 30.
GN—3802	SINDELFINGEN (nr. Boblingen)	Daimler Motoren Gesellschaft	S.W.A.	3 (d) 31.
GN—3803	KOMOTAU (Chomutov)	Poldi Hutte	CZECHO-SLOVAKIA	3 (d) 32.
GN—3804	DUISBURG-MEIDERICH	Rheinstahl Works	R. & W.C.A.	3 (d) 33.
GN—3805	VSETIN	Zbrojovka Arms Factory	CZECHO-SLOVAKIA	3 (d) 34.

" GN "

LAND ARMAMENTS

Operational No.	Town.	Target—Name.	Area.	Air Ministry No.
GN—3806	BERLIN (Borsigwalde)	Berlin Karlsruhe Industrie Werke	C.A.	3 (d) 35.
GN—3807	BRUNSWICK	Büssing N.A.G. ~~Automobilistische Motorenwerke G.m.b.H.~~	N.W.A.	3 (d) 1.
GN—3808	LÜBECK	Lübeck Berliner Maschinen-Bau	N.W.A.	3 (d) 1a.
GN—3809	BOCHUM	Bochumer Verein für Gusstahlfabrikation (see G.F. 2266)	R. & W.C.A.	3 (d) 2.
GN—3810	DÜSSELDORF (Rath)	Rheinische Metallwaren u. Maschinenfabrik A.G. (Rheinmetall) (see G.F. 2223)	R. & W.C.A.	3 (d) 3.
GN—3811	DÜSSELDORF (Derendorf)	Rheinische Metallwaren u. Maschinenfabrik A.G. (Rheinmetall) (see GZ 2779)	R. & W.C.A.	3 (d) 4.
GN—3812	DÜSSELDORF	Mannesmannröhrenwerke	R. & W.C.A.	3 (d) 5.
GN—3813	DUISBURG	Demag (Deutsche Maschinenfabrik A.G.)	R. & W.C.A.	3 (d) 6.
GN—3814	ESSEN	Friedrich Krupp A.G. (see G.F. 2224)	R. & W.C.A.	3 (d) 7.
GN—3815	EISENACH	Fahrzeugfabrik Dixi (Bayerische Motorenwerke) (see G.Y. 4679)	R. & W.C.A.	3 (d) 8.

"GN"

LAND ARMAMENTS

Operational No.	Town.	Target—Name.	Area.	Air Ministry No.
GN—3816	KÖLN (Kalk)	Humboldt Deutz Motoren A.G.	R. & W.C.A.	3 (d) 9.
GN—3817	KOMOTAU (Chomutov)	Mannesmann Steel Works	CZECHO-SLOVAKIA	3 (d) 46.
GN—3818	HERNE	Maschinen Fabrik, Flottmann A.G.	R. & W.C.A.	3 (d) 47.
GN—3819	KASSEL	Henschel und Sohn	R. & W.C.A.	3 (d) 48.
GN—3820	SUHL	Munitions Works	S.W.A.	3 (d) 49.
GN—3821	SUHL	Munitions Works	S.W.A.	3 (d) 50.
GN—3822	CHEMNITZ-SIEGMAR	Auto Union A.G. (Wanderer- Werke A.G.)	C.A.	3 (d) 36.
GN—3823	BRESLAU	Motorenwerke Mannheim	N.E. & E.A.	3 (d) 37.
GN—3824	BRESLAU	Link-Hoffman Werke A.G.	N.E. & E.A.	3 (d) 38.
GN—3825	MAGDEBURG (Buckau)	Stahlwerke Otto Gruson	C.A.	3 (d) 39.

" GN "

LAND ARMAMENTS

Operational No.	Town.	Target—Name.	Area.	Air Ministry No.
GN—3826	BRESLAU	Kemmaw A.G.	N.E. & E.A.	3 (d) 40.
GN—3827	BERGNEUSTADT	A.A. Precision Instruments	R. & W.C.A.	3 (d) 41.
GN—3828	MANNHEIM	Heinrich Lanz A.G.	S.W.A.	3 (d) 42.
GN—3829	MANNHEIM	Joseph Vogele A.G.	S.W.A.	3 (d) 43.
GN—3830	ESSLINGEN	Index Works, Hahn & Kolb (Precision Machines)	S.W.A.	3 (d) 44.
GN—3831	LÜBECK–SCHLUTUP	Waffen und Munitions Fabrik A.G.	N.W.A.	3 (d) 45.
GN—3832	LÜBECK	" Slaatswerft " Lubecker Maschinen u. Eisenwerke	N.W.A.	3 (d) 1c.
GN—3833	BOCHUM (Hontrop)	Bochumer Verein für Gusstahlfabrikation A.G.	R. & W.C.A.	3 (d) 2a.
GN—3834	STEYR	Steyr-Werke (Werndol)	ÖSTERREICH	3 (d) 24.
GN—3835	LUDENSCHEID	Westfalia Kupfer u. Messingwerke	R. & W.C.A.	3 (d) 13a.

"GN"
LAND ARMAMENTS

Operational No.	Town.	Target—Name.	Area.	Air Ministry No.
GN—3836	ALTENA	Basse & Selve A.G.	R. & W.C.A.	3 (d) 2b.
GN—3837	STOLBERG	Stolberger Metallwerke	R. & W.C.A.	3 (d) 13b.
GN—3838	EBERSWALDE	Hirsch Kupfer A.G.	C.A.	3 (d) 15c.
GN—3839	~~KARLSRUHE~~	~~Fritzverner~~	~~S.W.A.~~	~~3 (d) 10a.~~ AL.11
GN—3840	~~BERLIN~~	~~Fritzverner~~	~~C.A.~~	~~3 (d) 14a.~~
GN—3841	~~BRUCK an der MUR~~	~~Boehler Steel Works~~	~~ÖSTERREICH~~	~~3 (d) 25.~~
GN—3842	WITTENBERGE	Singer Nähmasch, Fabr.	N.E. & E.A.	3 (d) 51.
GN—3843	POVAZSKA BYSTRICA	Subsidiary of ZBROJOVKA	Cz.	3 (d) 52.
GN—3844	REMSCHEID	Alexanderwerk A. von der Nahmer A.G. (Main Works)	R. & W.C.A.	3 (d) 53.
GN—3845	REMSCHEID	Alexanderwerk A. von der Nahmer A.G. (Luisenhütte)	R. & W.C.A.	3 (d) 54.
GN—3846	DERSCHLAC	Alexanderwerk A. von der Nahmer A.G.	R. & W.C.A.	3 (d) 55.
GN—3847	WITTEN	Alexanderwerk A. von der Nahmer A.G.	R. & W.C.A.	3 (d) 56.

"GN"

LAND ARMAMENTS

Operational No.	Town.	Target—Name.	Area.	Air Ministry No.
GN—3848	MARIENBURG	Munition Factory	N.E.	3 (d) 57.
GN—3849	LUTIN (Nr. Olomouc)	Chema	Cz.	3 (d) 58.
GN—3850	GUMMERSBACH	Schmidt	R. & W.C.A.	3 (d) 59.
GN—3851	PRAGUE	Smechown Car Foundry	Cz.	3 (d) 60.
GN—3852	SUHL	Gustloffwerke	S.W.A.	3 (d) 61.
GN—3853	SUHL	Stotz u. Goessel Waffenfabrik	S.W.A.	3 (d) 62.
GN—3854	SUHL	Theodore Bergmann	S.W.A.	3 (d) 63.
GN—3855	SUHL	F.Z. Arms Factory	S.W.A.	3 (d) 64.
GN. 3856	PLBQRSTRDT	KRIEGSSMIEDE WAFFENFABRIK	"	3 (d) 65
GN. 3857	"	B. S. W.	"	3 (d) 66
GN. 3858	"	KUERNER ARMS FACTORY	"	3 (d) 67.

"GN"
LAND ARMAMENTS

Operational No.	Town.	Target—Name.	Area.	Air Ministry No.
GN—3856	SUHL-ALBERSTADT	Kriegschmiede	S.W.A.	3 (d) 65.
GN—3857	SUHL	B.S.W.	S.W.A.	3 (d) 66.
GN—3858	SUHL	Koerner Arms Factory	S.W.A.	3 (d) 67.
GN—3859	SCHLEUSINGEN	Ammunition Factory	S.W.A.	3 (d) 68.
GN—3860	VIENNA	K.U.K. Artillerie Arsenal	Austria	3 (d) 69.
GN—3861	ZELLA-MEHLIS	Anschutz I.G. Germania Waffenfabrik A.G.	S.W.A.	3 (d) 70.
GN—3862	ZELLA-MEHLIS	Waffenfabrik Carl Walther	S.W.A.	3 (d) 71.
GN—3863	ZELLA-MEHLIS	Waffen Fahradteile u. Turschliesser fabrik Herman Wahrauch	S.W.A.	3 (d) 72.
GN—3864	ZELLA-MEHLIS	Waffenfabrik Pfestorf	S.W.A.	3 (d) 73.
GN—3865	ZELLA-MEHLIS	Gewehr u. Fahrradfabrik Fritz Langenham	S.W.A.	3 (d) 74.

"GN"
LAND ARMAMENTS—continued

Operational No.	Town.	Target—Name.	Area.	Air Ministry No.
GN—3866	KOLIN	B.H.K.	Cz.	3 (d) 75.
GN—3867	WEINHEIM	Maschinenfabrik Badenia vorm Wm. Platz Söhnne G.m.b.H.	S.W.A.	3 (d) 76.
GN—3868	BRANDENBURG.	Brennabor-Werke A.G.	C.A.	3 (d) 77.
GN—3869	BRANDENBURG	Mitteldeutsche Stahl u. Walzwerke Friedrich Flick K.G.	C.A.	3 (d) 78.
GN—3870	NEUWIED-on-Rhine	Winkler and Dunnebier	S.W.A.	3 (d) 79.
GN—3871	PRAGUE	V. Janecek Arms Factory	Cz.	3 (d) 80.
GN—3872	HEIDELBERG	Heidelberg Press Company *(see G.Q. 2104)*	S.W.A.	3 (d) 81.
GN—3873	ELBERFELD	Fischer and Wescher	R. & W.C.A.	3 (d) 82.
GN—3874	VIENNA (XIX)	Weiner Automobilfabrik A.G. (formerly Graf and Stift)	Austria	3 (d) 83.
GN—3875	KOMAROV	Komarov Iron Works	Cz.	3 (d) 84.

"GU"

AERODROMES

Operational No.	Town.	Target—Name.	Area.	Air Ministry No.
GU—3876	WENZENDORF	Aerodrome	N.W.A.	3/AIR/130b.
GU—3877	WENDISCH–EVERN	Aerodrome	N.W.A.	3/AIR/130c.
GU—3878	WERDER	Aerodrome	C.A.	3/AIR/131.
GU—3879	WESSLING	Aerodrome (see GY.4759)	S.W.A.	3/AIR/131a.
GU—3880	WERL	Aerodrome	R. & W.C.A.	3/AIR/132.
GU—3881	WERNEUCHEN	Aerodrome	C.A.	3/AIR/133.
GU—3882	WERNIGERODE	Aerodrome	S.W.A.	3/AIR/133b.
GU—3883	WERTHEIM	Aerodrome	S.W.A.	3/AIR/133a.
GU—3884	WESENDORF (nr. Gifhorn)	Aerodrome	N.W.A.	3/AIR/134a.
GU—3885	WEST–DIEVENOW	Seaplane Base	N.E. & E.A.	3/AIR/134.

" GU "

AERODROMES

Operational No.	Town.	Target—Name.	Area.	Air Ministry No.
GU—3886	BAD HOMBURG	Air Force G.H.Q.	S.W.A.	3/AIR/190.
GU—3887	NIEDERZIER/HAMBACH	Landing Ground	R. & W.C.A.	3/AIR/192.
GU—3888	STETTIN ALT DAMM	Civil Air Port and Seaplane Station	N.E. & E.A.	3/AIR/193.
GU—3889	RATHENOW/MÖGELIN	Private (factory aerodrome)	N.E. & E.A.	3/AIR/194.
GU—3890	RATHENOW	Landing Ground, G.A.F.	N.E. & E.A.	3/AIR/195.
GU—3891	LINGEN	Aerodrome	N.W.A.	3/AIR/196.
GU—3892	HEILBRONN	Landing Ground	S.W.A.	3/AIR/197.
GU—3893	GYMNICH	Landing Ground	R. & W.C.A.	3/AIR/198.
GU—3894	BAD-OEYNHAUSEN	Private Civil aerodrome	R. & W.C.A.	3/AIR/199.
GU—3895	NIEDERMENDIG (nr. Kruft)	Landing Ground	S.W.A.	3/AIR/221.

"GU"
AERODROMES

Operational No.	Town.	Target—Name.	Area.	Air Ministry No.
GU—3896	ENSHEIM/SAARBRÜCKEN/E.	Landing Ground	S.W.A.	3/AIR/201.
GU—3897	BERLIN	Air Ministry (see GH.487)	C.A.	3/AIR H.Q./1.
GU—3898	DELMENHORST (nr. Bremen)	Aerodrome	N.W.A.	3/AIR/22.
GU—3899	ALLERSEHL–REPKE (Dedelstorf)	Aerodrome	N.W.A.	3/AIR/2.
GU—3900	DESSAU	Aerodrome (see GY.4670)	C.A.	3/AIR/22a.
GU—3901	DETMOLD	Aerodrome	N.W.A.	3/AIR/23.
GU—3902	DEUTSCH–BUCKOW (nr. Stold)	Aerodrome	N.E. & E.A.	3/AIR/23a.
GU—3903	DIEPHOLZ	Aerodrome. Aircraft Park	N.W.A.	3/AIR/24.
GU—3904	DÖBERITZ	Aerodrome	C.A.	3/AIR/25.
GU—3905	DORTMUND	Aerodrome	R. & W.C.A.	3/AIR/141.

" GU "

AERODROMES

Operational No.	Town.	Target—Name.	Area.	Air Ministry No.
GU—3906	DRESDEN–KLOTSCHE	Aerodrome	C.A.	3/AIR/25a.
GU—3907	OSCHATZ	Aerodrome	C.A.	3/AIR/96.
GU—3908	OSCHERSLEBEN	Aerodrome *(see GY. 4801)*	C.A.	3/AIR/97.
GU—3909	OSTHEIM (nr. Koln)	Aerodrome	R. & W.C.A.	3/AIR/98.
GU—3910	PARCHIM	Aerodrome	N.E. & E.A.	3/AIR/98b.
GU—3911	PAROW (nr. Stralsund)	Aerodrome	N.E. & E.A.	3/AIR/99.
GU—3912	PADERBORN	Aerodrome and Aircraft Park	R. & W.C.A.	3/AIR/98a.
GU—3913	PEENEMUNDE	Aerodrome	N.E. & E.A.	3/AIR/99a.
GU—3914	PERLEBERG	Aerodrome	N.E. & E.A.	3/AIR/100.
GU—3915	PILLAU	Aerodrome	N.E. & E.A.	3/AIR/101.

"GU"
AERODROMES

Operational No.	Town.	Target—Name.	Area.	Air Ministry No.
GU—3916	PINNOW	Aerodrome	N.E. & E.A.	3/AIR/101a.
GU—3917	BRUNSWICK	Aerodrome	N.W.A.	3/AIR/15.
GU—3918	BRUSTERORT	Aerodrome	N.E. & E.A.	3/AIR/16.
GU—3919	BUG (Island of Rügen)	Aerodrome	N.E. & E.A.	3/AIR/17.
GU—3920	BURG	Aerodrome	C.A.	3/AIR/17a.
GU—3921	CELLE	Aerodrome	N.W.A.	3/AIR/18.
GU—3922	KONSTANZ	Aerodrome	S.W.A.	3/AIR/18a.
GU—3923	COTTBUS	Aerodrome	C.A.	3/AIR/19.
GU—3924	CRAILSHEIM	Aerodrome	S.W.A.	3/AIR/19a.
GU—3925	DAMM	Aerodrome	R. & W.C.A.	3/AIR/20.

" GU "

AERODROMES

Operational No.	Town.	Target—Name.	Area.	Air Ministry No.
GU—3926	DARMSTADT	Aerodrome	S.W.A.	3/AIR/150.
GU—3927	HÖRNUM	Seaplane Base	N.W.A.	3/AIR/55.
GU—3928	ILLESHEIM	Aerodrome and Aircraft Park	S.W.A.	3/AIR/56.
GU—3929	INGOLSTADT	Aerodrome	S.W.A.	3/AIR/56a.
GU—3930	INSTERBURG	Aerodrome	N.E. & E.A.	3/AIR/57.
GU—3931	JAGEL SCHLESWIG/LAND (Jagel)	Aerodrome	N.E. & E.A.	3/AIR/58.
GU—3932	JESAU	Aerodrome	N.E. & E.A.	3/AIR/58a.
GU—3933	JEVER (nr. Wilhelmshaven)	Aerodrome	N.W.A.	3/AIR/59.
GU—3934	JUIST	Aerodrome	N.W.A.	3/AIR/59a.
GU—3935	JUTERBÖG	Aerodrome and Stores Depot	C.A.	3/AIR/60.

"GU"
AERODROMES

Operational No.	Town.	Target—Name.	Area.	Air Ministry No.
GU—3936	KAMP	Aerodrome	N.E. & E.A.	3/AIR/60a.
GU—3937	NOHRA (nr. Weimar)	Aerodrome	C.A.	3/AIR/92.
GU—3938	NORDHAUSEN	Aerodrome	C.A.	3/AIR/93.
GU—3939	NORDENHAM	Aerodrome and Seaplane Station	N.W.A.	3/AIR/81.
GU—3940	NORDERNEY	Seaplane Base	N.W.A.	3/AIR/94.
GU—3941	NORDHORN	Aerodrome	N.W.A.	3/AIR/94a.
GU—3942	NÜRNBERG	Aerodrome	S.W.A.	3/AIR/94b.
GU—3943	OBERWIESENFELD	Aerodrome	S.W.A.	3/AIR/94c.
GU—3944	ODHEIM	Aerodrome	S.W.A.	3/AIR/94d.
GU—3945	OLDENBURG	Aerodrome	N.W.A.	3/AIR/95.

"GU"

AERODROMES

Operational No.	Town.	Target—Name.	Area.	Air Ministry No.
GU—3946	ORANIENBURG	Aerodrome *(see GY. 4799)*	C.A.	3/AIR/159.
GU—3947	PLATHE	Aerodrome	N.E. & E.A.	3/AIR/101b.
GU—3948	*TRAVEMUNDE/* PÖTENITZ	*Seaplane Station &* ~~Travemünde-Main~~ Equipment Depot	N.W.A.	3/AIR/102.
GU—3949	PRENZLAU	Aerodrome	N.E. & E.A.	3/AIR/103.
GU—3950	PRETZSCH	Aerodrome	C.A.	3/AIR/103a.
GU—3951	PROWEHREN	Aerodrome	N.E. & E.A.	3/AIR/103b.
GU—3952	PUCHHEIM	Aerodrome	S.W.A.	3/AIR/103c.
GU—3953	PUTNITZ	Seaplane Base	N.E. & E.A.	3/AIR/104.
GU—3954	QUAKENBRUCK	Aerodrome	N.W.A.	3/AIR/105.
GU—3955	QUEDLINGBURG	Aerodrome	C.A.	3/AIR/106.

"GU"
AERODROMES

Operational No.	Town.	Target—Name.	Area.	Air Ministry No.
GU—3956	RANGSDORF (Berlin)	Aerodrome	C.A.	3/AIR/106a.
GU—3957	NARRENTHAL (Husum)	Aerodrome	N.W.A.	3/AIR/85.
GU—3958	HEILIGENHAFEN	Aerodrome	N.E. & E.A.	3/AIR/50b.
GU—3959	STRAUSBURG	Aerodrome	C.A.	3/AIR/123b.
GU—3960	ASBACH	Satellite Aerodrome	R. & W.C.A.	3/AIR/5g.
GU—3961	BIBLIS	Satellite Aerodrome	S.W.A.	3/AIR/9b.
GU—3962	BRIESSEN	Satellite Aerodrome	N.E. & E.A.	3/AIR/14a.
GU—3963	BUTZBACH	Satellite Aerodrome	S.W.A.	3/AIR/17b.
GU—3964	CALAV	Satellite Aerodrome	C.A.	3/AIR/19b.
GU—3965	DABERN	Satellite Aerodrome	C.A.	3/AIR/19c.

"GU"

AERODROMES

Operational No.	Town.	Target—Name.	Area.	Air Ministry No.
GU—3966	DREWITZ	Satellite Aerodrome	C.A.	3/AIR/25c.
GU—3967	FREIWALDAU	Satellite Aerodrome	N.E. & E.A.	3/AIR/30b.
GU—3968	GANACKER	Satellite Aerodrome	S.W.A.	3/AIR/34a.
GU—3969	GRAFFENWOHR	Satellite Aerodrome	S.W.A.	3/AIR/42a.
GU—3970	GRASLEBEN	Satellite Aerodrome	C.A.	3/AIR/42b.
GU—3971	HOCHST–OBERAU	Satellite Aerodrome	S.W.A.	3/AIR/53a.
GU—3972	JOCKSDORF-BEI-FORST	Satellite Aerodrome	N.E. & E.A.	3/AIR/58b.
GU—3973	KAMENZ	Satellite Aerodrome	C.A.	3/AIR/60c.
GU—3974	LUCKAU	Satellite Aerodrome	N.E. & E.A.	3/AIR/72b.
GU—3975	MENSDORF	Satellite Aerodrome	C.A.	3/AIR/78a.

"GU"
AERODROMES

Operational No.	Town.	Target—Name.	Area.	Air Ministry No.
GU—3976	BONN	Aerodrome	R. & W.C.A.	3/AIR/148a.
GU—3977	BORKUM	Aerodrome	N.W.A.	3/AIR/11.
GU—3978	BRANDENBURG	Aerodrome (see GY.4817)	C.A.	3/AIR/148b.
GU—3979	BRANDIS	Aerodrome	C.A.	3/AIR/12.
GU—3980	BRAUNSCHWEIG-WAGGUM	Aerodrome (see GY.4776)	N.W.A.	3/AIR/13.
GU—3981	BREMEN	Aerodrome (see GY.4772)	N.W.A.	3/AIR/148c.
GU—3982	BREMERHAVEN	Aerodrome	N.W.A.	3/AIR/13b.
GU—3983	BRESLAU-SCHÖNGARTEN	Aerodrome	N.E. & E.A.	3/AIR/13a.
GU—3984	BRIEG	Aerodrome	N.E. & E.A.	3/AIR/14.
GU—3985	BRIEST	Aerodrome	C.A.	3/AIR/11a.

"GU"

AERODROMES

Operational No.	Town.	Target—Name.	Area.	Air Ministry No.
GU—3986	LUDWIGLUST	Aerodrome	N.W.A.	3/AIR/73.
GU—3987	LÜNEBURG	Aerodrome	N.W.A.	3/AIR/74.
GU—3988	MAGDEBURG	Aerodrome	C.A.	3/AIR/75.
GU—3989	MANNHEIM	Aerodrome	S.W.A.	3/AIR/145a.
GU—3990	MARIENSIEL (nr. Wilhelmshaven)	Aerodrome	N.W.A.	3/AIR/77.
GU—3991	MEMMINGEN	Aerodrome	S.W.A.	3/AIR/78.
GU—3992	MERSEBURG	Aerodrome. Testing Place	C.A.	3/AIR/79.
GU—3993	MINDEN	Aerodrome	N.W.A.	3/AIR/79a.
GU—3994	MUGGENSTURM	Aerodrome	S.W.A.	3/AIR/79b.
GU—3995	MÜNSTER	Aerodrome	R. & W.C.A.	3/AIR/80.

"GU"

AERODROMES

Operational No.	Town.	Target—Name.	Area.	Air Ministry No.
GU—3996	STOLP	Aerodrome	N.E. & E.A.	3/AIR/123.
GU—3997	STENDAL	Aerodrome and Aircraft Park	C.A.	3/AIR/122a.
GU—3998	GARDELEGEN	G.A.F. Aerodrome	C.A.	3/AIR/205.
GU—3999	STRAUBING	Aerodrome	S.W.A.	3/AIR/123a.
GU—4000	SWINEMÜNDE	Coastal Aircraft Park and Seaplane Base	N.E. & E.A.	3/AIR/124.
GU—4001	TARNEWITZ	Seaplane Base	N.E. & E.A.	3/AIR/125.
GU—4002	TONNING (Seaplane Station)	Coastal Aircraft Park and Seaplane Base	N.W.A.	3/AIR/126.
GU—4003	TRAVEMÜNDE /PRIWALL	Aerodrome & Seaplane Base	N.W.A.	3/AIR/127.
GU—4004	TRIER	Aerodrome	S.W.A.	3/AIR/162.
GU—4005	TUTTLINGEN	Aerodrome	S.W.A.	3/AIR/127a.

"GU"

AERODROMES

Operational No.	Town.	Target—Name.	Area.	Air Ministry No.
GU—4006	METTENHEIM	Satellite Aerodrome	S.W.A.	3/AIR/78b.
GU—4007	NEUHAUSEN-BEI-COTTBUS	Satellite Aerodrome	N.E. & E.A.	3/AIR/84a.
GU—4008	OHLAU	Satellite Aerodrome	N.E. & E.A.	3/AIR/94e.
GU—4009	RIESA-KANITZ	Satellite Aerodrome	C.A.	3/AIR/109c.
GU—4010	RURSHAIN	Satellite Aerodrome	R. & W.C.A.	3/AIR/109d.
GU—4011	~~SCHWELDEIN~~ SCHIVELBEIN.	Satellite Aerodrome	N.E. & E.A.	3/AIR/118a.
GU—4012	STAMMHEIM	Landing Ground	R. & W.C.A.	3/AIR/217.
GU—4013	WELZOW	Satellite Aerodrome	C.A.	3/AIR/130e.
GU—4014	WORISHOFEN	Satellite Aerodrome	S.W.A.	3/AIR/136a.
GU—4015	BONDORF	Landing Ground	S.W.A.	3/AIR/191.

"GU"

AERODROMES

Operational No.	Town.	Target—Name.	Area.	Air Ministry No.
GU—4016	LEIPZIG-MOCKAU	Aerodrome (see GY.4825)	C.A.	3/AIR/156.
GU—4017	LEIGNITZ	Aerodrome and Aircraft Park	N.E. & E.A.	3/AIR/70.
GU—4018	LEMWERDER	Aerodrome (see GY.4778)	N.W.A.	3/AIR/70a.
GU—4019	LEMBRUCH	Aerodrome	N.W.A.	3/AIR/70c.
GU—4020	LIEBENWALDE	Aerodrome	N.E. & E.A.	3/AIR/70d.
GU—4021	LIEBLOS (Gelnhausen)	Aerodrome	S.W.A.	3/AIR/70b.
GU—4022	LINDAU	Aerodrome	S.W.A.	3/AIR/70e.
GU—4023	LIPPSTADT	Aerodrome	N.W.A.	3/AIR/71.
GU—4024	LIST (Seaplane Station)	Seaplane Base	N.W.A.	3/AIR/72.
GU—4025	LOWENTAL (nr. Friedrichshafen)	Aerodrome (see GY.4758)	S.W.A.	3/AIR/72a.

"GU"

AERODROMES

Operational No.	Town.	Target—Name.	Area.	Air Ministry No.
GU—4026	DUISBURG	Aerodrome	R. & W.C.A.	3/AIR/25b.
GU—4027	DÜSSELDORF	Aerodrome	R. & W.C.A.	3/AIR/143.
GU—4028	ERDING (nr. München)	Aerodrome and Stores Depot *(see GW. 4901)*	S.W.A.	3/AIR/26.
GU—4029	ELBING	Aerodrome	N.E. & E.A.	3/AIR/26b.
GU—4030	ERFURT	Aerodrome	C.A.	3/AIR/26c.
GU—4031	ESCHWEGE	Aerodrome *(see GW. 4911)*	R. & W.C.A.	3/AIR/27.
GU—4032	ESSEN-MÜLHEIM	Aerodrome	R. & W.C.A.	3/AIR/151a.
GU—4033	EUTINGEN	Aerodrome	S.W.A.	3/AIR/27a.
GU—4034	FASSBERG	Aerodrome	N.W.A.	3/AIR/28.
GU—4035	RATZEBORG	Aerodrome	N.W.A.	3/AIR/106b.

"GU"
AERODROMES

Operational No.	Town.	Target—Name.	Area.	Air Ministry No.
GU—4036	RECHLIN	Seaplane Base	N.E. & E.A.	3/AIR/107.
GU—4037	RENDSBURG	Aerodrome	N.W.A.	3/AIR/107a.
GU—4038	OBER TRAUBLING	Aerodrome	S.W.A.	3/AIR/108.
GU—4039	REGENSBURG	Aerodrome *(see GY.4828)*	S.W.A.	3/AIR/108a.
GU—4040	RHEIN-MAIN	Aerodrome	S.W.A.	3/AIR/108b.
GU—4041	RIBNITZ	Civil Seaplane Station	N.E. & E.A.	3/AIR/109.
GU—4042	RIEM	Aerodrome	S.W.A.	3/AIR/109b.
GU—4043	ROTH	Aerodrome	S.W.A.	3/AIR/109a.
GU—4044	ROTENBURG	Aerodrome and Stores Depot	N.W.A.	3/AIR/110.
GU—4045	SCHWEINFURT	Aerodrome	S.W.A.	3/AIR/116.

" GU "

AERODROMES

Operational No.	Town.	Target—Name.	Area.	Air Ministry No.
GU—4046	SCHWERIN	Aerodrome and Stores Depot	N.E. & E.A.	3/AIR/117.
GU—4047	SEERAPPEN	Aerodrome and Aircraft Park	N.E. & E.A.	3/AIR/118.
GU—4048	SCHLEISSHEIM (nr. München)	Aerodrome	S.W.A.	3/AIR/119.
GU—4049	SELIGENSTADT	Aerodrome	S.W.A.	3/AIR/120.
GU—4050	SPIEKEROOG	Aerodrome	N.W.A.	3/AIR/120a.
GU—4051	SPROTTAU	Aerodrome	N.E. & E.A.	3/AIR/120b.
GU—4052	SPROTZE	Aerodrome	N.W.A.	3/AIR/120c.
GU—4053	STAAKEN	Aerodrome	C.A.	3/AIR/121.
GU—4054	STADE	Aerodrome	N.W.A.	3/AIR/122.
GU—4055	KÖLN	Aerodrome	R. & W.C.A.	3/AIR/145.

"GU"
AERODROMES

Operational No.	Town.	Target—Name.	Area.	Air Ministry No.
GU—4056	KREFELD	Aerodrome	R. & W.C.A.	3/AIR/155.
GU—4057	LACHENSPEYEDORF	Aerodrome	S.W.A.	3/AIR/65b.
GU—4058	LANDSBERG	Aerodrome	S.W.A.	3/AIR/66.
GU—4059	LANGENDIEBACH	Aerodrome	S.W.A.	3/AIR/66a.
GU—4060	LANGENHAGEN	Aerodrome	N.W.A.	3/AIR/67.
GU—4061	LANGENSALZA	Aerodrome	R. & W.C.A.	3/AIR/67a.
GU—4062	LANGEOOG	Aerodrome	N.W.A.	3/AIR/67b.
GU—4063	LECHFELD (nr. Augsburg)	Aerodrome	S.W.A.	3/AIR/68.
GU—4064	HALLE-KLEMM	Aerodrome (see GY.4821)	C.A.	3/AIR/49a.
GU—4065	HAMBURG (Fuhlsbuttel)	Aerodrome	N.W.A.	3/AIR/49b.

"GU"

AERODROMES

Operational No.	Town.	Target—Name.	Area.	Air Ministry No.
GU—4066	HANDORF	Aerodrome	R. & W.C.A.	3/AIR/50.
GU—4067	HANNOVER	Aerodrome	N.W.A.	3/AIR/144.
GU—4068	HATTENROD	Aerodrome	R. & W.C.A.	3/AIR/50a.
GU—4069	SCHONEWALDE	Aerodrome	N.E. & E.A.	3/AIR/51.
GU—4070	MEILINGENBEIL	Aerodrome	N.E. & E.A.	3/AIR/51a.
GU—4071	HERZOGENAURACH (nr. Nürnberg)	Aerodrome	S.W.A.	3/AIR/52.
GU—4072	HILDESHEIM	Aerodrome	N.W.A.	3/AIR/53.
GU—4073	HOLTENAU	Seaplane Base and Coastal Aircraft Park	N.W.A.	3/AIR/54.
GU—4074	WESTERLAND	Aerodrome	N.W.A.	3/AIR/135.
GU—4075	WIESBADEN–MAINZ	Aerodrome	S.W.A.	3/AIR/145c.

"GU"
AERODROMES

Operational No.	Town.	Target—Name.	Area.	Air Ministry No.
GU—4076	WISMAR	Aerodrome (see GY.4792)	N.E. & E.A.	3/AIR/163.
GU—4077	WILHELMSHAVEN (Seaplane Station)	Seaplane Base	N.W.A.	3/AIR/140a.
GU—4078	WOLFRATSHAUSEN	Aerodrome	S.W.A.	3/AIR/135a.
GU—4079	WUNSTORF	Aerodrome and Aircraft Park	N.W.A.	3/AIR/136.
GU—4080	WÜRZBURG	Aerodrome	S.W.A.	3/AIR/137.
GU—4081	WUSTROW	Seaplane Base	N.E. & E.A.	3/AIR/138.
GU—4082	ZERBST	Aerodrome	C.A.	3/AIR/139.
GU—4083	ZWISCHENAHN (nr. Oldenburg)	Aerodrome & Seaplane Base	N.W.A.	3/AIR/140.
GU—4084	BRAMSCHE	Aerodrome	N.W.A.	3/AIR/11b.
GU—4085	KOBLENZ	Aerodrome	S.W.A.	3/AIR/216.

" GU "

AERODROMES

Operational No.	Town.	Target—Name.	Area.	Air Ministry No.
GU—4086	BUER	Aerodrome	R. & W.C.A.	3/AIR/16a.
GU—4087	SCHKEUDITZ	Aerodrome (Public Airport)	C.A.	3/AIR/114c.
GU—4088	AUGSBURG	Landing Ground	S.W.A.	3/AIR/5c.
GU—4089	VERDEN	Landing Ground	N.W.A.	3/AIR/129e.
GU—4090	BIBERACH am. RISS	Landing Ground	S.W.A.	3/AIR/9a.
GU—4091	STUTTGART (Werden)	Civil Aerodrome	S.W.A.	3/AIR/124a.
GU—4092	BRAUNSCHWEIG–VOLKENRODE	Aerodrome	N.W.A.	3/AIR/12a.
GU—4093	FLENSBURG	Civil Aerodrome	N.W.A.	3/AIR/32a.
GU—4094	GELSENKIRCHEN	Aerodrome	R. & W.C.A.	3/AIR/151b.
GU—4095	GELSCHSHEIM	Aerodrome	S.W.A.	3/AIR/37.

"GU"

AERODROMES

Operational No.	Town.	Target—Name.	Area.	Air Ministry No.
GU—4096	GESEKE	Aerodrome	R. & W.C.A.	3/AIR/37a.
GU—4097	GIEBELSTADT	Aerodrome	S.W.A.	3/AIR/38.
GU—4098	GIESSEN	Aerodrome	S.W.A.	3/AIR/38a.
GU—4099	GLADBACH–RHEYDT	Aerodrome	R. & W.C.A.	3/AIR/152.
GU—4100	GÖPPINGEN	Aerodrome	S.W.A.	3/AIR/39.
GU—4101	GOSLAR	Aerodrome and Aircraft Park	R. & W.C.A.	3/AIR/40.
GU—4102	GOTHA	Aerodrome	R. & W.C.A.	3/AIR/41.
GU—4103	GÖTTINGEN	Aerodrome and Stores Depot	R. & W.C.A.	3/AIR/42.
GU—4104	GREIFSWALD	Aerodrome	N.E. & E.A.	3/AIR/43.
GU—4105	GROSSELFINGEN (Hechingen)	Aerodrome	S.W.A.	3/AIR/43a.

" GU "

AERODROMES

Operational No.	Town.	Target—Name.	Area.	Air Ministry No.
GU—4106	GROSSENHAIN	Aerodrome	C.A.	3/AIR/44.
GU—4107	GULZOW	Aerodrome	N.W.A.	3/AIR/45.
GU—4108	GUTENFELD	Aerodrome	N.E. & E.A.	3/AIR/45a.
GU—4109	GUTERSLOH	Aerodrome	R. & W.C.A.	3/AIR/46.
GU—4110	HABERSDORF	Aerodrome	S.W.A.	3/AIR/47.
GU—4111	HAGEN	Aerodrome	S.W.A.	3/AIR/47a.
GU—4112	HALBERSTADT	Aerodrome	C.A.	3/AIR/48.
GU—4113	HALL	Aerodrome and Aircraft Park	S.W.A.	3/AIR/49.
GU—4114	NEUBERG	Aerodrome	S.W.A.	3/AIR/82.
GU—4115	NEU BIBERG	Aerodrome	S.W.A.	3/AIR/83.

"GU"
AERODROMES

Operational No.	Town.	Target—Name.	Area.	Air Ministry No.
GU—4116	NEU BRANDENBURG	Aerodrome	N.E. & E.A.	3/AIR/84.
GU—4117	NEUHAUSEN	Aerodrome	N.E. & E.A.	3/AIR/86.
GU—4118	NEU KUHREN	Aerodrome	N.W.A.	3/AIR/87.
GU—4119	NEUMÜNSTER	Aerodrome	N.W.A.	3/AIR/88.
GU—4120	NEU RUPPIN	Aerodrome	N.E. & E.A.	3/AIR/89.
GU—4121	NEUSTADT (in Oberschlesien)	Aerodrome	N.E. & E.A.	3/AIR/90.
GU—4122	NEUULM	Aerodrome	S.W.A.	3/AIR/90a.
GU—4123	HALLE- NIETLEBEN (~~nr. Halle~~)	Aerodrome	C.A.	3/AIR/91.
GU—4124	FINKENWARDER	Aerodrome	N.W.A.	3/AIR/28a.
GU—4125	FINSTERWALDE	Aerodrome	C.A.	3/AIR/32.

" GU "

AERODROMES

Operational No.	Town.	Target—Name.	Area.	Air Ministry No.
GU—4126	FRANKFURT a. MAIN	Aerodrome	S.W.A.	3/AIR/30.
GU—4127	FRITZLAR	Aerodrome	R. & W.C.A.	3/AIR/31.
GU—4128	FÜRSTENFELDBRUCK	Aerodrome	S.W.A.	3/AIR/76.
GU—4129	FÜRSTENWALDE	Aerodrome	C.A.	3/AIR/31a.
GU—4130	FÜRTH	Aerodrome	S.W.A.	3/AIR/33.
GU—4131	FÜRTH	Aerodrome *(see GY.*	S.W.A.	3/AIR/33a.
GU—4132	GABLINGEN	Aerodrome and Aircraft Park *(see GW 496)*	S.W.A.	3/AIR/34.
GU—4133	GARZ (nr. Swinemünde)	Aerodrome	N.W.A.	3/AIR/35.
GU—4134	BARTH	Aerodrome	N.E. & E.A.	3/AIR/6.
GU—4135	BAYREUTH	Aerodrome	S.W.A.	3/AIR/6a.

"GU"
AERODROMES

Operational No.	Town.	Target—Name.	Area.	Air Ministry No.
GU—4136	BERLIN (Johannisthal)	Aerodrome	C.A.	3/AIR/6b.
GU—4137	BERNBURG	Aerodrome (see GY.4835)	C.A.	3/AIR/7.
GU—4138	BERSENBRUCK	Aerodrome	N.W.A.	3/AIR/7a.
GU—4139	BLANKENSEE	Aerodrome	N.E. & E.A.	3/AIR/8.
GU—4140	VIENNA (Wien Aspern)	Aerodrome	Austria	3/AIR/241.
GU—4141	BIELEFELD	Aerodrome	R. & W.C.A.	3/AIR/147a.
GU—4142	BINDERSLEBEN (nr. Erfurt)	Aerodrome	C.A.	3/AIR/10.
GU—4143	BÖBLINGEN	Aerodrome	S.W.A.	3/AIR/148.
GU—4144	AACHEN	Aerodrome	R. & W.C.A.	3/AIR/146.
GU—4145	AIBLING	Aerodrome	S.W.A.	3/AIR/1.

" GU "

AERODROMES

Operational No.	Town.	Target—Name.	Area.	Air Ministry No.
GU—4146	ALTENBURG	Aerodrome	N.E. & E.A.	3/AIR/3.
GU—4147	ANKLAM	Aerodrome	N.E. & E.A.	3/AIR/4.
GU—4148	ANSBACH	Aerodrome	S.W.A.	3/AIR/5.
GU—4149	ASCHERSLEBEN	Aerodrome	C.A.	3/AIR/5a.
GU—4150	AUGSBURG	Messerschmitt A.G. Factory Aerodrome (see GY—4752)	S.W.A.	3/AIR/5b.
GU—4151	BAHRENFELD	Aerodrome	N.W.A.	3/AIR/5d.
GU—4152	BAMBERG	Aerodrome	S.W.A.	3/AIR/5e.
GU—4153	BARGE	Aerodrome	N.W.A.	3/AIR/5f.
GU—4154	TURKHEIM	Aerodrome	S.W.A.	3/AIR/127b.
GU—4155	TUTOW	Aerodrome	N.E. & E.A.	3/AIR/128.

"GU"
AERODROMES

Operational No.	Town.	Target—Name.	Area.	Air Ministry No.
GU—4156	ULM	Aerodrome	S.W.A.	3/AIR/128a
GU—4157	ÜTERSEN	Aerodrome	N.W.A.	3/AIR/129.
GU—4158	VAREL	Aerodrome	N.W.A.	3/AIR/129a.
GU—4159	VECHTA	Aerodrome	N.W.A.	3/AIR/129b.
GU—4160	VILLINGEN	Aerodrome	S.W.A.	3/AIR/129c.
GU—4161	WANGEROOGE	Aerodrome	N.W.A.	3/AIR/129d.
GU—4162	WARNEMÜNDE	Seaplane Base	N.E. & E.A.	3/AIR/130.
GU—4163	WELPLAGE	Aerodrome	N.W.A.	3/AIR/130a.
GU—4164	FREIBURG	Aerodrome	S.W.A.	3/AIR/30a.
GU—4165	NORDHOLZ	Aerodrome	N.W.A.	3/AIR/81a.

" GU "

AERODROMES

Operational No.	Town.	Target—Name.	Area.	Air Ministry No.
GU—4166	BINGENBROCKE			3/AIR/164.
GU—4167	OBERBREISIG (nr. Franken)	Aerodrome	R. & W.C.A.	3/AIR/218.
GU—4168	WITTLICH	Aerodrome	S.W.A.	3/AIR/166.
GU—4169	BIRKENFELD	Aerodrome	S.W.A.	3/AIR/167.
GU—4170	ESCHEDE	Aerodrome	N.W.A.	3/AIR/168.
GU—4171	WEIDEN	Aerodrome	S.W.A.	3/AIR/169.
GU—4172	MANNHEIM/RHEINAU	Landing Ground	S.W.A.	3/AIR/220.
GU—4173	VOGELSANG	Aerodrome	R. & W.C.A.	3/AIR/171.
GU—4174	BERGHEIM	Aerodrome	R. & W.C.A.	3/AIR/172.
GU—4175	HOYA	Aerodrome	N.W.A.	3/AIR/173.

"GU"
AERODROMES

Operational No.	Town.	Target—Name.	Area.	Air Ministry No.
GU 4176	~~CLOPPENBURG~~ VARRELBUSCH.	Aerodrome	N.W.A.	3/AIR/174.
GU—4177	BASSENHEIM	Landing Ground	S.W.A.	3/AIR/219.
GU—4178	EUSKIRCHEN–ODENDORF	Aerodrome	R. & W.C.A.	3/AIR/176.
GU—4179	SPEYER	Aerodrome	S.W.A.	3/AIR/177.
GU—4180	RANTUM	Seaplane Base	N.W.A.	3/AIR/178.
GU—4181	KASSEL–WALDAU	Aerodrome	R. & W.C.A.	3/AIR/179.
GU—4182	ARDORF	Aerodrome	N.W.A.	3/AIR/180.
GU—4183	FISCHBECKER–HEIDE		N.W.A.	3/AIR/181.
GU—4184	BADEN-BADEN/OOS	Aerodrome	S.W.A.	3/AIR/182.
GU—4185	FRIEDRICHSHAFEN–MANZELL	Seaplane Station	S.W.A.	3/AIR/183.

"GU"

AERODROMES

Operational No.	Town.	Target—Name.	Area.	Air Ministry No.
GU—4186	MALMSHEIM	Aerodrome	S.W.A.	3/AIR/184.
GU—4187	BERLIN–TEMPLEHOF	Aerodrome	C.A.	3/AIR/185.
GU—4188	BARTH	Seaplane Station	N.E. & E.A.	3/AIR/186.
GU—4189 } *now GU.59776*	BORKUM	Seaplane Station	N.W.A.	3/AIR/187. } *now 3/AR/mB.*
GU—4190	AMRUM	Landing Ground	NORTH SEA	3/AIR/188.
GU—4191	NELLINGEN	Aerodromes	S.W.A.	3/AIR/189.
GU—4192	DALHEIM/RODGEN	Landing Ground	R. & W.C.A.	3/AIR/202.
GU—4193	ARSBECK/WILDENRATH	Landing Ground	R. & W.C.A.	3/AIR/203.
GU—4194	ELSDORF/EZTWEILER	Landing Ground	R. & W.C.A.	3/AIR/204.
GU—4195	HAGE	Einsatz Aerodrome	N.W.A.	3/AIR/206.

"GU"
AERODROMES

Operational No.	Town.	Target—Name.	Area.	Air Ministry No.
GU—4196	HERBERTINGEN	Einsatz Aerodrome	S.W.A.	3/AIR/207.
GU—4197	HESEPE	Einsatz Aerodrome	N.W.A.	3/AIR/208.
GU—4198	LEIPHEIM	G.A.F. Aerodrome	S.W.A.	3/AIR/209.
GU—4199	LIMBURG	Einsatz Aerodrome	R. & W.C.A.	3/AIR/210.
GU—4200	MAINZ/WACKERNHEIM	Einsatz Aerodrome	S.W.A.	3/AIR/211.
GU—4201	~~R~~ HOPSTEN	~~Einsatz~~ Aerodrome	N.W.A.	3/AIR/212.
GU—4202	WELS	G.A.F. Aerodrome	OSTERREICH	3/AIR/213.
GU—4203	RHEINE-~~~~	Aerodrome	N.W.A.	3/AIR/214.
GU—4204	PLANTLUNNE	Aerodrome	N.W.A.	3/AIR/215.
GU—4205	GEINSHEIM/NACKENHEIM	Aerodrome	S.W.A.	3/AIR/222.

"GU"

AERODROMES

Operational No.	Town.	Target—Name.	Area.	Air Ministry No.
GU—4206	BOBENHEIM/WORMS	Aerodrome	S.W.A.	3/AIR/223.
GU—4207	KIRCHHELEN	Aerodrome	R. & W.C.A.	3/AIR/224.
GU—4208	KREUZNACH/IPPESHEIM	Aerodrome	S.W.A.	3/AIR/225.
GU—4209	LEIPZIG/LINDENTHAL	Aerodrome	C.A.	3/AIR/226.
GU—4210	BROEKZETEL	Aerodrome	N.W.A.	3/AIR/228.
GU—4211	BLEXER GRODER	Aerodrome	N.W.A.	3/AIR/229.
GU—4212	FRANKFURT/ESCHBORN	Aerodrome	S.W.A.	3/AIR/230.
GU—4213	RHEINE/EMS	Aerodrome	R. & W.C.A.	3/AIR/231.
GU—4214	BORSTEL (nr. Hamburg)	Aerodrome and Seaplane Base	N.W.A.	3/AIR/232.
GU—4215	~~MARIENEHE~~ ROSTOCK (~~nr. Rostock~~)	Aerodrome *see G.Y. 4834*	N.E. & E.A.	3/AIR/233.

"GU"
AERODROMES

Operational No.	Town.	Target—Name.	Area.	Air Ministry No.
GU—4216	KARLSRUHE	Aerodrome	S.W.A.	3/AIR/60b.
GU—4217	KASSEL (Rothwestin) ~~(Rothwestin)~~	Aerodrome	R. & W.C.A.	3/AIR/61.
GU—4218	KAUFBEUREN	Aerodrome	S.W.A.	3/AIR/61a.
GU—4219	KIRCHENLAIBACH	Aerodrome	S.W.A.	3/AIR/62.
GU—4220	KIRTROF (Wahlen)	Satellite Aerodrome	R. & W.C.A.	3/AIR/62a.
GU—4221	KITZINGEN BAD	Aerodrome	S.W.A.	3/AIR/63.
GU—4222	GATOW (Kladow)	Aerodrome	C.A.	3/AIR/63a.
GU—4223	KLÜTZOW	Aerodrome	N.E. & E.A.	3/AIR/64.
GU—4224	KÖLLEDA	Aerodrome and Stores Depot	C.A.	3/AIR/65.
GU—4225	KÖLBERG	Aerodrome	N.E. & E.A.	3/AIR/65a.

"GU"

AERODROMES

Operational No.	Town.	Target—Name.	Area.	Air Ministry No.
GU—4226	SAARBRÜCKEN	Aerodrome	S.W.A.	3/AIR/160a.
GU—4227	SAARLAUTERN	Aerodrome	S.W.A.	3/AIR/110a.
GU—4228	SAGAN	Aerodrome and Aircraft Park	N.E. & E.A.	3/AIR/112.
GU—4229	SALZWEDEL	Aerodrome	S.W.A.	3/AIR/111.
GU—4230	SANDHOFEN	Aerodrome	S.W.A.	3/AIR/113.
GU—4231	SCHAAFHEIM	Aerodrome	S.W.A.	3/AIR/114.
GU—4232	SCHLEHDORF	Aerodrome	S.W.A.	3/AIR/114b.
GU—4233	SCHLESWIG	Seaplane Base	N.W.A.	3/AIR/115.
GU—4234	SCHIPPENBEIL	Aerodrome	N.E. & E.A.	3/AIR/114a.
GU—4235	SCHÖNEFELD	Aerodrome *(see GY. 4812)*	C.A.	3/AIR/161.
GU-4236	GRAZ (Thalerhof)	"	Österreich	3/AIR/257.

"GU"
AERODROMES

Operational No.	Town.	Target—Name.	Area.	Air Ministry No.
GU—4237	MAHRISCH OSTRAU	Aerodrome	Cz.	3/AIR/238.
GU—4238	POSTRELMOV	Landing Ground	Cz.	3/AIR/239.
GU—4239	FREIDRICHSHAFEN/LOWENTHAL	Landing Ground	S.W.A.	3/AIR/240.
GU—4240	VIENNA (Wien Schwechat)	Aerodrome	Austria	3/AIR/242.
GU—4241	VIENNA (Zwölfaxing)	Aerodrome	Austria	3/AIR/243.
GU—4242	BAD VOSLAU (Nr. Wiener Neustadt)	Aerodrome	Austria	3/AIR/244.
GU—4243	WIENER NEUSTADT	Aerodrome	Austria	3/AIR/245.
GU—4244	PARNDORF	Aerodrome	Austria	3/AIR/246.
GU—4245	AINRING	Aerodrome	Austria	3/AIR/247.
GU—4246	SALZBURG	Aerodrome	Austria	3/AIR/248.

"GU"
AERODROMES

Operational No.	Town.	Target—Name.	Area.	Air Ministry No.
GU—4247	BAD REICHENHALL	Aerodrome	Austria	3/AIR/249.
GU—4248	INNSBRUCK	Aerodrome	Austria	3/AIR/250.
GU—4249	KLAGENFURT	Aerodrome	Austria	3/AIR/251.
GU—4250	LINZ	Aerodrome	Austria	3/AIR/252.
GU—4251	WÖRTHER SEE	Seaplane Station	Austria	3/AIR/253.
GU—4252	TULLN	Aerodrome	Austria	3/AIR/254.
GU—4253	AIGEN BEI WORSCHACHT	Aerodrome	Austria	3/AIR/255.
GU—4254	EFERDING	Aerodrome	Austria	3/AIR/256.
GU—4255	HORSCHING (Nr. Linz)	Aerodrome	Austria	3/AIR/257.
GU—4256	SANKT PÖLTEN	Aerodrome	Austria	3/AIR/258.

Page 276c

" GU "
AERODROMES

Operational No.	Town.	Target—Name.	Area.	Air Ministry No.
GU—4257				
GU—4258	OLDENBURG/KAYHAUSERFELD	Aerodrome	N.W.	3/AIR/260
GU—4259	LECK	Aerodrome	N.W.A.	3/AIR/261
GU—4260	LÜTJENHOLM	Aerodrome	N.W.A.	3/AIR/262
GU—4261	OLDERUP	Aerodrome	N.W.A.	3/AIR/263
GU—4262	AHLHORN	Aerodrome	N.W.A.	3/AIR/264
GU—4263	BRÜNN	Aerodrome	Cz.	3/AIR/265.
GU—4264	EGER	Aerodrome	Cz.	3/AIR/266.
GU—4265	KARLSBAD	Aerodrome	Cz.	3/AIR/267.
GU—4266	MARIENBAD	Aerodrome	Cz.	3/AIR/268.

"GU"
AERODROMES

Operational No.	Town.	Target—Name.	Area.	Air Ministry No.
GU—4267	MILOVITZ	Aerodrome	Cz.	3/AIR/269.
GU—4268	OLMUTZ	Aerodrome	Cz.	3/AIR/270.
GU—4269	PRAGUE (Kbely)	Aerodrome	Cz.	3/AIR/271.
GU—4270	PRESSBURG (Bratislava)	Aerodrome	Cz.	3/AIR/272.
GU—4271	PROSSNITZ	Aerodrome	Cz.	3/AIR/273.
GU—4272	U. HRADISCH	Aerodrome	Cz.	3/AIR/274.
GU—4273	WISCHAU (Vyskov)	Aerodrome	Cz.	3/AIR/275.
GU—4274	ZLIN (Otrokowitz)	Aerodrome	Cz.	3/AIR/276.
GU—4275	REICHENBERG (Liberec)	Aerodrome	Cz.	3/AIR/277.
GU—4276	PISTYAN (Aestany)	Aerodrome	Cz.	3/AIR/278.

OPERATIONAL NO:	TOWN	TARGET NAME	AREA	AIR MINISTRY NO:	MAP STORE

OPERATIONAL NO:	TOWN	TARGET NAME	AREA	AIR MINISTRY NO:	MAP STORE

"GK"
SOAP FACTORIES

Operational No.	Town.	Target—Name.	Area.	Air Ministry No.
GK—4451	HAMBURG	Binder and Ketels	N.W.A.	7 (d) 11.
GK—4452	DÜSSELDORF	Henkel	R. & W.C.A.	7 (d) 1.
GK—4453	GENTHIN	Henkel	C.A.	7 (d) 2.
GK—4454	AUSSIG	Schicht (Unilever)	CZECHO-SLOVAKIA	7 (d) 3.
GK—4455	BARMEN	Luhn	R. & W.C.A.	7 (d) 4.
GK—4456	CHEMNITZ	Böhme	C.A.	7 (d) 5.
GK—4457	DÜSSELDORF	Peter Cremer	R. & W.C.A.	7 (d) 6.
GK—4458	KREFELD	Dreiring	R. & W.C.A.	7 (d) 7.
GK—4459	WITTEN	Imhausen	R. & W.C.A.	7 (d) 8.
GK—4460	MANNHEIM	Sunlight (Unilever)	R. & W.C.A.	7 (d) 9.

"GK"

SOAP FACTORIES

Operational No.	Town.	Target—Name.	Area.	Air Ministry No.
GK—4461	BARMEN	Dr. Thompson	R. & W.C.A.	7 (d) 10.
GK—4462	STOLBERG	Dalli-Werke Mäurer und Wirtz A.G.	R. & W.C.A.	7 (d) 12.
GK. 4463	NÜRNBURG – DOOS	(i) Chemische Werke G. Böhner (ii) Chemische Fabrik Doos. Nürnberg Dr. P. Meyer	S W A	7 (d) 13
GK. 4464	DUSSELDORF	Thompson Werke G.m.b.H.	R & W C A	7 (d) 14
GK. 4465	KARLSRUHE	Karlsruhe Feinseifen u. Parfumie Fabrik H. Wolff Söhne G.m.b.H.	S W A	7 (d) 15
GK. 4466	WITTEN	Markische Seifenindustrie	R & W C A.	7 (d) 16

"GK"
FOODSTUFFS
HYDROGENATION OF VEGETABLE AND MARINE OILS

Operational No.	Town.	Target—Name.	Area.	Air Ministry No.
GK—4476	BRAKE	Fett-Raffinerie A.G.	N.W.A.	7 (a) (i) 1.
GK—4477	HAMBURG	Hamburger Oelwerke Brinckman & Mergell	N.W.A.	7 (a) (i) 2.
GK—4478	HAMBURG–HARBURG	Noblée u. Thorl. G.m.b.H.	N.W.A.	7 (a) (i) 3.
GK—4479	EMMERICH a/RHEIN	Oelwerke Germania, Zweigniederlassung der Deutsche Jurgenswerke A.G.	R. & W.C.A.	7 (a) (i) 4.
GK—4480	KLEVE (Rheinland)	Clivia Oerwerke G.m.b.H.	R. & W.C.A.	7 (a) (i) 5.
GK—4481	NEUSS a/RHEIN	Walter Rau, Neusser Oelwerke A.G.	R. & W.C.A.	7 (a) (i) 6.
GK—4482	NEUSS a/RHEIN	N. Simons	R. & W.C.A.	7 (a) (i) 7.
GK—4483	HARBURG	F. Thorls Ver. Harburger Oelfabriken A.G. (Dampfschiffsweg)	N.W.A.	7 (a) (i) 8.

" GK "

FOODSTUFFS

HYDROGENATION OF VEGETABLE AND MARINE OILS

Operational No.	Town.	Target—Name.	Area.	Air Ministry No.

"GK"
FOODSTUFFS
STOCKS

Operational No.	Town.	Target—Name.	Area.	Air Ministry No.
~~GK—4501~~	~~EMDEN~~	~~Emder Lagerhausgesellschaft M.B.H.~~	~~N.W.A.~~	~~7 (b) 18.~~ AL.11
GK—4502	EMDEN	Large Grain Storage Sheds	N.W.A.	7 (b) 19.
~~GK—4503~~	~~HAMBURG~~	~~Freihafen-Lagerhaus Ges. ("Warehouse City")~~	~~N.W.A.~~	~~7 (b) 20.~~
GK—4504	HAMBURG	Hamburger Getreide-Lagerhaus-Gesellschaft	N.W.A.	7 (b) 21.
GK—4505	HAMBURG	Hamburger Getreide Lagerhaus A.G.	N.W.A.	7 (b) 22.
GK—4506	LÜBECK	Grain Storehouse	N.W.A.	7 (b) 23.
GK—4507	WISMAR	Two large Grain Silos	N.W.A.	7 (b) 24
GK—4508	WISMAR	Two large " floor " (Boden) Storehouses for Grain	N.W.A.	7 (b) 25.
GK—4509	WISMAR	A number of large Storage Sheds for Sugar and Grain	N.W.A.	7 (b) 26.
GK—4510	BARTH	Two Grain Silos	N.E. & E.A.	7 (b) 27.

" GK "

FOODSTUFFS

STOCKS

Operational No.	Town.	Target—Name.	Area.	Air Ministry No.
GK—4511	FRANKFURT	Grain Store at West Harbour	S.W.A.	7 (b) 11.
GK—4512	FRANKFURT	(Firm—Hafenmuhle). Two Grain Silos at East Harbour	S.W.A.	7 (b) 12.
GK—4513	BRAUNSCHWEIG	Munsterische Schiffahrts u. Lagerhaus A/G. (Dortmund)	N.W.A.	7 (b) 5a.
GK—4514	BRAUNSCHWEIG	Allgemeine Speditions Ges. A/G. (Duisburg)	N.W.A.	7 (b) 5b.
GK—4515	BRAUNSCHWEIG	Rhenus-Transport G.m.b.H. (Mannheim)	N.W.A.	7 (b) 5c.
~~GK—4516~~	~~ALTONA~~	~~Three Steam Mills and three Special Grain Sheds~~	~~N.W.A.~~	~~7 (b) 13.~~
GK—4517	ECKERNFORDE	Chr. Sieck	N.W.A.	7 (b) 14.
GK—4518	ECKERNFORDE	Getreide A.G.	N.W.A.	7 (b) 15.
GK—4519	ELMSHORN	Peter Kölln	N.W.A.	7 (b) 16.
GK—4520	ELMSHORN	J. & C. Schlüter	N.W.A.	7 (b) 17.

"GK"
FOODSTUFFS
STOCKS

Operational No.	Town.	Target—Name.	Area.	Air Ministry No.
GK—4521	DANZIG	Grain Silos	N.E. & E.A.	7 (b) 28.
GK—4522	ELBING	Two Grain Silos	N.E. & E.A.	7 (b) 29.
GK—4523	KOLBERG	Three Grain Storehouses	N.E. & E.A.	7 (b) 30.
GK—4524	KÖNIGSBERG/PR.	Modern Grain Storehouse at entrance to Harbour, Basin IV	N.E. & E.A.	7 (b) 31.
GK—4525	ROSTOCK	Grain Silo	N.E. & E.A.	7 (b) 32.
GK—4526	VIENNA	Food Supply Stores	ÖSTERREICH	7 (b) 10a.
GK—4527	STRALSUND	Five large Grain Silos	N.E. & E.A.	7 (b) 33.
GK—4528	HALLE	Grain Storage	C.A.	7 (b) 34.
GK—4529	MAGDEBURG	Group of Grain Storehouses *in Commercial Harbour.*	C.A.	7 (b) 35.
GK—4530	ROSTOCK (Lower Warnow)	Corn Silo at Am Strande	N.E. & E.A.	7 (b) 36.

" GK "

FOODSTUFFS

STOCKS

Operational No.	Town.	Target—Name.	Area.	Air Ministry No.
GK—4531	ROSTOCK (Lower Warnow)	Corn Silo at Am Petridamm	N.E. & E.A.	7 (b) 37.
GK—4532	BRAKE	Six Cereal Suction Plants and large Silos	N.W.A.	7 (b) 1.
GK—4533	BREMEN	Hansa Mills (Gercke & Deppen). Cereal Store at Holz-Fabriken Hafen	N.W.A.	7 (b) 2.
GK—4534	BREMEN	Roland Mills. Cereal Store at Holz-Fabriken Hafen	N.W.A.	7 (b) 3.
GK—4535	BREMEN	Bremer Lagerhaus Ges. Large Cereal Handling Plant with Suction Plant and Silo at Harbour 11.	N.W.A.	7 (b) 4.
GK—4536	BREMEN	Gebruder Nielson. Rice and Starch Mills	N.W.A.	7 (b) 5.
GK—4537	KIEL (Nordhafen)	Schleswig-Holsteinische Meiereiverbände	N.W.A.	7 (b) 6.
GK—4538	DUISBURG–RUHRORT	Lagerhausvereinigung G.m.b.H. Cereal Store. Duisburg Inner and Outer Harbours.	R. & W.C.A.	7 (b) 7.
GK—4539	DÜSSELDORF	Plattge Wheat. Düsseldorf Harbour	R. & W.C.A.	7 (b) 8.
GK—4540	DÜSSELDORF	Grain Storehouse	R. & W.C.A.	7 (b) 9.

"GK"
FOODSTUFFS
STOCKS

Operational No.	Town.	Target—Name.	Area.	Air Ministry No.
GK—4541	STETTIN	Grain Silo in Maritime Harbour	N.E. & E.A.	7 (b) 10.
GK—4542	MUNSTER	Flour Mills	R. & W.C.A.	7 (b) 38.
GK—4543	SOEST	Flour Mills	R. & W.C.A.	7 (b) 39.
GK—4544	KREFELD	Flour Mills	R. & W.C.A.	7 (b) 40.
GK—4545	NIEDERLAHNSTEIN	Flour Mills	S.W.A.	7 (b) 41.
GK—4546	HAMELN	Wesermühlen A.G. (Rye Mill)	N.W.A.	7 (b) 42.
GK—4547	HAMELN	Wesermühlen A.G. (Wheat Mill)	N.W.A.	7 (b) 43.
GK—4548	BREMEN–HOLZHAFEN	Kaffee Handels A.G.	N.W.A.	7 (b) 44.
GK 4549	DORTMUND	Dortmunder Mühlenwerke A.G.		
GK 4550	LÜBECK	H. J. Brüggen & Holstenmühle G.m.b.H.		

"GK"
FOODSTUFFS
STOCKS

Operational No.	Town.	Target—Name.	Area.	Air Ministry No.
GK 4551	LÜBECK - SIEMS	Getreidesilos	NWA	- 4/9/47
GK 4552	SCHWARTAU (N. Lübeck)	Schwartauer Werke AG.	"	- 4/9/48
GK 4553	LUDWIGSHAFEN	Ludwigshafener Walzmühle	SWA	- 4/9/49
GK 4554	FRANKENTHAL	Zuckerfabrik Frankenthal AG	"	- 4/9/50
GK 4555	DUSSELDORF	Weizendorfs Mühle & Lamets	RIWA	7 (?) 51
GK 4556	REISHOLZ	Rheinmühlen AG (see G.O. 1126)	"	4/9/52

"GK"
FOODSTUFFS
EDIBLE OILS AND FATS

Operational No.	Town.	Target—Name.	Area.	Air Ministry No.
GK—4576	HARBURG-WILHELMSBURG	Harburg Oelwerke Brinckman & Mergell	N.W.A.	7 (a) 22.
GK—4577	HARBURG-WILHELMSBURG	F. Thörls Ver. Harburger Oelfabriken A.G. (~~Schloss-strasse~~) See Hafen Factory.	N.W.A.	7 (a) 24.
GK—4578	HARBURG-WILHELMSBURG	F. Thörls Ver. Harburger Oelfabriken A.G. (~~Schloss-strasse~~) (See Hafen Factory)	N.W.A.	7 (a) 25.
GK—4579	HARBURG-WILHELMSBURG (Nord)	H. Schlinck & Cie, A.G.	N.W.A.	7 (a) 6.
GK—4580	BREMEN	Bremen-Besighheimer Oelfabriken	N.W.A.	7 (a) 2.
GK—4581	BREMEN	Margarinwerke Ostfreisland A.G., Osterstrasse 58/59	N.W.A.	7 (a) 3.
GK—4582	HAMBURG-VEDDEL	Toepffers Oelwerke G.m.b.H.	N.W.A.	7 (a) 4.
GK—4583	HARBURG-WILHELMSBURG	F. Thörls Ver. Harburger Oelfabriken A.G. (Zitadelle).	N.W.A.	7 (a) 5.
GK—4584	BREMEN	Oelfabrik Gross-Gerau. Bremen	N.W.A.	7 (a) 7.
GK—4585	SPYCK b. CLEVE	Deutsche Jurgenswerke A.G.	R. & W.C.A.	7 (a) 18.

" GK "

FOODSTUFFS

EDIBLE OILS AND FATS

Operational No.	Town.	Target—Name.	Area.	Air Ministry No.
GK—4586	HAMBURG	Hansa-Muhle G.m.b.H. *(GO.1188)*	N.W.A.	7 (a) 8.
GK—4587	STETTIN	Messrs. A. H. Zander	N.E. & E.A.	7 (a) 10.
GK—4588	STETTIN	Oelfabrik Paul Julius Stahlberg	N.E. & E.A.	7 (a) 11.
GK—4589	STETTIN (Zullchow)	Stettiner Oelwerke A.G.	N.E. & E.A.	7 (a) 12.
GK—4590	HAMBURG	Deutsche Blaufriesreem Transport u. Lagerhaus A.G.	N.W.A.	7 (a) 9.
GK—4591	MAGDEBURG	Gustavhubbe G.W. Farenholtz G.m.b.H.	C.A.	7 (a) 13.
GK—4592	KRISCHWITZ (nr. Tetschen)	" Centra " Margarine Works	N.E. & E.A.	7 (a) 14.
GK—4593	GOCH./RHLD.	Niederrheinische Oelwerke A.G.	R. & W.C.A.	7 (a) 16.
GK—4594	MANNHEIM	Verein Deutscher Oelfabriken	S.W.A.	7 (a) 20.
GK—4595	DÜSSELDORF	Henkel & Cie, A.G.	R. & W.C.A.	7 (a) 15.

"GK"
FOODSTUFFS
EDIBLE OILS AND FATS

Operational No.	Town.	Target—Name.	Area.	Air Ministry No.
GK—4596	UERDINGEN (Niederrhein)	Holts & Willemsen G.m.b.H.	R. & W.C.A.	7 (a) 19.
GK—4597	NEUSS (Rhein)	C. Thywissen, Oelmuhle	R. & W.C.A.	7 (a) 17.
GK—4598	AUSSIG	George Schicht A.G.	CZECHO-SLOVAKIA	7 (a) 21.

"GK"

FOODSTUFFS

EDIBLE OILS AND FATS

Operational No.	Town.	Target—Name.	Area.	Air Ministry No.

"GK"
FOODSTUFFS
FISH

Operational No.	Town.	Target—Name.	Area.	Air Ministry No.
GK—4621	CUXHAVEN	Iceworks. Extension of Fishing Harbour, 1918–1922	N.W.A.	7 (c) 1.
GK—4622	CUXHAVEN	Fish Despatching Station, 1935	N.W.A.	7 (c) 2.
GK—4623	WESERMÜNDE	Nordsee A/G Plant (Germany's largest fishing concern)	N.W.A.	7 (c) 3.
GK 4624	LÜBECK	Lubecawerke G.m.b.H.	NWA	7(c)4

" GK "

FOODSTUFFS

FISH

Operational No.	Town.	Target—Name.	Area.	Air Ministry No.

"GY"
AIR ARMAMENTS
PRINCIPAL AERO-ENGINE WORKS

Operational No.	Town.	Target—Name.	Area.	Air Ministry No.
GY—4651	SCHONEBECK	Junker Flugzeug und Motoren Werke A.G. (Subsidiary Factory)	C.A.	3 (*f*) 18.
GY—4652	MANNHEIM	Daimler Benz A.G. (Branch Factory)	S.W.A.	3 (*f*) 20.
GY—4653	MUNICH	Bayerische Motorenwerke A.G. (B.M.W. Flugmotorenbau G.m.b.H.)	S.W.A.	3 (*f*) 21.
GY—4654	STUTTGART (Unterturkheim)	Daimler Benz A.G.	S.W.A.	3 (*f*) 22a.
GY—4655	BASDORF	Brandenburgische Motorenwerk G.m.b.H. (Bramo) (Siemens)	N.E. & E.A.	3 (*f*) 22b.
GY—4656	LETNANY (nr. Prague)	Avia (Skoda)	CZECHO-SLOVAKIA	3 (*f*) 32.
GY—4657	PLZEN	Skoda	CZECHO-SLOVAKIA	3 (*f*) 33.
GY—4658	PRAGUE-LIBEN	C.K.D.	CZECHO-SLOVAKIA	3 (*f*) 34.
GY—4659	HAMELN	Kaminsky Franz	N.W.A.	3 (*f*) 39.
GY—4660	TRENCIN	Hispano-Suiza	CZECHO-SLOVAKIA	3 (*f*) 36.

"GY"

AIR ARMAMENTS

PRINCIPAL AERO-ENGINE WORKS

Operational No.	Town.	Target—Name.	Area.	Air Ministry No.
GY—4661	ARNIMSWALDE	Pommersche Motorenbau G.m.b.H.	N.E. & E.A.	3 (f) 22d.
GY—4662	ALLACH	Junkers Motorenbau G.m.b.H. (Subsidiary Factory)	S.W.A.	3 (f) 18a.
GY—4663	VIENNA (XXI)	Oesterreichische Automobilfabriks Aktiengesellschaft (formerly Austro Fiat) *(see GH.531)*	OSTMARK	3 (f) 26.
GY—4664	FLORIDSDORF (Vienna)	Siemen's-Halske A.G. (Branch of the German Siemen)	OSTMARK	3 (f) 27.
~~GY—4665~~	~~BRNO (Morava)~~	~~Bares Karel Pardnby~~ *AL no.8.*	~~CZECHO-SLOVAKIA~~	~~3 (f) 28.~~
GY—4666	JINONICE (nr. Prague)	Walter	CZECHO-SLOVAKIA	3 (f) 29.
GY—4667	KOPRIVNICE (Moravia)	Walter (Branch Factory)	CZECHO-SLOVAKIA	3 (f) 30.
GY—4668	KOPRIVNICE (Moravia)	Tatra (Ringhoffer)	CZECHO-SLOVAKIA	3 (f) 31.
~~GY—4669~~	~~NESSELSDORF (nr. Neutitschein)~~	~~Ringhoffer-Tatra~~	~~CZECHO-SLOVAKIA~~	~~3 (f) 97.~~
GY—4670	DESSAU	Junker Motorenbau G.m.b.H. (Subsidiary Factory)	C.A.	3 (f) 11.

"GY"
AIR ARMAMENTS
PRINCIPAL AERO-ENGINE WORKS

Operational No.	Town.	Target—Name.	Area.	Air Ministry No.
GY—4671	GENSHAGEN (Ludwigsfelde)	Daimler Benz A.G. (Branch Factory)	C.A.	3 (f) 13.
GY—4672	KÖTHEN	Junker Flugzeug und Motorenbau G.m.b.H.	C.A.	3 (f) 15.
GY—4673	LEIPZIG (Taucha)	Mitteldeutsche Motorenwerke (Subsidiary of Auto Union)	C.A.	3 (f) 16.
GY—4674	WALTERSDORF (Berlin Uberkonigs Wusterhausen)	Hirth Motoren	C.A.	3 (f) 16a.
GY—4675	MAGDEBURG	Junkers Motorenbau G.m.b.H. (Subsidiary Factory)	C.A.	3 (f) 17.
GY—4676	BRUNSWICK (Querum)	Niedersachsische Motorenwerke (Subsidiary of Büssing N.A.G.)	N.W.A.	3 (f) 1.
GY—4677	VAREL	Motorenwerke Varel G.m.b.H.	N.W.A.	3 (f) 2.
GY—4678	HAMBURG (Moorfleth)	Humboldt Deutz Motoren G.m.b.H.	N.W.A.	3 (f) 3.
GY—4679	EISENACH	Bayerische Motorenwerke A.G.	R. & W.C.A.	3 (f) 4.
GY—4680	EISENACH (nr. Hohe Sonne, Stockhausen)	B.M.W. Flugmotorenfabrik G.m.b.H.	R. & W.C.A.	3 (f) 5.

"GY"

AIR ARMAMENTS

PRINCIPAL AERO-ENGINE WORKS

Operational No.	Town.	Target—Name.	Area.	Air Ministry No.
GY—4681	KASSEL (Altenbauna)	Henschel Flugmotorenbau	R. & W.C.A.	3 (f) 6.
GY—4682	BERLIN (Spandau)	B.M.W. Flugmotorenwerke Brandenburg G.m.b.H.	C.A.	3 (f) 7.
GY—4683	BERLIN (Marienfelde)	Daimler Benz A.G.	C.A.	3 (f) 8.
GY—4684	BERLIN (Reinickendorf)	Argus Motoren G.m.b.H.	C.A.	3 (f) 9.
GY-4685	CHEMNITZ	Junkers Diesel Kraft Maschinen G.m.b.H.	CA.	3 (f) 38.
GY-4686	NÜRNBERG-SCHWEINAU	Zündapp Werke G.m.b.H	S W A	3 (f) 40
GY-4687	NÜRNBERG	Zündapp G.m.b.H.	"	3 (f) 41
GY 4688				
GY 4689	WIEN (VIENNA)	Flugwerke Ostmark	Austria	3 (f) 43

"GY"
AIR ARMAMENTS
PARACHUTE FACTORIES

Operational No.	Town.	Target—Name.	Area.	Air Ministry No.
GY—4701	CELLE	Seidenwerk Spinhutte A.G.	N.W.A.	3 (l) 1.

"GY"
AIR ARMAMENTS
PARACHUTE FACTORIES

Operational No.	Town.	Target—Name.	Area.	Air Ministry No.

"GY"
AIR ARMAMENTS
PRINCIPAL AIRFRAME FACTORIES

Operational No.	Town.	Target—Name.	Area.	Air Ministry No.
GY—4751	MANNHEIM (Rheinau)	Schütte-Lanz Holzwerke A/G.	S.W.A.	3 (e) 86.
GY—4752	AUGSBURG	~~Bayerische Flugzeugwerke A.G.~~ Messerschmidt A.G.	S.W.A.	3 (e) 46.
GY—4753	FRIEDRICHSHAFEN (Allmansweiler)	Dornier Werke (Branch) (see GY.4758)	S.W.A.	3 (e) 46a.
GY—4754	BOBLINGEN (nr. Stuttgart)	Leichtflugzeugbau Klemm G.m.b.H.	S.W.A.	3 (e) 55.
GY—4755	FRIEDRICHSHAFEN (Mansell)	Dornier Metallbauten G.m.b.H. (Parent Works)	S.W.A.	3 (e) 47.
GY—4756	FÜRTH	Gothaer Waggonfabrik A.G.	S.W.A.	3 (e) 48.
GY—4757	BERLIN-WILDAU	A.E.G.	C.A.	3 (e) 81.
GY—4758	LÖWENTHAL	Dornier Metallbauten G.m.b.H.	S.W.A.	3 (e) 50.
GY—4759	MUNICH (Ober Pfaffenhofen, nr. Aubing)	Dornier Metallbauten G.m.b.H. (Branch)	S.W.A.	3 (e) 51.
GY—4760	HAMBURG (Worthdam)	Blohm & Voss Abteilung Flugzeugbau, ex Hamburger Flugzeugbau G.m.b.H. (Main Works)	N.W.A.	3 (e) 10.

" GY "

AIR ARMAMENTS

PRINCIPAL AIRFRAME FACTORIES

Operational No.	Town.	Target—Name.	Area.	Air Ministry No.
GY—4761	HAMBURG (Osthalle)	Blohm & Voss Abteilung Flugzeugbau, *ex* Hamburger Flugzeugbau G.m.b.H. (Subsidiary Factory)	N.W.A.	3 (*e*) 11.
GY—4762	WISMAR	Dornier Metallbauten (Main Office and Factory)	N.E.A.	3 (*e*) 87.
GY—4763	LÜBECK	Norddeutsche Dornier Werke	N.W.A.	3 (*e*) 13.
GY—4764	OCHZENSOLL–HAMBURG	Junkers Branch Factory	N.W.A.	3 (*e*) 14.
GY—4765	GOTHA	Gothaer Waggonfabrik A.G.	R. & W.C.A.	3 (*e*) 15.
GY—4766	KASSEL (Bettenhausen)	Fieseler Flugzeugbau G.m.b.H.	R. & W.C.A.	3 (*e*) 16.
GY—4767	HARBURG	Blohm & Voss (Hiedersachsische Metalwarenfabrik A.G.)	N.W.A.	3 (*e*) 79.
GY—4768	FINKENWARDER	Blohm & Voss (Subsidiary Factory)	N.W.A.	3 (*e*) 77.
GY—4769	SPEYER	Flugwerke Saarfelz G.m.b.H.	S.W.A.	3 (*e*) 82.
GY—4770	HOYKENKAMP (nr. Delmenhorst)	Focke-Wulf Flugzeugbau G.m.b.H. (Focke Achgelis und Co., G.m.b.H.)	N.W.A.	3 (*e*) 78.

"GY"
AIR ARMAMENTS
PRINCIPAL AIRFRAME FACTORIES

Operational No.	Town.	Target—Name.	Area.	Air Ministry No.
GY—4771	BRESLAU	Junkers Flugzeug & Motorenwerke (see GN 3824)	N.E. & E.A.	3 (e) 83.
GY—4772	BREMEN-NEUENLAND	Focke-Wulf Flugzeugbau A.G.	N.W.A.	3 (e) 1.
GY—4773	BREMEN-HASTEDT	Focke-Wulf Flugzeugbau A.G.	N.W.A.	3 (e) 2.
GY—4774	~~WIENER-NEUSTADT~~	~~Daimler Autowerke~~	~~OSTERREICH~~	~~3 (e) 85.~~
GY—4775	BRAUNSCHWEIG-WILHELMITOR BRUNSWICK	MIAG (Muhlenbau Industrie A.G.). Branches also at Schmiedeberg and Frankfurt/M.	N.W.A.	3 (e) 5.
GY—4776	BRAUNSCHWEIG-WAGGUM BRUNSWICK	MIAG (Muhlenbau Industrie A.G.)	N.W.A.	3 (e) 5a.
GY—4777	BREMEN	Weser Flugzeugbau G.m.b.H. (Parent Works)	N.W.A.	3 (e) 6.
GY—4778	DEICHSHAUSEN (Lemwerder)	Weser Flugzeugbau G.m.b.H.	N.W.A.	3 (e) 7.
GY—4779	DELMENHORST (Stedingerstrasse)	Weser Flugzeugbau G.m.b.H.	N.W.A.	3 (e) 8.
GY—4780	EINSWARDEN	Weser Flugzeugbau G.m.b.H. (Branch Factory)	N.W.A.	3 (e) 9.

"GY"

AIR ARMAMENTS

PRINCIPAL AIRFRAME FACTORIES

Operational No.	Town.	Target—Name.	Area.	Air Ministry No.
GY—4781	FÜRTH	Bachmann, Von Blumenthal & Co., Flugzeugbau	S.W.A.	3 (e) 47a.
GY—4782	CHOCEN (Bohemia)	Benes-Mraz	CZECHO-SLOVAKIA	3 (e) 68.
GY—4783	LETNANY (nr. Prague)	Avia (Skoda)	CZECHO-SLOVAKIA	3 (e) 69.
GY—4784	LETNANY (nr. Prague)	Letov State Factory	CZECHO-SLOVAKIA	3 (e) 70.
GY—4785	OTROKOVICE ZLIN. (nr. Zlin, Moravia)	Zlinska Letecka (Bata) (Also see page 230a)	CZECHO-SLOVAKIA	3 (e) 71.
GY—4786	PIESTANY (Slovakia)	Letov State Factory	CZECHO-SLOVAKIA	3 (e) 72.
GY—4787	PRAGUE–VYSOCANY	Aero (see GY 4658)	CZECHO-SLOVAKIA	3 (e) 73.
GY—4788	PRAGUE–LIBEN	C.K.D. (see GY 4658)	CZECHO-SLOVAKIA	3 (e) 74.
GY—4789	STUDENKA	Ringhoffer	CZECHO-SLOVAKIA	3 (e) 75.
GY—4790	TRENCIN (Slovakia)	Avia (Skoda) Reserve Factory	CZECHO-SLOVAKIA	3 (e) 76.

"GY"
AIR ARMAMENTS
PRINCIPAL AIRFRAME FACTORIES

Operational No.	Town.	Target—Name.	Area.	Air Ministry No.
GY—4791	RIBNITZ	Bachmann Werke Flugzeugbau	N.E. & E.A.	3 (e) 61.
GY—4792	WISMAR	Dornier Metallbauten G.m.b.H. (Branch Factory)	N.E. & E.A.	3 (e) 62.
GY—4793	WARNEMÜNDE – GROSSKLEIN	Ernst Heinkel Flugzeugwerke, ex Arado Flugzeugwerke G.m.b.H.	N.E. & E.A.	3 (e) 63.
GY—4794	LEIPZIG	Allgemeine Transport Anlage Ges. II	C.A.	3 (e) 35a.
GY—4795	LEOPOLDSHALL	Junkers Flugzeug u. Motorenwerk A.G. (Subsidiary Factory)	C.A.	3 (e) 38a.
GY—4796	LEIPZIG (Heiterblick)	Erla Maschinenwerk G.m.b.H.	C.A.	3 (e) 37.
GY—4797	LEIPZIG (Grosszschocher)	Allgemeine Transport G.m.b.H. (Aircraft Factory)	C.A.	3 (e) 84.
GY—4798	BABELSBERG (Berlin)	Arado Flugzeugwerke G.m.b.H. (Subsidiary Works) (Lindstrom (see GH.634) A.G.)	C.A.	3 (e) 39.
GY—4799	ORANIENBURG – ANNAHOF	Ernst Heinkel Flugzeugwerke G.m.b.H. (Headquarters)	C.A.	3 (e) 40.
GY—4800	ORANIENBURG (Germandorf)	Ernst Heinkel Flugzeugwerke G.m.b.H.	C.A.	3 (e) 41.

"GY"

AIR ARMAMENTS

PRINCIPAL AIRFRAME FACTORIES

Operational No.	Town.	Target—Name.	Area.	Air Ministry No.
GY—4801	OSCHERSLEBEN (a.d. Bode)	Ago Flugzeugwerke, formerly Apparatebau G.m.b.H. (Ago G.m.b.H.)	C.A.	3 (e) 42.
GY—4802	RATHENOW	Arado Flugzeugwerke G.m.b.H.	C.A.	3 (e) 42a.
GY—4803	WENZENDORF	Hamburger Flugzeugbau G.m.b.H. (Subsidiary Factory)	N.W.A.	3 (e) 44.
GY—4804	WITTENBURG (in Halle)	Arado Flugzeugwerke G.m.b.H.	C.A.	3 (e) 45.
GY—4805	BREMEN (Hemelingen)	Focke Wulf Flugzeugwerke A.G.	N.W.A.	3 (e) 3a.
GY—4806	HALLE (Schkeuditz Public Airport)	Siebel Flugzeugwerke Halle A.G.	C.A.	3 (e) 31a.
GY—4807	HIRTENBERG (L. Austria)	Hirtenberger A.G.	OSTMARK	3 (e) 66.
GY—4808	WIENER NEUSTADT (on Aerodrome)	Wiener Neustadt Aircraft Co.	OSTMARK	3 (e) 67.
GY—4809	KASSEL (Waldau Aerodrome)	Fieseler Flugzeugbau G.m.b.H.	R. & W.C.A.	3 (e) 16a.
GY—4810	~~KASSEL~~	~~Fieseler Flugzeugbau G.m.b.H.~~	~~R. & W.C.A.~~	~~3 (e) 16b.~~

"GY"
AIR ARMAMENTS
PRINCIPAL AIRFRAME FACTORIES

Operational No.	Town.	Target—Name.	Area.	Air Ministry No.
GY—4811	SCHKEUDITZ	Siebel Flugzeugwerke Halle A.G.	C.A.	3 (e) 43a.
GY—4812	BERLIN (Schonefeld)	Henschel Flugzeugbau A.G. (Parent Works)	C.A.	3 (e) 21.
GY—4813	BERLIN (Johannisthal)	Henschel Flugzeugbau A.G. (Branch)	C.A.	3 (e) 22.
GY—4814	BERLIN (Rangsdorf)	Bucker Flugzeugbau G.m.b.H. (Main Factory)	C.A.	3 (e) 23.
GY—4815	BERLIN (Reinickendorf)	Dornier Norddeutsche Werke G.m.b.H. (Branch Factory)	C.A.	3 (e) 24.
GY—4816	BERLIN (Reinickendorf)	Ernst Heinkel Flugzeugwerke G.m.b.H. (Branch Factory) *(see GY 4684)*	C.A.	3 (e) 25.
GY—4817	BRANDENBURG (a.d. Havel)	Arado Flugzeugwerke G.m.b.H. (Subsidiary Works)	C.A.	3 (e) 27.
GY—4818	ASCHERSLEBEN	Junkers Flugzeug u. Motorenwerk A.G.	C.A.	3 (e) 18.
GY—4819	DESSAU	Junker Flugzeugwerke A.G. (Parent Works) *(see GY 4670)*	C.A.	3 (e) 28.
GY—4820	DESSAU (South end)	Junker Flugzeugwerke A.G., Deutsche Reichsbahn Anlage (Branch)	C.A.	3 (e) 29.

"GY"
AIR ARMAMENTS
PRINCIPAL AIRFRAME FACTORIES

Operational No.	Town.	Target—Name.	Area.	Air Ministry No.
GY—4821	HALLE	Siebel Flugzeugwerke Halle. Branch Factory of Leichtflugzeugbau Klemm G.m.b.H.	C.A.	3 (e) 33.
GY—4822	HALBERSTADT	Junkers Flugzeug und Motorenwerke A.G. (Subsidiary Company)	C.A.	3 (e) 34.
GY—4823	ILMENAU	Ilmenauer Flugzeugbau G.m.b.H.	C.A.	3 (e) 34a.
GY—4824	LEIPZIG (Mockau)	Allgemeine Transport G.m.b.H. (Assembly Factory) *(see GY. 4825)*	C.A.	3 (e) 35.
GY—4825	LEIPZIG (Mockau)	Erla Maschinenwerk G.m.b.H.	C.A.	3 (e) 36.
GY—4826				
GY—4827	MUNICH (Neuaubing)	Dornier Metallbauten G.m.b.H. Branch Factory (Leichtmetallbau) G.m.b.H.	S.W.A.	3 (e) 52.
GY—4828	REGENSBURG	~~Bayerische Flugzeugwerke A.G. Branch Factory~~ *Messerschmidt A.G.*	S.W.A.	3 (e) 53.
GY—4829	RICKENBACH	Dornier Metallbauten G.m.b.H. Branch Factory	S.W.A.	3 (e) 54.
GY—4830	ANKLAM	Arado Flugzeugwerke G.m.b.H.	N.E. & E.A.	3 (e) 54a.

"GY"
AIR ARMAMENTS
PRINCIPAL AIRFRAME FACTORIES

Operational No.	Town.	Target—Name.	Area.	Air Ministry No.
GY—4831	ROSTOCK (Bleicherstr)	Ernst Heinkel Flugzeugwerke G.m.b.H. (Subsidiary Factory)	N.E. & E.A.	3 (e) 56.
GY—4832	ROSTOCK (Werfstr)	Ernst Heinkel Flugzeugwerke G.m.b.H. (Subsidiary Factory) (see GR3585)	N.E. & E.A.	3 (e) 57.
GY—4833	ROSTOCK (Horstwesselstr)	Ernst Heinkel Flugzeugwerke G.m.b.H. (Subsidiary Factory) (see GR3585)	N.E. & E.A.	3 (e) 58.
GY—4834	ROSTOCK (Marienehe, 2½ Km. N.W. of Rostock)	Ernst Heinkel Flugzeugwerke G.m.b.H. (Assembly Works)	N.E. & E.A.	3 (e) 59.
GY—4835	BERNBURG	Junkers Flugzeug u. Motorenwerke A.G. Assembly Factory	C.A.	3 (e) 27a.
~~GY—4836~~	~~BLANKENESE~~	~~Blohm and Voss~~	~~N.W.~~	~~3 (e) 88.~~
GY—4837	MUNICH	Pause Rudolf, Flugzeugbau	S.W.A.	3 (e) 89.
~~GY—4838~~	~~ESSEN~~	~~Friedrich Krupp A.G.~~	~~R. & W.C.A.~~	~~3 (e) 90.~~ AL.11
GY—4839	LEIPZIG	Junkers Flugzeugwerke A.G. (see GY.4825)	C.A.	3 (e) 91.
GY—4840	HANNOVER–BRINK	Brinker Eisenwerke, Max H. Müller	N.W.A.	3 (e) 92.

"GY"
AIR ARMAMENTS
PRINCIPAL AIRFRAME FACTORIES

Operational No.	Town.	Target—Name.	Area.	Air Ministry No.
GY 4841	STEIN (Nuremberg)	Ato Joker A.G.	South	F(o) 93
GY 4842	BRAUNSCHWEIG (NEUOETRITER) BRUNSWICK	Miag (Mühlenbau u Industrie AG	N.W.	F. 1394
GY 4843				
GY 4844				
GY 4845				
GY 4846				
GY 4847				
GY 4848				
GY 4849				
GY 4850	FISCHAMEND (N. Bezirk, Vienna)	Heinz Hentzel, Flugzeugwerke		F. 2 3782

"GW"
AIRCRAFT STORES AND EQUIPMENT
AIR DEPOTS

Operational No.	Town.	Target—Name.	Area.	Air Ministry No.
GW—4901	ERDING (nr. München)	Stores Depot	S.W.A.	3/AIR/26.
GW—4902	GÖTTINGEN	Stores Depot	R. & W.C.A.	3/AIR/42.
GW—4903	JUTERBOG	Stores Depot	C.A.	3/AIR/60.
GW—4904	KÖLLEDA	Stores Depot	C.A.	3/AIR/65.
GW—4905	TRAVEMUNDE/PÖTENITZ	Seaplane Station & Equipment Depot	N.W.A.	3/AIR/102.
GW—4906	ROTENBURG	Stores Depot	N.W.A.	3/AIR/110.
GW—4907	SCHWERIN	Stores Depot	N.E. & E.A.	3/AIR/117.
GW—4908	PRIEMER FORST	Stores Depot	N.E. & E.A.	3/AIR/236.
GW—4909	TANNEN	Stores Depot	—	3/AIR/235.
GW—4910	TELTOW	Stores Depot	C.A.	3/AIR/234.

" GW "
AIRCRAFT STORES AND EQUIPMENT
AIR DEPOTS

Operational No.	Town.	Target—Name.	Area.	Air Ministry No.
GW—4911	ESCHWEGE	Aircraft Depot	R. & W.C.A.	3/AIR/27.

"GW"
AIRCRAFT STORES AND EQUIPMENT
AIR PARKS

Operational No.	Town.	Target—Name.	Area.	Air Ministry No.
GW—4951	SEERAPPEN	Aircraft Park	N.E. & E.A.	3/AIR/118.
GW—4952	STENDAL	Aircraft Park	C.A.	3/AIR/122a.
GW—4953	SWINEMÜNDE	Coastal Aircraft Park	N.E. & E.A.	3/AIR/124.
GW—4954	TONNING (Seaplane Station)	Coastal Aircraft Park	N.W.A.	3/AIR/126.
GW—4955	WUNSTORF	Aircraft Park	N.W.A.	3/AIR/136.
GW—4956	HOLTENAU	Coastal Aircraft Park	N.W.A.	3/AIR/54.
GW—4957	LEIPZIG-LINDENTHAL	Aircraft Park	C.A.	3/AIR/226.
GW—4958	ANKLAM	Aircraft Park	N.E. & E.A.	3/AIR/4.
GW—4959	BRANDIS	Aircraft Park	C.A.	3/AIR/12.
GW—4960	DIEPHOLZ	Aircraft Park	N.W.A.	3/AIR/24.

" GW "

AIRCRAFT STORES AND EQUIPMENT

AIR PARKS

Operational No.	Town.	Target—Name.	Area.	Air Ministry No.
GW—4961	GABLINGEN	Aircraft Park	S.W.A.	3 AIR/34.
GW—4962	GOSLAR	Aircraft Park	R. & W.C.A.	3/AIR/40.
GW—4963	HALL	Aircraft Park	S.W.A.	3/AIR/49.
GW—4964	ILLESHEIM	Aircraft Park	S.W.A.	3 AIR/56.
GW—4965	LEIGNITZ	Aircraft Park	N.E. & E.A.	3/AIR/70.
GW—4966	PADERBORN	Aircraft Park	R. & W.C.A.	3/AIR/98a.
GW—4967	SAGAN	Aircraft Park	N.E. & E.A.	3/AIR/112.

(C39106) 200 11/40

"GN"
LAND ARMAMENTS

312a

Operational No.	Town.	Target—Name.	Area.	Air Ministry No.
GN—5001	DUBENICE	Skoda Works	Cz.	3 (d) 85.
GN—5002	~~LETTEN~~ NEUZEUG (~~Nr. Steyr~~) (nr Sierning)	~~Arms Factory~~ Merkurwerke	Austria	3 (d) 86.
GN—5003	ADAMOV	Adamov Armament Factory	Cz.	3 (d) 87.
GN—5004	BRNO (Brunn)	Povni Brneska	Cz.	3 (d) 88.
GN—5005	BRNO (Brunn)	Kralovo Polska	Cz.	3 (d) 89.
GN—5006	KÖNIGSBERG	Waggonfabrik L. Steinfurt A.G.	N.E. & E.A.	3 (d) 90.
GN—5007	LANGENDREER	Westfälische Union A.G. fur Eisen u. Drahtindustrie (see GH 598)	R. & W.C.A.	3 (d) 91.
GN—5008	BERLIN (Lichtenberg)	Knorr-Bremse A.G. (See ~~GR—3706,~~ 3 (c) 53)	C.A.	3 (d) 92.
GN—5009	FALLERSLEBEN	Ammunition Depôt	C.A.	3 (d) 93.
GN—5010	TORGAU	Ammunition Factory and Depôt	C.A.	3 (d) 94.

" GN "
LAND ARMAMENTS

Operational No.	Town.	Target—Name.	Area.	Air Ministry No.
GN—5011	JUTERBOG	Munition Factory	C.A.	3 (d) 95.
GN—5012	HILLERSLEBEN	Ammunition Factory and Depot	C.A.	3 (d) 96.
GN—5013	BURG (Nr. Magdeburg)	Neumann Sewing Machine Factory	C.A.	3 (d) 97.
GN—5014	GENTHIN (Blokdam)	Arms Factory	C.A.	3 (d) 98.
GN—5015	LENNEP-REMSCHEID	Friedrich Haas	R. & W.C.A.	3 (d) 99.
GN—5016	LENNEP-REMSCHEID	Bemag	R. & W.C.A.	3 (d) 100.
GN—5017	BERLIN	Baer u. Stein, Metallwarenfabrik	C.A.	3 (d) 101. AL. II
GN—5018	BERLIN	Werkzeugmaschinenfabrik Stein	C.A.	3 (d) 102. AL. II
GN—5019	BERLIN	Altmann A.G. fur Metallbearbeitung	C.A.	3 (d) 103. AL. II
GN—5020	PLAUEN	Vogtlandische Maschinenfabrik A.G.	C.A.	3 (d) 104.

"GN"
LAND ARMAMENTS

Operational No.	Town.	Target—Name.	Area.	Air Ministry No.
GN—5021	MUNCHEN	Bayerische ~~...~~	S.W.A.	3 (d) 105.
GN—5022	LEIPZIG	Bleichert-Transportanlagen G.m.b.H.	C.A.	3 (d) 106.
GN—5023	CHEMNITZ	Nutzkraftwagen A.G.	C.A.	3 (d) 107.
~~GN—5024~~	~~BIBERACH~~	~~Fahrzeugfabrik "Dixi"~~	~~R. & W.C.A.~~	~~3 (d) 108.~~
GN—5025	WEIMAR	Busch Werke A.G.	C.A.	3 (d) 109.
GN—5026	BRAND (Nr. Aachen)	Busch Werke A.G.	R. & W.C.A.	3 (d) 110.
GN—5027	SÄCKINGEN	Munition Works	S.W.A.	3 (d) 121.
GN—5028	BRACKWEDE (Westfalen)	Arntzen Leichtbau Komm. Ges.	R. & W.C.A.	3 (d) 122.
GN—5029	DRESDEN	Bath and Wagawa	C.A.	3 (d) 113.
GN—5030	BIELEFELD	Durkoppwerke A.G.	R. & W.C.A.	3 (d) 123.

"GN"

LAND ARMAMENTS

Operational No.	Town.	Target—Name.	Area.	Air Ministry No.
GN—5031	ZSCHOPAU, Nr. CHEMNITZ	D.K.W. *(Auto Union AG)*	C.A.	3 (d) 115.
GN—5032	BONN am RHEIN	Dr. Hans Rumpf	R. & W.C.A.	3 (d) 116.
GN—5033	BERLIN (Marienfelde)	Gelap	C.A.	3 (d) 117.
GN—5034	~~BERLIN~~	~~Sinder~~	~~C.A.~~	~~3 (d) 118.~~ AL II
GN—5035	~~BERLIN~~	~~Maschinen und Cartonnagen Werke G.m.b.H.~~	~~C.A.~~	~~3 (d) 119.~~ AL II
GN—5036	~~BERLIN (Mariendorf)~~	~~Lindear Fahrradwerk A.G.~~	~~C.A.~~	~~3 (d) 120.~~ AL II
GN—5037	HAMELN	Domag (Dortmunder Metallindustrie A.G.)	N.W.A.	3 (d) 124.
GN—5038	HAMELN	Eisen und Hartgusswerk " Concordia " G.m.b.H.	N.W.A.	3 (d) 125.
GN—5039	LEIPZIG–SCHÖNEFELD	Hugo Schneider A.G.	C.A.	3 (d) 126.
GN—5040	BREMEN–HASTEDT	Carl F.W. Borgward	N.W.A.	3 (d) 127.
GN—5041	BREMEN–SEBALDSBRÜCK	Carl F.W. Borgward	N.W.A.	3 (d) 128.
GN—5042	WIENER NEUSTADT	Steyr-Daimler-Puch A.G. (*see* GY—4808)	Austria	3 (d) 129.

"GN"

LAND ARMAMENTS

Operational No.	Town	Target Name	Area	Air Ministry No.
GN 5043	HARBURG	Vidal & Sohn Tempo-Werke	N.W.A.	3 (d) 130
GN 5044	NÜRNBERG - DOOS	Daimler Benz A.G.	S.W.A.	3 (d) 131
GN 5045	NÜRNBERG	Faun-Werke	S.W.A.	3 (d) 132
GN 5046	FRANKENTHAL	Schnellpresswerk (vormals Albert & Cie.)	S.W.A.	3 (d) 133

"GS"
CHEMICAL AND EXPLOSIVES GROUP
TEXTILES—STAPLE FIBRE FACTORIES

Operational No.	Town.	Target—Name.	Area.	Air Ministry No.
GS—5101	KASSEL	Glanzstoff (see GY.4766)	R. & W.C.A.	2 (g) (i) 1.
GS—5102	WITTENBERGE	Kurmarkische Zellwolle	N.E. & E.A.	2 (g) (i) 2.
GS—5103	WOLFEN	I.G. Farbenindustrie (see GS.245)	C.A.	2 (g) (i) 3.
GS—5104	KELHEIM	Süddeutsche Zellwolle	S.W.A.	2 (g) (i) 4.
GS—5105	HIRSCHBERG	Schlesische Zellwolle	N.E. & E.A.	2 (g) (i) 5.
GS—5106	SCHWARZA	Thüringische Zellwolle	S.W.A.	2 (g) (i) 6.
GS—5107	SIEGBURG	Rheinische Zellwolle	R. & W.C.A.	2 (g) (i) 7.
GS—5108	KÜSTRIN	Zellwolle und Zellulose	N.E. & E.A.	2 (g) (i) 8.
GS—5109	PREMNITZ	I.G. Farbenindustrie	C.A.	2 (g) (i) 9.
GS—5110	PLAUEN	Sächsische Zellwolle	C.A.	2 (g) (i) 10.

"G8"
CHEMICAL AND EXPLOSIVES GROUP
TEXTILES—STAPLE FIBRE FACTORIES

Operational No.	Town.	Target—Name.	Area.	Air Ministry No.
G8–5111	LENZING	Zellwolle Lenzing	Austria	2 (g) (i) 11.
G8–5112	NEUSALZ	Gruschwitz-Textilwerke A.G.	N.E. & E.A.	2 (g) (i) 12.
G8–5113	GRÜNBERG	Deutsche Wollwaren—Manufakter A.G.	N.E. & E.A.	2 (g) (i) 13.
G8–5114	MANNHEIM – WALDHOF	*Vereinigte für Chemieseiden*	*W.H.*	
G8–5115	MANNHEIM – NECKARAU	*Rheinische Kunstfasern*		
G8–5116				
G8–5117				
G8–5118				
G8–5119				
G8–5120				

"GS"
CHEMICALS AND EXPLOSIVES GROUP
TEXTILES—RAYON FACTORIES

Operational No.	Town.	Target—Name.	Area.	Air Ministry No.
GS—5151	OBERBRUCH	Glanzstoff	R. & W.C.A.	2 (g) (ii) 1.
GS—5152	KÖLN	Glanzstoff-Courtaulds	R. & W.C.A.	2 (g) (ii) 2.
GS—5153	KREFELD	Rheinische Kunstseide	R. & W.C.A.	2 (g) (ii) 3.
GS—5154	PIRNA	Küttner	C.A.	2 (g) (ii) 4.
GS—5155	FREIBURG	Rhodiaseta	C.A.	2 (g) (ii) 5.
GS—5156	OBERNBURG	Glanzstoff	S.W.A.	2 (g) (ii) 6.
GS—5157	KELSTERBACH	Glanzstoff	S.W.A.	2 (g) (ii) 7.
GS—5158	WUPPERTAL-BARMEN	Bemberg	R. & W.C.A.	2 (g) (ii) 8.
GS—5159	TOMASZOW	Tomaszow	Poland	2 (g) (ii) 9.

" GS "

CHEMICALS AND EXPLOSIVES GROUP

TEXTILES—TEXTILE MACHINERY FACTORY

Operational No.	Town.	Target—Name.	Area.	Air Ministry No.
GS—5201	STUTTGART (Bad Cannstatt)	Werner & Pfleiderer	S.W.A.	2 (*g*) (iii) 1.
GS—5202	CHEMNITZ	Viscosa Gesellschaft	C.A.	2 (*g*) (iii) 2.
GS—5203	CHEMNITZ (Siegmar-Schönau)	Carl Hamel A.G. *(see GZ.2941)*	C.A.	2 (*g*) (iii) 3.
GS—5204	HALLE	Wegelin and Hubner	C.A.	2 (*g*) (iii) 4.
GS—5205	CHEMNITZ	C. G. Haubold A.G.	C.A.	2 (*g*) (iii) 5.
GS—5206	CHEMNITZ	Sächsische Webshublfabrik	C.A.	2 (*g*) (iii) 6.
GS—5207	CHEMNITZ	Maschinenfabrik Kappel A.G.	C.A.	2 (*g*) (iii) 7.
GS—5208	CHEMNITZ (Borna)	C. G. Haubold A.G. (Foundry)	C.A.	2 (*g*) (iii) 8.
GS—5209	CHEMNITZ	Sächsische Textilmaschinenfabrik vorm. Rich. Hartmann A.G. (Main works)	C.A.	2 (*g*) (iii) 9.
GS—5210	CHEMNITZ	Sächsische Textilmaschinenfabrik vorm. Rich. Hartmann A.G. (Branch works I)	C.A.	2 (*g*) (iii) 10.

"GS"
CHEMICALS AND EXPLOSIVES GROUP
TEXTILES—TEXTILE MACHINERY FACTORIES

Operational No.	Town.	Target—Name.	Area.	Air Ministry No.
GS—5211	CHEMNITZ	Sächsische Textilmaschinenfabrik vorm. Rich. Hartmann A.G. (Branch work II)	C.A.	2 (g) (iii) 11.
GS—5212	CHEMNITZ	Maschinenfabrik Germania	C.A.	2 (g) (iii) 12.

"GS"

CHEMICALS AND EXPLOSIVES GROUP
TEXTILES—COMBING-OUT FACTORIES

Operational No.	Town.	Target—Name.	Area.	Air Ministry No.
GS—5251	DELMENHORST	Norddeutsche Woll u. Kammgarnindustrie Delmenhorst A.G.	N.W.A.	2 (g) (iv) 1.
GS—5252	BLUMENTHAL	Bremer Woll-Kämmerei	N.W.A.	2 (g) (iv) 2.
GS—5253	DÖHREN (Hannover)	Woll-Wascherei	N.W.A.	2 (g) (iv) 3.
GS—5254	LEIPZIG	Leipziger Woll-Kämmerei	C.A.	2 (g) (iv) 4.
GS—5255	LEIPZIG	Stöhr & Co.	C.A.	2 (g) (iv) 5.
GS—5256	HARBURG-WILHELMSBURG	Wilhelmsburger Kämmgarnerei A.G.	N.W.A.	2 (g) (iv) 6.
GS—5257	MYLAU	Mylauer Woll-Kämmerei	C.A.	2 (g) (iv) 7.
GS—5258	HANNOVER–LINDEN	Hannoversche Baumwoll–Spinnerei und Weberei	N.W.A.	2 (g) (iv) 8.
GS—5259	DELMENHORST	Jute-Spinnerei und Weberei Bremen A.G.	N.W.A.	2 (g) (iv) 9.
GS—5260	BREMEN	Jute-Spinnerei und Weberei Bremen A.G.	N.W.A.	2 (g) (iv) 10.

GS–5451. See page 312 c

"GS"

CHEMICALS AND EXPLOSIVES GROUP

TEXTILES - COMBING-OUT FACTORIES

Operational No.	Town	Target Name	Area	Air Ministry No.
GS 5261	DUISBURG	(i) Gebr. Schültz (ii) Duisburger Buntweberei	R. & W.C.A.	2 (g)(iv) 11

GB 0451 See page 312e

"GD"

INLAND WATERWAYS

Operational No.	Locality. Town.	Target. Name.	Area.	Air Ministry No.
GD—5301	RHINE	Area North of DUISBURG		8 (a) 1.
GD—5302	RHINE	Area between KÖLN AND BONN		8 (a) 2.
GD—5303	RHINE	Area South of KOBLENZ		8 (a) 3.
GD—5304	RHINE	Area North of BINGEN		8 (a) 4.
GD—5305	RHINE	Area South of WIESBADEN		8 (a) 5.
GD—5306	RHINE	Area South of MANNHEIM		8 (a) 6.
GD—5307	DANUBE	Area West of REGENSBURG		8 (a) 7.
GD—5308	DANUBE	Area near STRAUBING		8 (a) 8.
GD—5309	DANUBE	Area near VILSHOFEN		8 (a) 9.
GD—5310	DANUBE	Area near PASSAU		8 (a) 10.

Page 320

" GD "

INLAND WATERWAYS

Operational No.	Locality. Town.	Target. Name.	Area.	Air Ministry No.
GD—5311	DANUBE	Area near LINZ		8 (a) 11.
GD—5312	DANUBE	Area near ENNS		8 (a) 12.
GD—5313	DANUBE	Area of TULLN		8 (a) 13.
GD—5314	DANUBE	Area East of VIENNA		8 (a) 14.
GD—5315	DORTMUND–EMMS CANAL (at junction with Lippe canal).			8 (a) 15.
GD—5316	DORTMUND–EMMS CANAL at MÜNSTER			8 (a) 16.
GD—5317	DORTMUND–EMMS CANAL near SAER-BECK.			8 (a) 17.
GD—5318	DORTMUND–EMMS CANAL at junction with MITTELLAND CANAL.			8 (a) 18.
GD—5319	MITTELLAND CANAL–EMMS/WESER Sector.			8 (a) 19.
GD—5320	MITTELLAND CANAL near BRAMSCHE			8 (a) 20.

"GD"

INLAND WATERWAYS

Operational No.	Locality. Town.	Target. Name.	Area.	Air Ministry No.
GD—5321	MITTELLAND CANAL near BAD ESSEN			8 (a) 21.
GD—5322	MITTELLAND CANAL near MINDEN			8 (a) 22.
GD—5323	ELBE (between WITTENBERGE and WERBEN).			8 (a) 23.
GD—5324	ELBE—E. and W. of SCHNACKENBURG			8 (a) 24.
GD—5325	ELBE—E. and W. of DOMITZ			8 (a) 25.
GD—5326	ELBE—E. of BLECKEDE			8 (a) 26.
GD—5327	ELBE—E. and W. of LAUENBURG			8 (a) 27.
GD—5328	ELBE—E. of HAMBURG			8 (a) 28.
GD—5329	WESER North of MINDEN			8 (a) 29.
GD—5330	WESER South of NIENBURG			8 (a) 30.

Page 322

" GD "

INLAND WATERWAYS

Operational No.	Locality. Town.	Target. Name.	Area.	Air Ministry. No.
GD—5331	WESER—North of NIENBURG			8 (a) 31.
GD—5332	WESER—North and South of VERDUN			8 (a) 32.
GD—5333	WESER—East of BREMEN			8 (a) 33.
GD—5334	RHINE—West of MAINZ			8 (a) 4a.
GD—5335	RHINE—North of WORMS			8 (a) 5a.
GD—5336	RHINE—North of MANNHEIM			8 (a) 5b.
GD—5337	RHINE—South of BONN			8 (a) 2a.
GD—5338	RHINE—North of KOBLENZ			8 (a) 2b.
GD—5339	RHINE—South of DUISBURG			8 (a) 1a.
GD—5340	RHINE—North and South of DUSSELDORF			8 (a) 1b.

"GD"

INLAND WATERWAYS

Operational No.	Locality. Town.	Target. Name.	Area.	Air Ministry No.
GD-5341	RHINE—North of KÖLN			8 (a) 1c.
GD-5342	DANUBE (between DEGGENDORF and HILGÄRTSBURG).			8 (a) 8a.
GD-5343	DANUBE (between KORNEUBURG and STADLAU).			8 (a) 34.
GD-5344	DANUBE (STADLAU–FISCHAMEND)			8 (a) 35.

"GZ"
GENERAL ENGINEERING
FACTORIES MAKING GRINDING WHEELS

Operational No.	Town.	Target—Name.	Area.	Air Ministry No.
GZ—5401	WESSELING (Nr. Köln)	Deutsche Norton-Gesellschaft m.b.H.	R. & W.C.A.	4 (k) 1.
GZ—5402	FRANKFURT/MAIN	Naxos-Union	S.W.A.	4 (k) 2.
GZ—5403	HANAU	Naxos-Schmirgelwerk Mainkur G.m.b.H.	S.W.A.	4 (k) 3.
GZ—5404	DUSSELDORF (Reisholz)	Deutsche Carborundum Werke G.m.b.H.	R. & W.C.A.	4 (k) 4.
GZ—5405	DRESDEN	Schleifscheibenfabrik Dresden—Reick A.G.	C.A.	4 (k) 5.
GZ—5406	OFFENBACH	Mayer & Schmidt	S.W.A.	4 (k) 6.
GZ—5407	HANNOVER (Hainholy)	Vereinigte Schmirgel u. Maschinenfabriken A.G.	N.W.A.	4 (k) 7.
GZ—5408	SCHELLDORF (Nr. Kempten)	Elektro-Schmelzwerk Kempten A.G.	S.W.A.	4 (k) 8.
See GS—40	WALDSHUT	Lonza-Werke Elektrochemische Fabriken G.m.b.H.	S.W.A.	—
GZ—5409	OFFENBACH	Fried. Schmaltz	S.W.A.	4 (k) 9.

"GZ"
GENERAL ENGINEERING
FACTORIES MAKING GRINDING WHEELS

Operational No.	Town.	Target—Name.	Area.	Air Ministry No.
GZ—5410	FRANKFURT	Fontaine & Co.	S.W.A.	4 (k) 10.
GZ—5411	FRANKFURT	Burkhard & Co.	S.W.A.	4 (k) 11.
GZ—5412	FRANKFURT–FECHENHEIM	Diskus Werke A.G.	S.W.A.	4 (k) 12.

"GS"
CHEMICALS AND EXPLOSIVES GROUPS
FACTORIES MAKING GAS MASKS

Operational No.	Town.	Target—Name.	Area.	Air Ministry No.
GS-5451	ORANIENBURG	~~Osram~~ Auer gesellschaft	C.A.	2 (h) 1.

"GH"
TRANSPORTATION
PORT AREA

Operational No.	Town.	Target—Name.	Area.	Air Ministry No.
GH—5471	BREMERHAVEN	Port Area	N.W.A.	6 (c) (iii) 1.
GH—5472	CUXHAVEN	Port Area	N.W.A.	6 (c) (iii) 2.
GH—5473	HAMBURG	Port Area	N.W.A.	6 (c) (iii) 3.
GH—5474	BRUNSBÜTTEL	Port Area	N.W.A.	6 (c) (iii) 4.
GH—5475	WILHELMSHAVEN	Port Area	N.W.A.	6 (c) (iii) 5.
GH—5476	KIEL	Port Area	N.W.A.	6 (c) (iii) 6.
GH—5477	EMDEN	Port Area	N.W.A.	6 (c) (iii) 7.
GH—5478	BREMEN	Port Area	N.W.A.	6 (c) (iii) 8.
GH—5479	GDYNIA	Port Area	Poland	6 (c) (iii) 9.
GH—5480	DANZIG	Port Area		6 (c) (iii) 10.

GH - TRANSPORTATION / PORT AREAS

GH 5481	FLENSBURG	Rd Ou2	6/9(m)/1
GH 5482	LÜBECK		6/9(m)/2
GH 5483	ROSTOCK		6/9(m)/3
GH 5484	STETTIN		6/9(m)/4
GH 5485	SWINEMÜNDE		6/9(m)/5
GH 5486	TRAVEMÜNDE		6/9(m)/6
GH 5487	WARNEMÜNDE		6/9(m)/7

"GH"

TRANSPORTATION

RAILWAYS—MARSHALLING YARDS—continued

Operational No.	Town.	Target—Name.	Area.	Air Ministry No.
GH—5501	SEELZE (Nr. Hannover)	Railway Marshalling Yard	N.W.A.	6 (d) (vi) 101.
GH—5502	HANNOVER-LINDEN	Railway Marshalling Yard	N.W.A.	6 (d) (vi) 102.
GH-5503	KOBLENZ-LÜTZEL	"	S.W.A.	6 (d) (vi) 103
GH-5504	HARBURG	"	N.W.A.	6 (d) (vi) 104
GH-5505	HAMBURG-EIDELSTEDT	"	"	6 (d) (vi) 105
GH-5506	DORTMUND-DORSTFELD	"	N.W.A.	6 (d) (vi) 106
GH-5516	INNSBRUCK	Railway Traffic Centre & Main Station		
GH-5517	WIEN or VIENNA	Matzleinsdorf Goods Station		
GH-5518	WIEN or VIENNA	Simmering Goods Station		

"GH"

TRANSPORTATION
Railways - MARSHALLING YARDS - Continued

Sy. No	Town	Name	Hear	Aim No
GH.5519	FRANKFURT a. d. ODER	Railway marshalling yards	Recce	6(d)(vi) 119
GH.5520	PFORZHEIM	Railway traffic Centre		6(d)(vi) 120
GH.5521	WIENER NEUSTADT	Railway traffic Centre		6(d)(vi) 121

Page 3b

"GS"

CHEMICAL AND EXPLOSIVE GROUP

RUBBER AND PLASTICS FACTORIES

Operational No	Town	Target—Name	Area	Air Ministry No.
GS—5601	HANNOVER–LIMMER	Continental Gummiwerke A.G. Excelsior Works	N.W.A.	2 (f) 27.
GS—5602	KÖLN/COLOGNE – NIPPES	F. Clouth Rheinische Gummiwaren Fabrik A.G.	R. & W.C.A.	2 (f) 28.
GS—5603	KÖLN/COLOGNE – MÜLHEIM	Tectoplast G.m.b.H.	R. & W.C.A.	2 (f) 29.
GS—5604	KÖLN/COLOGNE – DEUTZ	Kölnische Gummifäden Fabrik	R. & W.C.A.	2 (f) 30.
GS—5605	FRANKFURT A/M	Continental Gummi-Werke A.G. (formerly Peters-Union)	S.W.A.	2 (f) 31.
GS–5606	ESSEN–BERGEBORBECK	Presswerk A.G.	R. & WCA	2 (f) 32
GS–5607	KARLSRUHE	Deutsche Michelin Pneumatik A.G.	SWA	2 (f) 33

"GC"

CLOTHING

Leather

Operational No.	Town	Target Name	Area	Air Ministry No.
GC 5651	FRANKFURT A/M	J. & C.A. Schneider (Icas) Main Works	S.W.A.	9 (a) 1
GC 5652	FRANKFURT A/M	J. & C.A. Schneider (Icas) Branch Works	S.W.A.	9 (a) 2
GC 5653				
GC 5654	PIRMASENS	LUDWIG KOPP A.G.		9 (a) 4

www.ingramcontent.com/pod-product-compliance
Lightning Source LLC
Chambersburg PA
CBHW080902230426
43663CB00014B/2606